LISHI HUIMOU
历史回眸

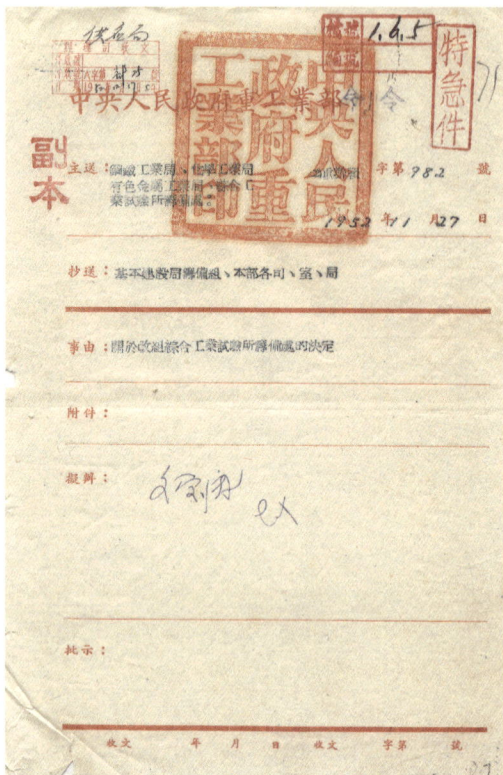

▎1952 年"钢铁工业试验所"成立文件

▎1952 年部分职工合影

1953 年质量检查组合影

1956 年第一届职工运动会

1956 年苏联冶金学专家应邀驻所指导工作

1956 年主楼建设现场

1958 年留苏同学毕业照

1958 年早期建立钢铁、矿石、耐火材料的
化学分析实验室

▌1961 年资料图书室职工合影

▌1964 年陆达陪同冶金工业部夏耘副部长到钢铁研究院四室
▌视察铀同位素分离膜研制

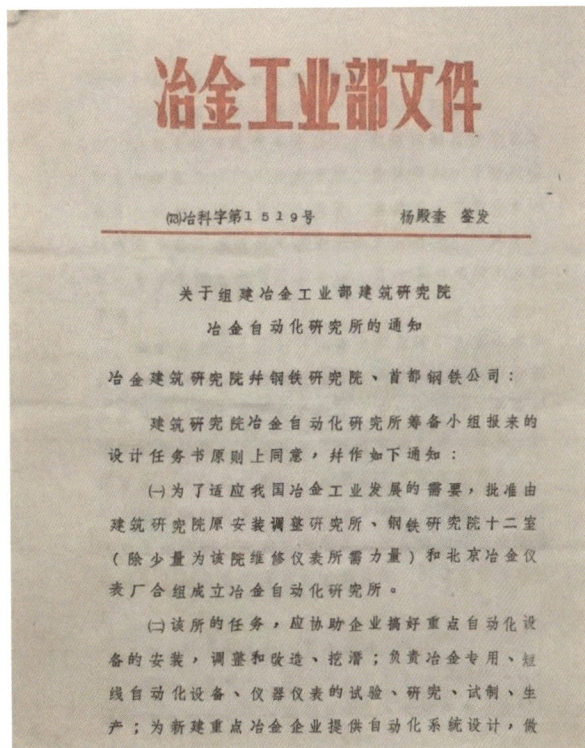

1973 年冶金工业部决定组建
"冶金自动化研究所"

1977 年"科技战线上的铁人"陈篪在钢研总院科技大会上

1979 年国外技术人员为高温合金研究室安装透射电镜提供技术服务

1980 年钢研总院三联轧项目试车

1981 年高温合金年会合影 ▮

1983 年学雷锋活动 ▮

1984 年 FGH95 粉末高温合金涡轮盘在齐齐哈尔重型机械厂
进行第一次模锻试验

1984 年为支援地方建设派出大量技术人员到宝钢、杭钢、包钢等单位

1985 年单身职工联欢会 ▮

1985 年钢研总院完成国家"六五"重点科技攻关项目 ▮

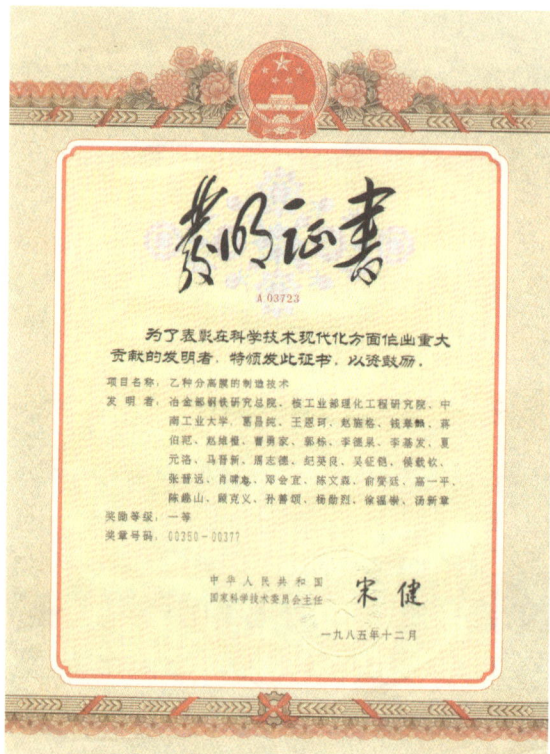

1985 年核工业关键材料"乙种分离膜的制造技术"
获得国家发明奖一等奖

1989 年李卫、李波、喻晓军等研制的钕铁硼永磁材料
荣获国家科技进步奖一等奖

1992 年职工春季长跑 ▮

1992 年国家冶金精细品种工业试验基地奠基 ▶

1995 年连铸大楼奠基

1996 年第五届科技委成立院士合影

1998 年 12 月 28 日安泰科技股份有限公司创立

高炉喷吹技术

球团（小球）烧结技术

转炉溅渣护炉技术

连铸技术

推动钢铁行业共性技术发展

2000 年 5 月安泰科技在深交所上市

2002 年钢研总院先后在中关村永丰高新技术产业园、顺义天竺空港工业区购置产业用地，从此拉开了企业化转制后产业建设和发展的序幕

2002 年 9 月金自天正在上交所上市

2003 年钢研总院研制开发的 4 大类 9 种新材料和制品
在载人飞船中获得成功应用

■ 2004 年启动了全面改善科研基础条件"1116"工程

■ 2006 年国产 1450mm 热连轧关键技术及设备研究与应用技术
荣获国家科技进步奖二等奖

2006 年中国钢研新材料大楼落成

2006 年 12 月在国务院国资委的直接领导和关怀下，经国务院批准，
"中国钢研科技集团公司"成立

2007 年中国钢研主持"新一代可循环钢铁流程工艺技术"的攻关，协调组织国内优势企业、大学和科研机构，为技术转型升级与关键产品开发做出了重要贡献

2008 年中国钢研"稀土永磁制品、注射成型零件镀层车间项目"建成投产

2008 年中国钢研获得创新型企业

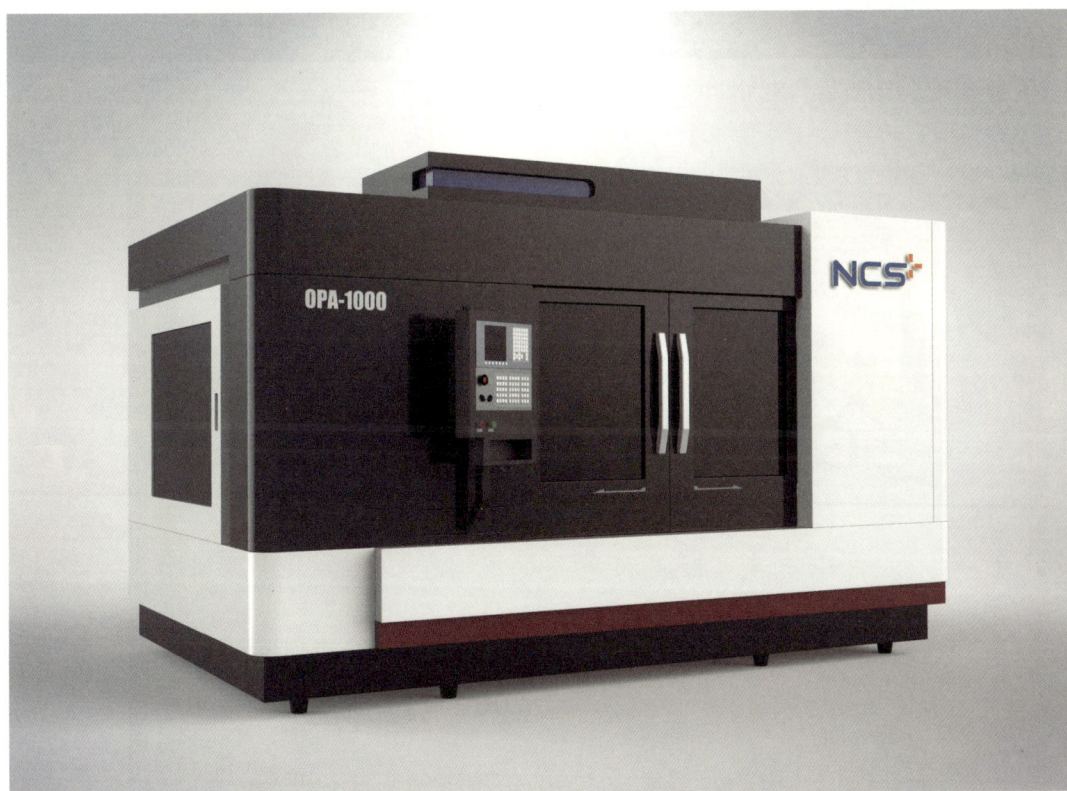

2008 年中国钢研在国际上首创的"原位统计分布分析"技术获得
国家发明奖二等奖，研制开发成功金属原位分析仪

▌2009 年 12 月钢研高纳在深圳证券交易所创业板挂牌上市

全国文明单位

中央精神文明建设指导委员会
2009 年 1 月

▌2009 年中国钢研获得"全国文明单位"称号

2009 年中国钢研开展董事会试点

2012 年成立中央研究院

2015 年"李卫工作室"挂牌成立,这是全国第一个中央企业党外
知识分子建言献策平台

2015 年中国钢研牵头"600℃超超临界火电机组钢管研制与应用"
成果获得国家科技进步奖一等奖

2016 年中国钢研在国内首次制备出直径 2000mm 以上世界最大规格的
重型燃机用高温合金涡轮盘整体模锻件

2017 年中国材料与试验团体标准委员会成立

2017 年中国钢研承担"压水堆核电站核岛主设备材料技术研究与应用"
获得国家科技进步奖二等奖

2018 年中国钢研作为粉末冶金产业技术创新联盟理事长单位
承办世界粉末冶金大会

2019 年 11 月钢研纳克在深圳证券交易所创业板上市

2019 年中国钢研参与联合共建"氢能技术与产业创新中心"

2019 年中国钢研成立"数字化研发中心""钢铁绿色化智能化技术中心"

2019 年中国钢研整合等静压设备制造业务，成立钢研昊普科技有限公司

2019 年中国钢研整合相关业务领域成立"工程事业部"

2020 年中国钢研第二次党员代表大会顺利召开

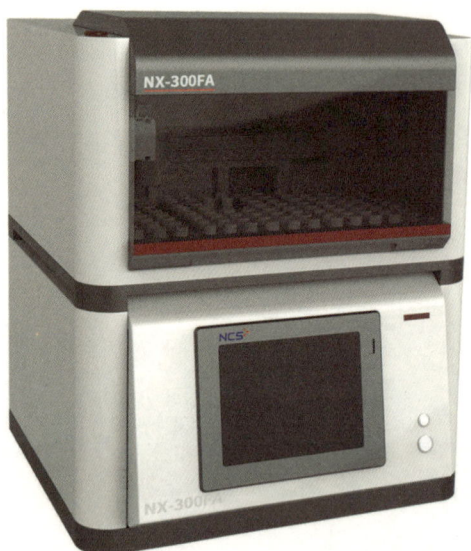

▎2020 年中国钢研研制成功粮食重金属快速检测仪

▎2021 年中国钢研加强党的领导，深入开展党史学习教育

2021 年中国钢研青岛一期项目投产

2021 年中国钢研与鞍钢集团签署战略合作协议

2021 年中国钢研与中铝集团签署战略合作协议

2021 年中国钢研航空航天产业园项目签约

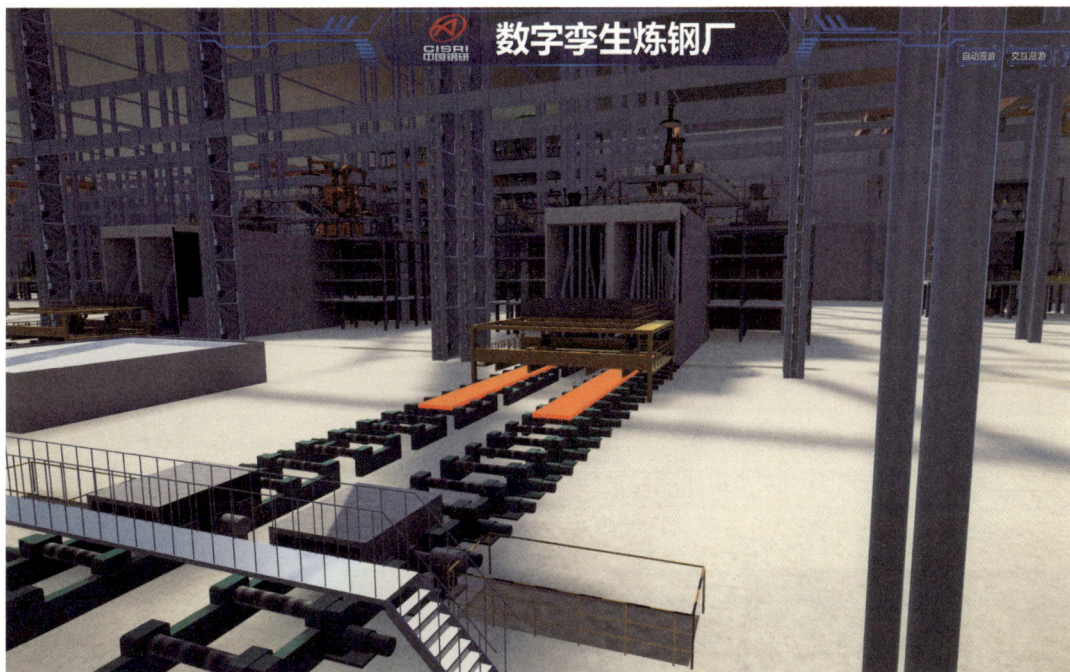

2021 年中国钢研开发的数字孪生工厂

2022 年中国钢研助力国家重大科技基础设施 EAST 人造太阳核聚变实验装置
取得重大突破，再次创造托卡马克实验装置运行新的世界纪录

2022 年中国钢研为国产大飞机研制起落架和发动机核心部件

2022 年中国钢研突破高性能连续油井管、
大膨胀量套管等技术

2022 年中国钢研为石化行业研制乙烯裂解炉用抗结焦合金管

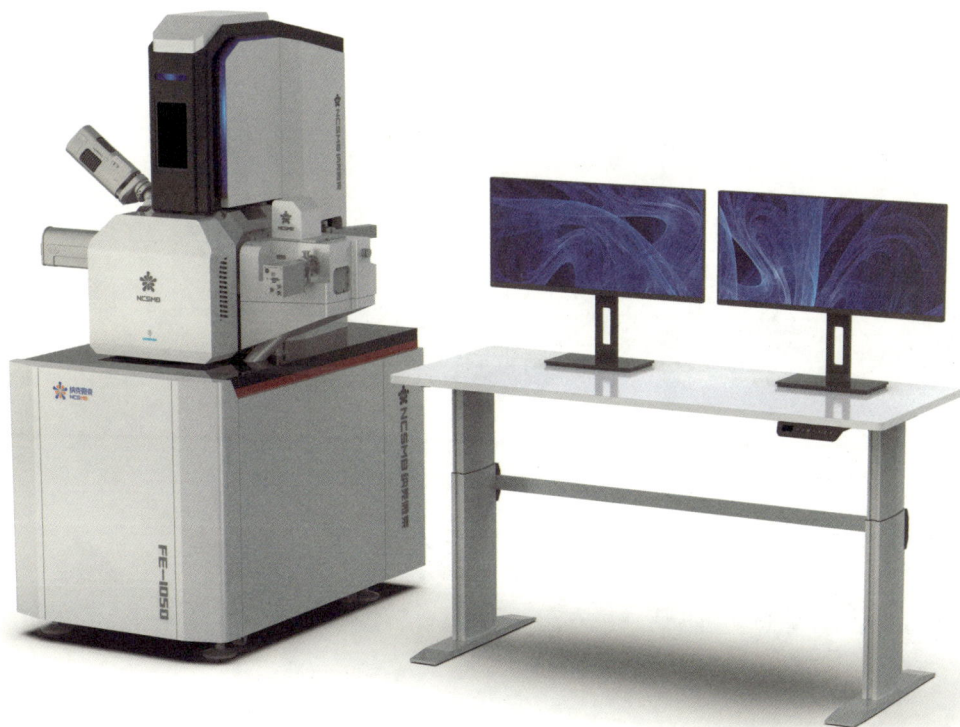

2022 年中国钢研研制成功高分辨率（场发射）扫描电镜

2022 年北京冬奥会期间中国钢研参研"氢能出行关键技术研发和应用示范"项目取得成功

履行社会责任——中国钢研定点扶贫陕西省山阳县顺利脱贫

中国钢研积极开展各类志愿服务活动，"学雷锋日"延续 50 多年 ▌

安泰科技

金自天正

钢研高纳

钢研纳克

部分产业基地 ▌

青岛海洋腐蚀研究所

舟山所海水腐蚀试验平台

30 年院庆

40 年院庆

50 年院庆

60 年庆典

70 年庆典

中国钢研 70 年

中国钢研科技集团有限公司

北 京

冶 金 工 业 出 版 社

2023

图书在版编目（CIP）数据

中国钢研 70 年／中国钢研科技集团有限公司编 . —北京：冶金工业出版社，2023.12

ISBN 978-7-5024-9332-5

Ⅰ. ①中… Ⅱ. ①中… Ⅲ. ①钢铁工业—科学技术—企业集团—概况—中国 Ⅳ. ①F426.31

中国版本图书馆 CIP 数据核字（2022）第 233466 号

中国钢研 70 年

出版发行	冶金工业出版社	**电　话**	（010）64027926
地　址	北京市东城区嵩祝院北巷 39 号	**邮　编**	100009
网　址	www.mip1953.com	**电子信箱**	service@mip1953.com

责任编辑　卢　敏　张佳丽　美术编辑　彭子赫　版式设计　郑小利
责任校对　李　娜　责任印制　窦　唯
北京捷迅佳彩印刷有限公司印刷
2023 年 12 月第 1 版，2023 年 12 月第 1 次印刷
787mm×1092mm　1/16；11.5 印张；21 彩页；271 千字；169 页
定价 98.00 元

投稿电话　（010）64027932　投稿信箱　tougao@cnmip.com.cn
营销中心电话　（010）64044283
冶金工业出版社天猫旗舰店　yjgycbs.tmall.com
（本书如有印装质量问题，本社营销中心负责退换）

前　言

本书记录了中国钢研70年波澜壮阔的发展历程，系统总结了中国钢研人爱国奉献、艰苦奋斗的时代精神，充分彰显了中国钢研人淬炼"钢筋铁骨"的坚韧品格，在中国钢研成立70周年的重要时刻出版了。

中国钢研党委决定组织专门力量编写这本书，既是对历史的回望，循迹知路，重温初心使命，感恩奋斗艰辛；也是对未来的展望，继往开来，担当强国使命，在新时代更好地砥砺前行，谱写华章。

品读这本书，宛如打开了一幅浓墨重彩的历史画卷。70年风雨兼程，70年岁月如歌，一幕幕跃然纸上。

中国钢研70年，是一部与国家战略同向、与时代同步、与改革同频的发展史。钢铁，铸国之重器，造一国脊梁。在百废待兴的1952年，中国钢研前身钢铁工业试验所应运而生。中国钢研在党的领导下，萌芽、蓄力、发展、创新，历经数代钢研人呕心沥血的耕耘，在国家钢铁材料研究发展的每个重要历史时期扛鼎担重。先后研制出一批为核工业、航天、航空、电子、舰艇、坦克、火炮等所需的冶金新材料，在新中国冶金科技发展史上树立起一座座丰碑。1999年7月，钢铁研究总院正式转制为中央直属大型科技企业。2006年12月，钢铁研究总院和冶金自动化研究设计院进行战略重组，成立中国钢研科技集团公司。2009年，经国务院国资委批准，中国钢研改制为国有独资公司，更名为中国钢研科技集团有限公司，开始进行董事会试点。中国钢研坚持科技创新与产业发展双轮驱动，实现"科技是立身之本，产业是强身之路"。作为钢铁行业最大的国家级综合性研究院所，自转制以来，走出了一条自主科技成果产业化转化的发展道路。中国钢研陆续发起设立了安泰科技（000969）、金自天正（600560）、钢研高纳（300034）、钢研纳克（300797）4家上市公司，在北京、天津、河北、山东、江苏、上海等省份以及泰国、德国等国家建立了研发和产业基地，新材料研发及制备、行业重大工艺装备技术与工程、自动化与传动技术、分析测试技术及仪器等产业得到了快速发展。

中国钢研 70 年,是一部牢记初心使命、矢志钢铁强国的光荣史。中国钢研始终牢牢把握国有企业是党执政兴国重要支柱和依靠力量的政治定位,矢志不渝践行"钢铁强国"的初心使命,以锐意变革、敢于担当的精神,挺起大国重器"钢铁脊梁"。作为共和国钢铁研究的重要基地,在基础研究、产业迭代发展、突破钢铁行业技术瓶颈上取得重大成就,为我国钢铁工业的稳步发展奠定了坚实基础。新中国成立初期,我国钢铁工业的基础十分薄弱,全国粗钢年产量仅数十万吨,中国钢研牵头初步建立了符合国情的合金钢体系,解决了国家对合金钢的需要。世纪之交,中国钢产量过亿吨且成为世界第一,但大多属于中低端产品,同时能源、资源消耗和环境保护问题日益突出。中国钢研承担"973"项目——"新一代钢铁材料"重大基础研究项目,实现了钢材强度翻番、寿命翻番和服役性能翻番。围绕钢铁行业循环经济,中国钢研创新提出"新一代可循环钢铁流程工艺技术",指导了世界首个具备"产品制造、能量转换和消纳城市废弃物"三个功能的千万吨级大型钢厂建设,为首钢搬迁曹妃甸工程及国内钢铁企业转型升级做出了重要贡献。中国钢研助力国家碳达峰、碳中和目标实现,组建钢铁绿色化智能化技术中心和氢冶金中心,加大在绿色低碳技术领域自主研发投入强度,促进钢铁及相关行业低碳发展。历经 70 年,中国钢研面向国家重大工程和国民经济发展需求,在特殊钢、工程用钢、高温合金、粉末冶金、难熔合金、磁性材料、精密铸造等领域突破了一批关键材料技术,支撑了国家重大工程及高端装备制造;承担了国防军工用金属材料研发任务,生产和供应的小批量军用冶金材料涵盖几乎所有的高新武器装备型号,满足了我国"两弹一星"、大飞机、大运载、舰船、航空发动机、载人飞天工程、新一代核潜艇、兵器装备等重点型号建设需求;承担了冶金行业关键共性技术创新,为钢铁工业技术进步做出了重要贡献。

中国钢研 70 年,是一部坚持科技为本、勇当创新先锋的奋进史。作为一家科研院所转制而来的央企,研发是中国钢研的立足之本,也是核心竞争力所在。成立 70 年来,中国钢研一直在进行科研变革,整合内部研发资源,承接国家重大科技项目;在集团层面按照创新需求配备研发力量,提高研发效率。十八大以来,以习近平同志为核心的党中央把创新摆在国家发展全局的突出位置,深入实施创新驱动发展战略、持续优化政策环境。中国钢研不辱使命、勇担重任,着力构建"统一、分层、协同"的科技创新体系,聚焦重点狠抓落实，不断提升整体科技创新能力，以高水平科技成果服务国家战略，促进行业进步，助力自身高质量发展。中国钢研瞄准建设国家级创新基地并强化原创技术策源地战略作用，积极承担国家层面各类攻关任务，一大批攻关任务取得里程碑式重大成果，为载人航天、探月工程、火星探测、人工核聚变等国家重大工程提供了坚实保障。作为科技创新的"排头兵"企业，中国钢研发挥关键共性技术创新基地的引领作用，筹建中央企业协同创新平台，优化升级研发模式，与重点行业骨干企业建立稳定合作伙伴关系，着力解决航空航天、电力能源、石油石化、海工船舶等重点领域高端装备制造与关键核心材料"卡脖子"问题。聚力打造原创技术策源地，全面对接装备集团需求，联合重点钢铁企业筹建陈篦特种钢创新中心，助推特种钢核心技术研发与应用自主可控；稳步推进"中国产业基础能力发展战略研究院"建设，切实发挥"国家队""主力军"和行业智库作用。

中国钢研70年，是一部薪火相传育英才、赓续奋进新征程的传承史。70年来，中国钢研培养造就了一大批科技精英，他们前赴后继，耕耘不辍，共同肩负起中国钢研的使命担当。1958年以后，从全国冶金行业各单位选调了数千名有经验的专家和技术骨干充实到新成立的钢铁研究院。同时有一大批赴苏联和东欧学习的留学生回国后进入钢铁研究院参加工作，大大充实了科研队伍。中国钢研在70年发展历程中，在钢铁冶金、材料科学、冶金分析表征、冶金自动化等方面，产生了众多科技创新的领军人物。陈篦是我国断裂力学研究的开拓者和创始人之一，在全国科学大会上被选为主席团成员。他"生命不息、战斗不止"，被誉为"科技战线铁人"，是冶金科技工作者的标杆和楷模。中国钢研共走出两院院士1人，中国科学院院士4人，中国工程院院士7人，获何梁何利基金科学与技术创新奖2人，光华工程科技奖7人，现有国家级有突出贡献中青年专家34人、新世纪百千万人才工程国家级人选14人……，他们为我国科技事业、中国钢研的改革发展做出了卓越的贡献。中国钢研是人才培养的基地，20世纪60年代开始开展研究生教育，现拥有2个一级学科博士学位授权点和5个一级学科、17个二级学科硕士学位授权点；是国家首批博士后科研流动站之一，拥有2个博士后科研流动站，设有海外高层次人才创新创业基地。中国钢研如同一座"熔炉"，百炼终成钢，为培育拔尖创新人才、行业领军人才、大国工匠，促进科技事业长远发展做出了突出贡献。

70年峥嵘岁月，70年砥砺奋进。历史不语，见证巨变。回望70年发展足迹，坚持党的领导是中国钢研做强做优做大的政治优势，聚焦主责主业、落实创新驱动是中国钢研行稳致远的根本遵循，坚持改革创新、重视人才培养、完善体制机制是中国钢研永葆生机的内在动力，钢研人矢志不渝、科技报国是中国钢研蓬勃发展的深厚底蕴。

展望未来，任重道远。面对百年未有之大变局，面临的风险挑战日趋复杂。随着数字经济的深入发展，数字化、智能化、绿色低碳化成为钢铁行业转型升级的新趋势。党中央及国务院国资委对科技型央企在解决行业共性技术供给、核心技术攻关等方面赋予了了新的使命。中国钢研在构建科技攻关新型举国体制中的作用和重要性日益凸显，在科技创新工作中大有可为。中国钢研将坚持以习近平新时代中国特色社会主义思想为指导，贯彻新发展理念，在新征程中育新机、于变局中开新局，牢牢把握住时代赋予的使命，充分发挥科技创新"国家队"作用，坚持"战略引领、夯实基础、重点突破"，围绕"一个钢研、一个目标"，构建"透明钢研、智慧钢研"，建设一流科技集团，为我国国防工业、国民经济持续健康发展做出新的更大贡献！

编委会

2022年9月

目　　录

第一章　光辉历程　砥砺奋进

中国钢研科技集团有限公司（简称中国钢研）始创于 1952 年 11 月 27 日，前身是由国家重工业部组建的钢铁工业试验所。1955 年，钢铁工业试验所更名为钢铁工业综合研究所。1958 年，在钢铁工业综合研究所基础上，成立钢铁研究院。1979 年，更名为钢铁研究总院。1999 年转制为中央直属科技企业。2006 年钢铁研究总院更名为中国钢研科技集团公司，冶金自动化研究设计院并入中国钢研。中国钢研是我国冶金行业最大的综合性研究开发和高新技术产业化机构。

中国钢研是国家首批 103 家创新型企业试点单位之一，是中关村科技园首批 100 家创新型企业之一。经过 70 年的传承和发展，中国钢研为国民经济建设、国防军工发展和钢铁工业的强盛做出了重要贡献，创造了无愧于时代的业绩，成为行业关键共性技术的创新基地，国家重大工程、重大装备所需关键战略材料的自主创新保障供给基地，国家行业企业创新发展的高端智库。

第一节　钢铁研究总院发展历程

钢铁是一个民族的脊梁。在新中国成立不久，钢铁研究总院孕育而生，以钢铁强国、国家富强、民族振兴为己任，忠实服务于国家战略，保障国家经济建设。

一、伴随共和国孕育成长（1952—1957 年）

中国钢研的前身最早可以追溯到新中国成立前原中华民国资源委员会所属的矿冶室，其于 1931 年成立于南京。1937 年迁到重庆，改为经济部矿冶研究所。抗日战争胜利后，1946 年由重庆搬到北平，地址在西单大木仓 13 号。

1949 年，人民政府接管了北平矿冶研究所。该所技术人员不足 40 人，而从事钢铁冶金研究的只有 4 人，研究手段十分落后，仅有一台旧的金相显微镜。1951 年 2 月 1 日，经中央人民政府政务院批准，成立中央重工业部综合工业试验所筹备处。1952 年 9 月 22 日，重工业部调来上海 5 位技术干部，到试验所筹备处工作，并将上海分所有关设备调拨到试验所筹备处。

1952 年 11 月 27 日，中央人民政府重工业部下文，将综合工业试验所筹备处中的耐火室、煤焦室、冶金室的黑色冶金部门及分析室的耐火材料分析组、钢铁分析组分出，正式组建钢铁工业试验所。钢铁工业试验所的组建，标志着新中国第一个全国性钢铁科研机构的诞生。1955 年，钢铁工业试验所改名为钢铁工业综合研究所。

1956 年党中央发出"向科学进军"的号召，钢铁科学技术事业得到迅速发展。钢铁工业综合研究所的人员规模，由建所时的 132 人发展到 1094 人，其中工程师从 24 人增加到 103 人。由苏联和东欧留学回国 59 人，并得到了苏联和民主德国专家的技术指导，加强了研究所的技术力量。

钢铁工业综合研究所所属的研究室，从原有 4 个扩展为炼铁、炼钢、钢加工、金属物理、腐蚀、焊接、耐火材料、煤焦、分析等 9 个室和选矿、热工、自动控制 3 个专业组。国家基建投资达 755 万元，总建筑面积达 35000m²。相继增添了必要的冶炼设备和电子显微镜等仪器。科研任务由原来为包头、武汉、太原等重点钢铁基地的基本建设服务，转向连铸、真空处理、氧气顶吹转炉、热压焦、高炉碳砖、电渣焊等新技术的研究；同时结合我国资源，进行了新钢种的开发。

二、在祖国建设中成长发展（1958—1983 年）

伴随着祖国钢铁工业的发展，钢铁研究进入了一个新的发展阶段。1958 年 1 月，冶金工业部党组决定，在钢铁工业综合研究所基础上成立钢铁研究院。

1958 年以后，国家从冶金工业部所属各单位选调了一批专家和技术骨干充实到新成立的钢铁研究院，钢铁研究院派出一批同志到国外进修。到 1966 年科技人员已增至 1473 人，职工总数达 2731 人。科技人才的集聚，为新成立的钢铁研究院注入了新的科研力量。

1961 年春，冶金工业部决定，钢铁研究院的研究方向以军工材料为主，高、精、尖、新为重点，主要从事国家下达的重大国防工程所需新型材料和特殊钢的研究。开辟了合金钢、精密合金、高温合金、难熔合金、粉末冶金及其配套的专业技术领域，同时，增加了相应仪器设备，基本完善了为开展新型材料科学研究所需的主要试验手段。

"文革"时期，钢铁研究院克服各种困难，开展研究开发，取得了一系列科研成果，完成了一批为原子弹、氢弹、导弹、飞机、舰艇、兵器等方面所急需的新型材料研制任务。荣获国家一、二等发明奖的分离膜技术打破了国外的封锁。1979 年，冶金工业部党组作出决定：将钢铁研究院更名为钢铁研究总院。

经过不懈的努力，钢铁研究总院从小到大不断发展，成为了一个学科比较齐全、人才相对集中、装备基本配套，有较高科技水平和较强综合实力的钢铁冶金和金属新材料综合性研究和开发机构，为今后的发展奠定了坚实的基础。

三、在科技体制改革中探索前行（1984—1998 年）

1984 年中共中央在《关于经济体制改革的决定》中指出："经济建设要依靠科学技术，科学技术要面向经济建设。"冶金部决定在钢铁研究总院进行由事业费开支改为有偿合同制的改革试点。试点期间，钢铁研究总院提出了以科研为主和打破平均主义大锅饭的改革思想，在领导体制上由党委领导下的院长负责制改为院长负责制。1985年中央发布《关于科学技术体制改革的决定》，钢铁研究总院制定了改革方案 48 条，并在 4 个研究室进行承包制试点，开始全面试行有偿合同制。

在市场改革探索中，钢铁研究总院以深化改革统揽全院各项工作，提出了"下楼出院""千斤重担众人挑，人人身上有指标"和"求生存、谋发展、图振兴"的口号。自 1988 年起，各研究室实行以科研和经济效益为中心的综合承包责任制，各单位的利润指标按人员结构、占用房屋、占用设备情况为基准的"3T"经济责任核算公式下达，财务管理上开始实行全成本核算。

为进一步推动科技体制改革，1989 年由钢铁研究总院牵头组织在京 14 个院所共同联名提出了《关于科研单位大院大所科技体制改革的报告》，得到了上级领导的重视并部分采纳。1990 年，在国家对钢铁研究总院的事业费减拨到位的情况下，当年实现了收支平衡、略有节余。在科技方面全面完成了"六五"和"七五"攻关任务。

探索科研院所领办高新产业。以邓小平南方讲话为标志，中国经济体制开始迈入社会主义市场经济阶段。1992 年，钢铁研究总院根据中央的精神，确定了"以效益为中心，以市场为导向，以科技为基础，实现产业化、工程化、一体化、国际化和攀登世界科技高峰"的"341"办院方针和科研院所领办高科技产业的发展目标；根据战略部署，出台了产业激励政策，在涿州建立了国家冶金精细品种试验基地，组建了新材料、产业和新技术咨询 3 家公司，对外投资了若干合资公司；在劳动人事改革方面，采取了企业分配机制、试行工资总额同经济效益挂钩等一些重大举措。

推进"一院两制三体系"。1995 年，全国科技大会提出了实施"科教兴国"战略。钢铁研究总院首批进入国家重点科研院所改革试点的行列。为此钢铁研究总院提出"一院两制三体系"的总体思路，在"稳住一头"方面，对几十年来形成的研究室系统进行以"五所五中心"为重点的结构调整。形成包括材料研究、工艺研究、分析测试技术研究以及质保系统的科研体系。在"放开一片"方面，组建钢研高新技术产业集团。

1995 年，钢铁研究总院开始"清理、整顿、规范"院属公司，摸清底数、重组调整。1997 年，钢铁研究总院对全院的公司和产业实施股份制改造，筹建股份公司。1998 年，钢铁研究总院作为主要发起人，联合清华紫光等 5 家公司共同发起设立安泰科技股份有限公司，注册资本 9260 万元，并取得高技术企业证书。

在科技体制改革探索中，钢铁研究总院告别了承包制，实施企业化的综合目标责任制。

四、在企业化转制中发展壮大（1999—2006 年）

1999 年，国务院决定对国家经贸委管理的原 10 个国家局所属的 242 个科研院所进行管理体制改革，这是我国科技体制改革的一项重大举措。根据中央精神，钢铁研究总院由事业单位转制为中央直属大型科技企业，隶属中央企业工作委员会。转制为企业以后，钢铁研究总院积极转变观念、重新定位，致力于建设一流科技企业，致力于建立全新的现代企业制度，为此，确立了"三以"发展方针：以效益为中心，以市场为导向，以科技为基础。

科技资源与金融资本结合进入快车道。根据发展方针，建立新型的研发和创新体系，实现研发创新与产业化发展的紧密结合。2000 年 5 月，钢铁研究总院控股的安泰科技在深交所成功上市，发行社会公众股 6000 万股，募集资金 8.988 亿元，创造了沪深股市的多项第一。

为了进一步适应现代企业制度要求，钢铁研究总院进行了全面结构调整，全院形成了"三大体系"：以"五所五中心"为主体的研发与成果转化体系，以安泰科技为主体的产业体系，以实业公司为主体的后勤支撑体系。职能部门和支撑体系也进行了改革。

2003 年，国务院国有资产监督管理委员会成立，钢铁研究总院成为其直接管理的中央科技型企业。根据中央和国资委的有关精神，钢铁研究总院的体制改革进一步深化，提出了"科技为先导、产业为支柱、创新为灵魂"的发展思路，对产业体系和科研体系进行了战略性结构调整。继安泰科技改制上市后，钢铁研究总院又发起设立了以高温合金和纳米粉末为主业的钢研高纳，以冶金分析、检测仪器仪表为主业的钢研纳克。钢铁研究总院为适应组建国家先进钢铁材料技术工程研究中心的需求，投资组建了中联先进钢铁材料技术有限公司。这期间投资建设的 17 个高技术产业化项目全部达产，启动第二批 14 个产业项目建设。

产业高速发展的同时，钢铁研究总院加强对科技研发投入，改善科研条件。2005 年钢铁研究总院实施了以改善科技条件和环境为目标的"1116"工程。这是钢铁研究总院在争取国家支持的同时，积极整合科技资源，持续提升科技实力，做好承担国家和行业技术创新任务的重要举措。"新一代可循环钢铁流程工艺技术"受到国家高度重视并作为重大项目纳入"十一五"国家科技支撑计划。

2003—2005 年，在国资委的领导下，钢铁研究总院开始着手搭建科技企业集团。

《钢铁研究总院科技集团发展规划（2001—2010年）》确立了指导思想、发展方针和企业定位等。把企业定位在国民经济和国防军工新材料的研发基地、国家冶金行业共性和关键技术的创新基地、国家冶金分析测试技术的权威机构，并建立高技术产业群。把发展高科技、实现产业化、建设一流的大型科技企业集团作为发展的目标。

在这一时期，钢铁研究总院注重开发具有自主知识产权的核心和关键技术；不断推进系统集成，加强新型模式下的产学研结合；不断以新材料、新技术满足国民经济发展和国防建设需要。在这一时期，累计获得各类奖励68项，其中：国家科技进步奖一等奖1项、二等奖6项；冶金行业科技进步奖特等奖1项、一等奖6项、二等奖15项；国防科技进步奖二等奖1项；其他省部级科技进步奖一等奖8项、二等奖9项。

在这一时期，钢铁研究总院通过改制重组、建立现代企业制度、建设高技术产业项目、集成优势冶金工程技术，努力实现产业规模效益化、工程大型化、品牌国际化。钢铁研究总院的总资产规模、净资产规模、筹资规模、投资规模、创收规模、纵向来款规模均创历史新高。

第二节 冶金自动化研究设计院发展历程

进入中国钢研集团之前，冶金自动化研究设计院历经33年发展，见证和参与了我国工业自动化技术从无到有、由弱变强的发展历程，为我国工业现代化的快速发展提供了强大的技术与工程支持，在共和国自动化工业发展史上写下了重要篇章。

一、冶金自动化事业初创（1973—1987年）

1973年10月，为适应我国冶金工业发展的需要，冶金工业部批准由建筑研究院原安装调整研究所、钢铁研究院十二室和北京冶金仪表厂合组成立"冶金部建筑研究院冶金自动化研究所"。自动化所一经诞生，立即投入到当时冶金自动化项目的建设工作中，将重点攻坚任务聚焦在武钢1.7m热连轧机、冷连轧机，鞍钢半连轧，大钢炉卷，本钢1.7m轧机等10套轧机上。武钢从德国西门子引进的1700mm轧机自动控制系统是我国钢铁工业第一套高水平的自动化系统，自动化所参与了这套系统的设计、调试工作，亲历了我国冶金自动化事业的不断成长。

1976年4月，国家计委正式批准将冶金自动化研究所由冶金部建筑研究院划出单独建所，定名为"冶金工业部自动化研究所"，归冶金部直接领导。在此阶段，自动化所取得了"多通道聚焦X射线荧光分析仪""GY型自动膨胀仪""无损探伤仪-厚壁管+通道自动超声探伤机""800t剪断机可控硅交流装置"等一系列科技成果。

1983年2月，冶金部决定将计量研究所成建制并入自动化所。1987年冶金部批准自动化所成立"冶金部冶金自动化及电子产品质量监督检测中心"。在这一时期，自动化所完成了一批重大项目，协助宝钢自动化系统正常运行，成功为武钢冷轧厂1700mm五机架连轧完成油缸修复，并取得了众多重大科研成果。

二、走向国民经济建设主战场（1988—1998年）

20世纪80年代中期，国家做出了推进科技体制改革的决定，1988年4月，冶金部批准"冶金工业部自动化研究所"更名为"冶金工业部自动化研究院"，实行院长负责制。

作为国家科技体制改革第一批试点单位，自动化院全面贯彻国家"面向"和"依靠"战略方针，以"以经济效益为中心"提出了"大院大所必须进入国民经济建设主战场，在主战场上找到自己的位置，发挥关键作用，成为国民经济建设生力军"的目标。从此，自动化院打破课题承包"小作坊"式科研体制，实行"一体化"改革和"产业化"建设，建立了科研成果向现实生产力转化的有效机制，整体运行水平得到显著提高。1991年合同总额达到2.2亿元，是1987年的11倍；经济效益1750万元，是1987年的3.5倍，为自动化院自我生存、自我发展打下了牢固基础。

为了增强发展后劲，推动持续稳定发展，1994年自动化院调整工作重心，提出了"要把提高经济效益切实转移到依靠科学技术，上水平、攀高峰的轨道上来"的工作方针。重新规划科研开发项目，集中人力财力，重点突破，在国家计委科技攻关项目和国家科委"稳住一头"项目资金的支持下，十余项技术处于国内领先地位，并且达到或接近国际应用技术的先进水平。

在科技体制改革的过程中，自动化院创造了辉煌业绩。完成了国家"八五"重点项目攀钢1220mm冷连轧工程、重钢五厂"4000kW交流传动"、宝钢"2号、3号高炉三电自动化系统"等一大批重大工程项目；参与的"宝钢生产系统优化技术"获国家科技进步奖特等奖、"黄浦江过江顶管工程"获国家科技进步奖一等奖；承包的"酒钢一号高炉煤气余压发电系统工程"获国家科技进步奖一等奖、"交流永磁无刷伺服驱动装置"获国家科技进步奖二等奖。

三、以科研院所整体转制为契机再发展（1999—2006年）

1999年7月，自动化院由事业单位转制为中央直属大型科技企业，2001年7月更名为"冶金自动化研究设计院"。2002年9月，自动化院控股的"北京金自天正智能控制股份有限公司"在上海证券交易所正式挂牌上市。

以股份制改造为契机，自动化院进行了整体转制的设计和运作，推动了全院各项工作的提升。在建立健全现代企业制度、强化内部管理、向管理要效益方面，相继出台一系列深化改革措施，取得了显著成效。自动化院获得了国家发展计划委员会颁发的"甲级工程咨询资格证书"、建设部颁发的甲级"智能建筑、系统集成专项工程设计证书"等一系列工程项目资质。参加的重大工程项目宝钢"原料厂三期"竣工，承担的天津钢管公司"ERP 实施工程"竣工，由国内单位合作研制的四川内江市川威特殊钢有限公司 950mm 中宽带热连轧一次试轧成功。自动化院和鞍钢、东北大学合作的重大工程项目——攀钢 1450mm 热连轧两级自动化技术改造项目，达到当时国际先进水平。"LF-100 激光板形仪"及"智能钢包精炼控制系统"获科技部、国家税务总局、外经贸部、质监局、环保总局国家重点新产品奖；与宝山钢铁股份有限公司共同承担的《宝钢一炼钢控制系统改造》项目获冶金科技进步奖一等奖；《大功率交交变频调速系统及推广应用》项目获冶金科学技术奖一等奖；承担的攀钢 1450mm 热连轧主传动交流化改造工程获国家"九五"攻关优秀成果奖。

面向国民经济主战场，通过多年的科研攻关、研究开发和工程实践，自动化院在自动检测、计算机控制、电气传动领域取得了丰硕成果。冶金系列特殊检测装置、大功率交交变频装置、高精度交流伺服驱动装置填补了国内空白；自动检测、计算机控制、电气传动为一体的冶金三电自动化系统覆盖炼铁、炼钢、轧钢各个工序，打破了国外垄断，在国内树立了冶金自动化十大样板工程，为钢铁工业自动化技术水平提升和全面推广普及做出了突出贡献。

第三节　中国钢研科技集团有限公司发展历程

为促进科技资源整合，实现优势互补，聚集行业技术创新能力，2006 年 12 月 26 日，国资委正式批复："经国务院批准，钢铁研究总院更名为中国钢研科技集团公司，冶金自动化研究设计院作为全资子企业并入中国钢研科技集团公司。"中国钢研作为转制科技企业，在深化科技体制改革、强化科研成果转化、实现强强联合的道路上又迈出了历史性的重要一步。作为中央科技型企业改革创新的试点，中国钢研的成功组建，是优化国有资本、加快中央企业布局和结构调整的一次积极探索，开启了集团化发展的新篇章。

一、在集团重组中提升核心竞争力（2007—2008 年）

中国钢研贯彻国务院及国资委批复精神，按照整体规划、分步实施的原则，细化了组建工作方案：逐步加大资产重组和资本运营的力度，整合集团公司内部资产及业务，调整组织机构及人事安排，制定集团发展战略及规划，建立和完善集团管理制度及运行机制。使集团公司资源结构和业务布局迅速得到改善，集团的管控能力和企业向心力、凝聚力得到明显增强，整体竞争力得到显著增强。

2007年，中国钢研选举调整了集团公司、钢研总院、自动化院党政领导班子，调整规范了职能管理部门，完成了注册资本的变更和主要科研机构的重组。重组后的中国钢研总资产75.86亿元，在岗员工6000余人，下辖12个独资或控股公司，拥有安泰科技、金自天正2家上市公司，10个国家级中心和机构。形成了以钢研总院和自动化院为核心的研发体系，以安泰科技和钢研高纳为主体的新材料产业，以金自天正为主体的冶金工艺工程及自动化产业，以钢研纳克为主体的冶金测试仪器仪表产业。初步实现了材料、工艺和自动控制的协同，改善了新材料领域的设备制造与集成能力，促进了冶金工艺工程和工业自动化领域的资源、人才、设备的优化配置，强化了市场竞争能力。集团重组后企业文化不断融合，技术链与产业链得到延伸，综合优势充分发挥。

重组后的中国钢研综合研发能力进一步提高，行业作用与社会影响力不断攀升。研制的一系列关键材料在"嫦娥"探月工程、"神舟"系列飞船等国家重大工程中发挥了重要作用，赢得了殊荣。作为钢铁可循环流程战略联盟盟主，在行业技术创新中的领军地位受到国家多个部委和全行业的认可。国务院国资委授予中国钢研"科技创新特别奖"。产业稳步发展，经济效益持续提高。2008年底，集团公司资产总额达到90亿元，实现销售收入52亿元、利润总额3.67亿元、净利润1.5亿元。科技创新成果创历史纪录，获得国家级奖励7项。

二、在集团化发展中建立现代企业制度（2009—2017年）

经过三年的重组，中国钢研进入集团化运营转换期，逐步建立了现代企业制度。2009年，国资委将中国钢研作为转制院所的科技型企业集团列入第三批董事会试点单位。董事会试点是中国钢研转变体制、机制，建立现代企业制度难得的发展机遇，标志着中国钢研的发展进入了新的发展阶段。

董事会试点为中国钢研发展提供了重要契机和战略指导，从战略层面上把握方向性问题，把重大决策与日常经营分开，建立了董事会议事规则、总经理议事规则，建立了党委、董事会、经营班子之间相互支持的治理架构。

健全完善有效的公司治理结构，提高集团管控能力，保证了集团公司深化改革，健康、持续发展。2009年，中国钢研第三家上市公司北京钢研高纳科技股份有限公司（300034）正式在深交所创业板发行上市。

2010年，中国钢研完成了"十二五"发展规划编制工作，明确了"十二五"是集团公司的"发展机遇期、战略转型期、快速拓展期"，确定了金属新材料，冶金工艺技术、工程技术与装备，工业自动化与控制系统，金属材料与冶金过程分析测试4个重点产业领域。中国钢研确定了公司愿景、公司使命和发展战略，通过管理机制、组织结构、发展模式、战略布局、资源配置和科技管理的变革来实现规划目标。在体系建设方面，中国钢研构筑了科学发展的三大体系——战略管控体系、科技创新体系和生产经营体系，深化管理变革、优化产业结构、转变发展模式，持续提升企业核心竞争力，争创一流科技型企业。

2012 年，中国钢研组建中央研究院，构建了中央研究院负责战略性技术研发、各子企业面向产品和工程应用技术开发的两个层次密切结合、互有侧重的科技创新体系，巩固了中国钢研国家金属新材料研发基地和冶金行业重大关键与共性技术创新基地的地位，提升技术创新对自身产业发展的支撑作用。中央研究院组建以来，调整完善了原有创新体系，实现了科技创新体系平稳运行。

中国钢研主动适应经济新常态，稳妥推进改革新举措。针对“公益类”央企定位，积极争取支持政策，按要求完成了全级次 69 家子企业功能定位与分类工作，初步形成了公益类、商业二类、商业一类“业务混合、矩阵式支撑”的格局，完成了所属企业公司制改制工作。制定了《中国钢研全面深化内部改革指导意见》。

三、在高质量发展中创建一流科技企业集团（2018 年至今）

2018 年以来，中国钢研新的领导班子以习近平新时代中国特色社会主义思想为指引，坚决贯彻落实党中央、国务院决策部署和国资委工作要求，团结带领广大干部职工，凝心聚力、奋勇拼搏，各项工作取得显著成效，开启了高质量发展的新征程。

中国钢研制定了中长期发展战略和“十四五”规划，围绕“一个钢研、一个目标”，构建“透明钢研、智慧钢研”，系统谋划了未来发展的蓝图，从融入国家发展战略的高度，明确了企业使命、发展愿景、目标定位、发展原则等重大战略问题。

中国钢研坚持创新驱动、需求牵引，组建了工程事业部，整合冶金工艺、工程和智能制造业务，有效发挥了综合优势；成立了钢研昊普，整合热等静压设备制造和加工服务业务，提升了高端材料的加工服务能力；完成了钢研纳克创业板上市，成为中国钢研第 4 个上市公司；成立了青岛研究院，启动高温合金和轻质合金青岛基地建设，平度产业基地已投产运行；重组设立了钢研投资，建设集团投资运行平台，加强资本对技术创新和产业发展的赋能；把握发展趋势，加速数智化转型和低碳发展，启动了数字化转型、低碳发展、氢能源产业发展专项规划；成立了数字化研发中心、钢铁绿色化智能化技术中心，搭建共性研发平台，提升协同创新能力；组建了氢冶金技术中心，集中力量开展前瞻性科技创新工作。

中国钢研优化创新平台，强化科技力量，着力构建“统一、分层、协同”的科技创新体系。中国钢研成为国资委批准成立的 7 家创新 LHT 之一，并成功入选首批原创技术 CYD 企业。"中国产业基础能力发展战略研究院""陈篪特种钢创新中心""国家先进钢铁材料产业计量测试中心"等创新平台落户中国钢研。立足关键核心技术攻关新型举国体制建设，积极承担国家重大技术"卡脖子"工程。一批攻关任务取得里程碑式重大成果：首次突破低压涡轮轴整体成型技术，攻克大飞机起落架用钢核心技术，实现了我国舰船用关键钢材全部国产化，并为探月工程、载人航天、火星探测、人工核聚变等国家重大工程提供了坚实保障。

中国钢研深化落实国企改革三年行动，积极推进各项改革。完善"三重一大"决策机制，因企施策，分类管理，全面完善子企业董事会建设。积极推进改革专项工程，5 家子企业分别入选"双百企业"和"科改示范企业"，钢研高纳和安泰环境改革经验分别入选国资委"双百"和"科改"典型案例集。一批细分业务得到了各级政府"专精特新""小巨人"的认定。

中国钢研全面加强基础管理，一是深化总部职能部门改革。重新组建了科技发展部，强化科技创新体系建设；新设合规部，构建合规管理体系；设立审计部，推进内部审计改革，强化审计监督效能。强化信息化数字化工作，成立了信息化中心；深化财务和人力资源管理体系改革，成立财务共享服务中心、人力资源共享服务中心。二是深化岗职级体系、薪酬体系和考核体系改革。以价值贡献为导向，建立了多通道岗职级体系（G1~G12）；以市场化薪酬为基准，建立了与考核、岗职级相匹配的薪酬体系。三是系统推进制度体系和流程化、信息化建设。制定了集团公司规章制度体系建设三年规划，落实规章制度全生命周期管理。大力推进业务流程标准化，选取了投资、合同、资金等重点业务，建设贯穿到底的业务管理流程。

中国钢研全面加强党的领导，党建引领保障作用充分彰显。全面落实全国国有企业党的建设工作会议精神，党委领导作用显著增强。圆满召开了中国钢研第二次党代会，完成了党委、纪委换届工作。全面从严治党深入开展取得积极成效，企业政治生态积极向好，干部凝心聚力、干事创业积极性明显提高。

新时期，中国钢研坚决践行初心使命，克服了严峻复杂的外部环境带来的困难和挑战，顶住了新冠疫情的严重冲击，近年来，新签合同、营业收入、利润总额、净利润等指标均创历史最好水平，实现了国有资产保值增值和科技创新的持续发展。

第二章 金属材料 原创策源

70 年来，中国钢研始终站在金属材料研发前沿，肩负着我国金属材料技术策源地的使命，涌现出无数勇攀科技高峰的人才精英，在国防军工和重大工程所需关键材料研发中发挥了不可替代的引领和支撑作用。

作为科技创新"国家队"，以中国钢研为核心和纽带，与政府、钢铁企业、用户单位、大学和各兄弟院所协作配合，共同承担研发任务，提供关键核心材料全产业链一体化解决方案，形成了独特的"政产学研用"良性互动的"小核心、大协作"攻关模式，在我国冶金行业科研、生产和应用研究中发挥了重要作用。

中国钢研建立了我国独具特色的金属材料研发体系，在合金钢、高温合金、金属功能材料、难熔合金和粉末冶金材料及焊接材料等领域先后研制出近千种高技术关键材料，满足了"两弹一星""长征"系列运载火箭、"神舟"系列飞船、"嫦娥"探月工程、"天宫"空间站等诸多国家重大工程和大飞机、大运载、大舰船、航空发动机、燃气轮机、热核聚变装置等重点型号装备的材料需求，为国防军工和重大工程建设做出了卓越贡献。

第一节 钢铁材料

"上到太空卫星，下到海底潜艇，共和国每寸钢铁都熔进我们的光荣。"70 年来，中国钢研一直是我国钢铁新材料技术的策源地和人才高地，引领了我国军用关键钢铁材料和重大工程用钢的研发工作，研发了一系列关键材料，满足了我国航空、航天、舰船、装甲、核动力等武器装备的材料需求，为机械制造、能源、交通、建筑等领域国家重大工程提供了材料解决方案，获国家级科技奖 97 项、省部级科技奖 360 项，获国家授权专利 403 项，培养造就了院士、国家级专家在内的一大批领军人物。

一、奠定共和国钢铁品种与技术发展的基石

新中国成立初期，我国的钢铁工业基础十分薄弱，全国粗钢年产量仅数十万吨，大部分钢铁品种不能生产，为打破国外对我国的技术封锁，发展国民经济及国防建设

事业，建设我国工业体系和国防军工体系，国家参照苏联标准制定了重-52标准，共217个钢号，初步解决了国家对钢铁品种的需求。

但是，钢铁材料的合金元素在资源供给方面存在问题，特别是在镍、铬元素方面容易受制于人。为此，1959年钢铁研究院主持起草制定了我国第一套合金钢标准，包括工模具钢、高速钢、轴承钢、弹簧钢、高强度低合金钢、合金结构钢、不锈钢、耐热钢等8大合金钢类，共245个钢号，初步建立了符合国情的合金钢体系，立足国内资源研制开发出一批以锰代镍、节铬节镍的新钢种，解决了国家对合金钢的需要，为我国的合金钢生产奠定了基础。1964年钢铁研究院编著出版了《合金钢手册》《合金钢钢种手册》等专业科技书与工具书，奠定了中国钢铁品种及合金钢体系的基础。此后，还组织或参与制定了钢铁材料数十个国家标准，对促进中国钢铁行业和相关行业的发展，做出了重要贡献。此外，钢研总院是我国最早开始进行铌微合金钢研制及应用单位，20世纪70年代研制开发出18MnMoNb、14MnNb等钢种，与中信金属公司及各大钢厂合作进行了含Nb微合金钢的深入研究和广泛生产应用，在高性能管线钢、低温钢、中厚板、大尺寸H型钢等方面不断开发出高性能新钢种。

近年来，中国钢研在中高碳钢中Nb的作用的基础理论研究方面取得重要进展，研究开发了Nb微合金化的齿轮钢、非调质钢、弹簧钢、硬线钢、工模具钢。在钒微合金钢方面，中国钢研科研团队创造性提出了钒氮复合微合金化的理论体系。钒氮复合微合金化技术为低成本高性能钢铁品种开发开辟了新途径，已经在系列高强度钢铁品种上得到广泛应用，这对我国钢铁品种的结构调整、实现节能减排具有十分重大的意义。中国钢研还在其他钒钢品种技术方面进行了深入研究，在工模具钢、合金结构钢等方面研制开发出多个改型钢种；此外，在高钛多尺度析出物耐磨钢、钒钛铌钼多元复合微合金化高强度高韧性钢等方面也取得了重要研究成果。

针对国民经济发展对"高强度、长寿命、高服役安全性"钢材的重大需求，中国钢研牵头组织实施完成了国家重大基础研究"973"计划项目"新一代钢铁材料"（1998—2014年共三期），在相关基础理论研究、关键共性技术和产业化应用等方面取得一大批重要成果，形成了钢材组织超细化理论与控制技术体系，使占我国钢产量90%以上的低碳碳素钢和低合金钢的晶粒尺寸细化到5μm以下；钢的屈服强度分别从200MPa和400MPa级提高到400MPa和800MPa级，实现了强度翻番；解决了如何大幅度提高钢材使用寿命的科学问题，使普碳钢的耐大气腐蚀寿命提高1倍以上，合金结构钢疲劳寿命提高了一个数量级（由10^7提高到10^8）；提出了"多相、亚稳、多尺度"组织调控思路，解决了"强度-韧塑性匹配"的科学问题，使钢的强塑积从原先的15GPa·%左右提高到30GPa·%以上。该项目使我国成为世界上第一个大批量生产和应用超细晶钢的国家，主要研究成果分别获2004年度国家科技进步奖一等奖和2018年度国家技术发明奖二等奖，广泛应用于建筑、汽车、集装箱、机械装备等领域，极大推动了我国钢铁工业转型升级和产品质量升级，为国民经济发展提供了高性能钢理论与技术支撑，为世界钢铁材料创新发展做出了引领性贡献，使我国钢铁材料总体研发生产水平实现了从跟跑到领跑的历史性跨越。

二、为国防军工和重大工程提供材料支撑

70 年来，中国钢研通过与相关生产企业、下游用户行业的紧密合作，建立了联合攻关模式，为国防装备建设奠定了钢铁基石。

在海洋用钢方面，中国钢研经过自主开发，形成了我国舰船用钢系列，保证了各种型号舰船深海潜艇用高性能钢的需求。进入 21 世纪，中国钢研研制成功了民机用单真空冶炼工艺超大尺寸 300M 钢，支撑了 C919 大飞机"中国制造"，为我国制造业的产业升级做出了贡献。

在航空航天方面，中国钢研开展了超高强度钢体系化研究。20 世纪 90 年代先后为长征系列火箭研制和提供了多种关键金属材料及制品，其中，为长征 6 号、7 号、5 号运载火箭新型液氧煤油火箭发动机研制了高强不锈钢，保障了发射任务。

中国钢研还为机械制造、能源、交通、建筑等领域的重大工程建设提供了材料解决方案，在国民经济建设中发挥了不可替代的重要作用。

在机械制造领域，针对我国基础件可靠性低、寿命波动大、加工和使用性能差的突出问题，在"十三五"国家重点研发计划支持下，中国钢研牵头在轴承钢、齿轮钢、非调质钢、紧固件用钢、轴类用钢、弹簧钢等量大面广的典型基础件用特殊钢的长寿命化机理、质量稳定性控制等系列关键共性技术、高效测试表征技术与高端产品等方面取得了一系列技术创新成果，满足了高端装备制造业用钢国产化需求。

在交通领域，中国钢研研究了高速车轮、车轴钢夹杂物改性、基体组织均匀细化和强韧化机理，并设计出原型钢，为联合攻关团队研制高速车轮钢、高速车轴产品提供了理论依据和技术支撑。研制出的 D2 高速车轮和 DZ2 高速车轴性能优于进口产品，成功应用于时速 350 公里"复兴号"动车组，并向时速 400 公里可变轨动车组推广应用。该成果不仅使高铁轮、轴摆脱进口依赖，而且还小批量出口欧洲，用中国速度和自主创新擦亮了"中国创造"的名片。

在能源领域，中国钢研改变了世界核电设备市场格局。压水堆核岛关键设备材料技术的突破和自主化，促进了我国冶金、机械等高端装备制造业的整体进步，迫使国外进口产品大幅度降价。中国钢研还开发了 600℃ 电站全套系列锅炉管，实现了我国超超临界关键锅炉管从无到有、从有到全、从全到精的历史性跨越，不但使我国高压锅炉管技术跃居世界先进水平，而且使电站造价降低 20%，节煤减排效益十分显著。

2015 年中国钢研牵头的"600℃超超临界火电机组钢管研制与应用"成果获得国家科技进步奖一等奖。

在国家油气管道重点工程建设领域，中国钢研立足于国家能源战略安全，围绕我国油气资源开发对油气储运高性能管材的迫切需求，构建了一套以材料强韧化控制为基础，集理论研究、关键技术和产品研发应用为一体的油气储运用钢研发体系，研制出了一系列具有世界先进水平的高性能管线钢产品。

在汽车领域，基于 M^3 组织设计，中国钢研首创了强塑积达 30GPa·% 的第三代汽车用钢，并实现了工业生产。同时，中国钢研丰富了裂纹启裂与扩展理论，解决了强度提高导致塑韧性下降的问题，为提升汽车用钢性能提供了新思路。

三、"海陆空天核"钢铁材料自立自强

"海"：特种船体钢技术从无到有

特种船体钢技术是衡量一个国家工业发展水平和综合实力的重要标志，也是建造海洋重点装备和实现海洋强国战略的重要基础。新中国成立之初，我国的海洋装备用材是从苏联购入，或是在苏联的技术援助下进行仿造仿制的，特种船体用钢则全部由苏联供应。为了摆脱这种局面，从 20 世纪 60 年代开始，中国钢研承担了特种船体用钢的研制任务，采用"平炉+模铸"工艺，研制出适合我国缺镍少铬资源特点的第一代高强度特种船体用钢，解决了我国特种船体结构钢的有无问题，满足了船舶装备初期的建造需求。

70 年来，在中国钢研研发团队的努力下，我国船体结构钢经历从无到有、从仿制到自主研发、从跟跑到局部领跑的发展阶段。通过军地协同、研用结合等一系列措施，系统建立了三代船体用钢体系，实现了船体结构用钢完全自主可控，总体技术达到国际先进水平，为我国船舶装备的跨越式发展奠定了坚实的基础。

"陆"：实现关键材料的自主可控

中国钢研一直是我国兵器用钢的原创技术策源地，一代代钢研人为我国兵器装备进步所需关键钢铁材料前赴后继、努力拼搏，实现了"从无到有""从有到优"的发展。在防护钢方面，中国钢研利用材料、冶金、制造等领域的技术进步，开发出自成体系的系列防护钢新材料，满足了装备发展需要，实现了关键材料的自主可控。

70 年来，中国钢研在兵器用钢配套材料的研制和应用，既提升了自身材料技术水平，也保障了装备的研制生产，充分体现了"一代装备、一代材料"的发展特征。经过几十年的发展，目前我国兵器用钢已自成体系，重点材料拥有知识产权，研发和生产整体上实现了自主可控。

"空"：攻克多项世界级科技难题

中国钢研承担了航空特殊钢国产化的重任，以钢研总院为核心，集中全国特殊钢厂，包括抚顺特钢、长城特钢、宝钢特钢等联合攻关。该项目特殊钢材料涉及10多个品种，其中超高强度钢、高强度不锈钢、耐蚀合金等，主要应用于航空起落架、结构件、液压控制系统等。

为此，钢研总院成立了老中青三代钢研人的强力攻关突击队，老教授指导、中年主力挂帅、众多青年骨干为核心，采用实验室仿真模拟、多相组织调控等新技术和方法，通过科学研究与工业试制相结合的方案，先后攻克了多项世界级科技难题，取得了10多项创新成果，形成了30余份技术标准和工艺规范，打通了高强不锈钢全流程制造工艺，实现了稳定批量供应及高质量航空构件的批量生产，满足了我国航空装备设计、选材、制造与批产需求，确保了一次性装机试验考核和首飞成功。

"天"：航天发动机用超高强度钢研制

20世纪70年代，面对内外部复杂环境，钢研总院主动请缨，承担起开发我国自主的航天发动机用超高强度钢的重任。

在研发过程中，钢研总院创造性地提出了低成本合金方案，其成本仅为欧美国家的1/10，为我国航天发动机的发展指明了技术方向。在决定成败的紧急关头，在兄弟单位的密切配合下，钢研总院创造性地提出利用我国资源丰富的锰元素优化方案，平衡相变精确调配组织性能。在节约成本的前提下，研制成功国际上首个低成本航空航天超高强度钢，打破了战略金属国际封锁，成为具有国际影响力的中国超高强度钢品牌。

20世纪90年代，我国最早提出研制新一代拥有完全自主知识产权的绿色、无毒、无污染的液体燃料火箭发动机，中国钢研作为发动机关键用材核心承研单位，"九五"期间针对更高强度、良好耐蚀性能、超低温服役环境中良好韧性等用材新要求，研制出的S系列高强不锈钢力学性能均达到或超过俄罗斯同种材料水平，成功解决了发动机关键用材有无问题。"十一五"期间大运载专题再次针对S系列五种高强不锈钢的工程化问题进行立项，制订了系列国家军用标准，全面保障了S系列高强不锈钢材料的工程化应用。此后，研发团队又针对发射场"高温、高湿、高盐雾"的特殊气候环境，对S系列不锈钢的腐蚀行为和防护措施进行了系统、全面的研究，提出了切实可行的解决方案。S系列高强不锈钢经历20多年来的多次试车考核，顺利应用于长征六号、长征七号、长征五号大型运载火箭发动机，谱写了我国运载火箭的新华章。

"核"：核领域用钢，解决燃眉之急

20世纪70年代，为了实现我国核动力装置的安全运行，核工业部和冶金工业部决

定由钢研总院研制核反应堆蒸发器传热管用新材料。钢研总院研发团队联合六机部七院、二机部一院、一机部武汉材保所、上钢五厂等单位展开协作攻关。老一辈钢研人在艰难的条件下，大胆提出了以铁镍基耐蚀合金代替苏联体系不锈钢的成分设计思路，经过 8 年攻关，科研人员在 20 种材料中，终于优选出了能够满足核反应堆蒸发器使用的新型合金。这是一款完全由我国自主设计的新材料，通过鉴定后，成为我国核动力装置蒸发器传热管专用材料，在随后的 40 年间，我国所有型号的核潜艇均采用的是钢研总院开发的新材料。

此外，钢研总院先后开发出了核电蒸发器用合金传热管材料，解决了我国二代加、三代核电站发展的"国产之虑"，使得我国成为继法、瑞、日外第 4 个可以批量生产蒸发器合金传热管的国家，先后荣获多项国家及省部级奖。

"缝纫"钢铁：焊接助力钢铁强国

中国钢研长期以来从事钢铁材料的焊接性及配套焊接材料的研究工作。围绕舰船、航天、航空、核电、石化、冶金、电力等行业的特殊要求和特种材料、异种材料焊接多的特点，研究出了几十种焊接材料，包括焊丝、焊带、焊剂、焊条等，已广泛应用于国家多项大型工程上，获得了国家及省部级发明奖和科技进步奖几十项。

作为我国结构钢配套焊接材料的研发基地，中国钢研长期承担着军用焊接材料的研制任务，所研制的焊丝成功应用于我国舰船、飞机起落架、航天发射平台等重大工程项目中。在长期的焊接材料研制过程中，钢研总院掌握了我国焊接材料的冶炼、加工技术和配套焊接工艺，形成了全套生产供货能力。中国钢研从"八五"期间便开始了防护钢用配套焊接材料开发研究工作。在国家新材料重大专项的支持下，中国钢研研制出了气体保护焊丝、高耐磨高强度主动齿轮堆焊用全自动焊接材料，该材料已批量应用于某重点防护车辆。中国钢研还承担了核动力装置专用关键焊接材料工程化研制任务，突破了焊丝的成分设计，有力支撑了后续重点型号选材的需求。

第二节　高温合金

中国钢研是我国高温合金领域的开创单位之一，致力于高温合金新材料、新技术和新工艺的研发近 70 年，牵头研制了 100 多种高温合金牌号，覆盖高温合金细分领域，是我国高温合金体系的建设者之一。中国钢研培育了高温合金产研一体化上市公司——钢研高纳，为满足国家航空、航天、舰船、兵器、核电等领域重点项目的核心材料需求做出了重要贡献。

一、为"工业皇冠"提供材料保障

航空发动机被称为"工业皇冠"。中国钢研的高温合金研究伴随着我国航空发动机的发展，为打造我国"工业皇冠"提供了坚实的材料保障。

1956年，在冶金部的领导下，由中国钢研前身钢铁工业综合研究所、抚顺钢厂等单位共同试制我国第一种高温合金GH3×××，在抚顺钢厂试炼出我国第一炉高温合金。次年，由GH3×××制造的火焰筒在发动机上通过长时试车，宣告我国第一个高温合金研制成功，实现了高温合金从无到有。

1958年，钢铁研究院成立高温合金研究室，一批来自高校、工厂的优秀科技人才和归国技术人员汇聚于此。1960年，苏联中断航空材料的供应，中央决定组织全国力量全面解决航空材料供应问题。高温合金研究由当时的冶金部和航空工业局领导，钢铁研究院以及其他研究和生产单位进行协同攻关。经过近5年的不懈努力，终于掌握了高温合金的冶炼、轧制、模锻等工艺技术，协助生产单位建设起了真空冶炼炉和电渣冶炼炉等重要设备，协助建设了德阳、重庆大型锻压和轧制加工基地、长城钢厂特殊钢生产基地，培育了相应的软、硬件能力，实现了我国高温合金研发和生产的初步布局，为我国逐步建立起自有的高温合金体系和产业能力奠定了坚实的基础。至20世纪70年代，为满足我国第一代航空发动机的需求，钢研总院高温合金研究室艰苦创业，研制了GH3×××、GH31××等高温合金板材，主要用于制造发动机关键热端部件燃烧室、火焰筒等零件，仲增墉教授首次提出并发展了高温合金微量元素改性及微合金化技术。同期钢研总院研制铸造高温合金包括K2××、K4××等，用于制造增压涡轮、导向器等部件。

1977年，钢研总院高温合金研究室开始研究世界上最先进的发动机必不可少的材料——粉末高温合金。1984年在试验车间试制出我国第一个粉末涡轮盘。1994年建成我国第一条粉末高温合金生产线，交付了FGH××××合金全尺寸粉末涡轮盘挡板，成为我国第一个在航空发动机上使用的粉末高温合金制件，标志着我国具备了粉末涡轮盘研制能力。钢研总院还拥有国内唯一的弥散强化高温合金生产线，研制并生产的MGH××××合金使用温度高达1250℃。

20世纪80年代中期，我国开始自主设计生产第一台大推力涡轮风扇发动机，钢研总院参与了十多种高温合金的材料研制、部件制备及试验考核全过程，产品覆盖涡轮盘、叶片、燃烧室、结构件和特种高温合金部件等热端部件。其中GH4×××合金用于制造260多种零件，重量约占核心机的60%。

随着我国航空、航天发动机发展，对高温合金性能需求的不断提高，钢研总院承担了大量"973"计划、"863"计划、国家自然科学基金和各类国家配套、专项重点研发项目，研制的高温合金类型不断增加，在合金研究的宽度和高度上不断拓展。例如，我国早期研制的长征二、三、四号运载火箭搭载的发动机用高温合金均由钢研总院研制；新一代运载火箭长征五、六、七、八号的动力装置大推力液氧煤油发动机所采用的高温合金也由钢研总院研制，包括 5 种合金和 4 种焊材，用于几十种零部件，其中整体叶盘材料 GH4×××合金获国家发明专利。在国家"863"计划的支持下，钢研总院开创了我国金属间化合物高温材料的研究领域，建立了具有自主知识产权的钛铝系和镍铝系金属间化合物合金体系。2000 年 Ti_3Al 合金零部件用于"神舟"2 号飞船等，率先开启了金属间化合物在我国军工型号上的工程化应用。目前 $Ti_2××$ 合金成为新一代发动机的主干材料，已用于制造 40 余种零部件。

单晶叶片被誉为航空发动机"皇冠上的明珠"。20 世纪 80 年代末，钢研总院着眼于国家航空发动机的发展和长远需求，自主投入开启了单晶高温合金材料和涡轮叶片的研发工作。钢研总院高温合金研究室以最小的成本设计制造出国内第一台真空定向凝固炉，在国内首次成功拉制出了定向生长的晶粒，为后期单晶叶片的研制做出了重要贡献。1995 年，单晶叶片项目列入国家计委项目，钢研总院迅速投入了材料和工艺的系统性研究。经过艰苦攻关，1998 年，钢研总院高温合金研究室试制的单晶叶片相继顺利通过发动机地面寿命考核和试飞考核，成为国内第一个通过试车和试飞考核的单晶涡轮叶片，标志着我国突破了单晶高温合金材料和叶片制备的关键技术。该项目获得了国家科学技术进步奖二等奖。此后，经过对某型号单晶涡轮叶片的工程化研究和设备能力的提升，叶片产品的生产效率和合格率得到大幅度提高，满足了该型发动机批量生产需求。

进入 21 世纪以来，"运载火箭""大飞机""航空发动机及燃气轮机"等多项国家重点项目给钢研总院的高温合金事业带来了更大的机会和挑战。GH47××合金等盘锻件在我国 WZ/WJ 发动机中作为骨干材料获得大量应用；GH40××合金盘锻件、GH41××合金盘环锻件、GH47××合金大型环锻件等的研制为我国大飞机提供材料支撑；航天发动机用 GH45××合金、GH41××合金等涡轮转子的研制保障了探月工程、载人航天工程等的顺利进行。2001 年，钢研总院成立钢研高纳公司，系统开展弹用发动机高温合金精铸件研制，并通过产业化建设提升保供能力，各类精密铸造叶片及复杂结构件、涡轮盘产品，除满足了弹用发动机需求外，还扩展到无人机发动机应用。为满足我国新一代航空发动机和商用"大飞机"的动力需求，"十三五"期间，钢研高纳为 60 多种发动机型号提供了 1500 多种产品，为民口单位之最，实现了关键材料自主可控。

基于几十年的研究，中国钢研为我国高温合金体系的建立做出了重要贡献，分别于 1980 年和 2012 年组织编辑了两版《中国高温合金手册》，其中第二版分上下两卷，包括全部六大类 205 个合金牌号的高温合金，由中国钢研牵头研制的共计 100 多种。

二、变形高温合金涡轮盘比肩国际先进水平

变形高温合金盘锻件是航空、航天发动机及燃气轮机最核心的热端转动部件，其质量和性能直接决定了整机性能。中国钢研牵头承担了我国绝大部分变形高温合金研究项目，引领我国变形高温合金盘锻件材料开发与工程化技术发展。从20世纪60年代起，钢研总院为我国航空发动机、航天发动机以及燃气轮机研制并提供了各级各型涡轮盘，完成了航空发动机用650℃级、700℃级和750℃级变形高温合金盘锻件的开发和工程化应用，正在开展800℃级、850℃级和950℃级变形涡轮盘研究工作，技术比肩国际先进水平。

各具特色的涡轮盘中，用量最大的GH41××合金涡轮盘和重型燃机大尺寸涡轮盘的研制是我国涡轮盘研究从跟随到自主保障，到创新发展的典型缩影。

钢研总院1968年开始研制GH41××合金。1984年，为满足"昆仑"发动机的研制需求，国家正式立项研制航空发动机用涡轮盘。钢研总院组建的"169课题组"，与抚顺特钢、宝钢特钢、长城特钢、西南铝、二重，以及航空发动机研制生产单位和高校院所联合承担了此任务，并由庄景云教授负责。1992年，"169课题组"又承担了某型发动机用涡轮盘的研制任务。经过多年的艰辛探索，解决了铌元素偏析、锻造开坯开裂等难题，成功地研制出符合发动机要求的GH41××涡轮盘，并通过考核，获国家科技进步奖二等奖。2005年，GH41××涡轮盘随着发动机定型而实现批产，标志着我国需求量最大的涡轮盘彻底解决了有无问题。

涡轮盘的另一重要阵地是燃气轮机。中国钢研3年试制，解决有无问题，7年应用研究，解决应用和考核问题，5年工程化研究，解决稳定性问题，最终实现了某型号船用燃机涡轮盘100%国产化，形成了中国特色的大型涡轮盘制备技术。2020年，中国钢研研制成功的直径2.38m国内最大尺寸的重型燃气轮机GH47××涡轮盘，为我国重型燃机提供了核心保障，引领我国超大涡轮盘制备技术达国际一流水平。

三、高温合金技术创新的策源地

70年来，中国钢研在高温合金的冶炼和加工成型方面开拓了许多首创技术，并经过不懈的努力，逐步达到世界先进水平。

在高温合金真空冶炼技术方面，我国高温合金的冶炼工艺由中国钢研研发并推广到全国，当今主流的真空冶炼、电渣重熔、真空自耗等工艺均由中国钢研提出并不断改进。2010年，中国钢研独创了电渣重熔连续定向凝固冶炼技术，获国家发明专利。用该技术制备出的高纯净低偏析GH40××合金定向凝固铸锭，性能优异且大幅降低了同性能的涡轮盘制造成本。2012年，中国钢研牵头在国内应用三联冶炼技术生产了高纯净GH41××合金，合金冶金质量显著提升并随后在多种变形高温合金中实现了工程化应用，实现了我国航空发动机转动件用材冶炼技术的跨越式发展。

国内真空水平连铸技术由中国钢研首创。1987年钢研总院开始研发真空水平连铸技术及成套设备制造技术，1990年通过鉴定，获国家发明奖三等奖。经过多年持续不断的设备改造和工艺技术改进，连铸直径不断增大，可连续成型最大直径64mm的真空水平连铸高温合金母材，材料高纯净、低偏析、组织致密，使我国成为继美国、英国之后第三个掌握该技术的国家。

中国钢研自主开发了我国钛铝系金属间化合物真空感应悬浮熔炼技术和真空自耗/凝壳熔炼技术，研制了国内第一台真空感应悬浮炉，2011年建成了国内第一个钛铝系金属间化合物熔炼铸造中试平台，制备能力达到国际先进水平。

在热加工成型技术方面，中国钢研作为我国变形高温合金研究引领者，深入开展机理研究，大胆进行工艺创新，通过控相增塑技术扩大热加工窗口，通过创新开坯技术和3D整体锻造技术，不断突破高强度材料的高变形抗力，成功地实现了高温合金盘锻件、板、棒、丝、带、管等各类型材的制备，逐步形成了一系列成熟的技术路线，引领并带动了我国高温合金冶炼和锻造的技术升级。

在精密铸造成型技术方面，中国钢研在多年高温合金精密铸造技术的基础上，于2010年启动铝合金复杂精铸件的研发和生产，从设计、改造真空熔炼设备开始，经过4年的艰苦努力，突破了一系列技术难题，建成了一条具有自主知识产权的流程完整的铝合金精密铸造研发和生产线。一年后中国钢研开展镁合金熔模精铸技术研发，5个月内成功研制出国内首件镁合金精铸机匣，被用户誉为"艺术品"，成功解决了某发动机无件可用的困境，也成为国内唯一、全球第二个拥有该技术的企业。2016年，中国钢研开展钛合金熔模精密铸造技术研发，现已成功研制出十余种航空发动机用大型复杂薄壁机匣铸件，并跻身大型复杂轻质合金铸造国际市场。

在粉末冶金成型技术方面，中国钢研先后建设了我国第一、第二条PREP粉末高温合金生产线，第二条生产线建成于21世纪初，突破了大型复杂盘件的热等静压近净成型技术，形成了具有自主知识产权的大尺寸粉末盘全流程制备技术，具备批量供货能力。为将粉末盘和精铸叶片的优势合二为一，中国钢研发明了中间层扩散连接技术，在国内首次实现了粉末盘与等轴晶精铸叶片环可靠的冶金连接，成功试制出双合金整体叶盘，使涡轮重量减轻30%~40%、转速提高30%，获国家发明专利授权。

在高温合金新技术研究方面，中国钢研开展了高温合金数字化研发、数字化制造等关键共性技术创新。残余应力控制技术形成了具有自主知识产权的高温合金涡轮盘分区控冷技术和工程化方法，为解决高温合金盘锻件尺寸精度及稳定性问题奠定了技术基础。高温合金增材制造打通了从专用合金设计到制粉，再到3D打印和后处理全流程，实现了产业化，形成了关键材料的自主保障能力。

第三节　金属功能材料

作为我国金属功能材料事业的发源地，中国钢研勇担科技报国使命，为我国金属功能材料科研生产体系的建立以及国民经济、国防军工建设，做出了重要贡献。

一、科技报国，绘就精密合金研发谱系

中国钢研的金属功能材料研发始于1958年，第二研究室（精密合金研究室，功能材料研究院前身）正式成立。中国钢研支撑建立起了我国六大精密合金研究所、六大精密合金产业基地，并为之培养和派遣了大批优秀科研和管理骨干。

为适应功能材料迅速发展，钢研总院于1996年成立了新材料研究所和国家非晶微晶合金工程技术研究中心，于1998年底成立了功能材料研究所和安泰科技功能材料事业部、安泰科技非晶制品分公司，于2005年以功能材料事业部软磁中心为技术依托，成立了首钢总公司-钢研总院电工钢联合研发中心。2021年，中国钢研成立了功能材料研究院。从中国钢研金属功能材料的发展历程看，一代代科研工作者先后为我国"两弹一星""长征系列运载火箭""神舟"系列飞船、舰船等国防建设，为能源、交通、电子信息、精密机械、仪器仪表、石油勘探、医疗保健及环保等部门研发并生产了大量关键新材料，发挥了重要作用。

70年来，中国钢研功能材料领域涌现出20多位包括院士在内的国家级人才和一大批高层次人才，获得了国家级科技奖24项、省部级科技奖105项、国家授权专利250余项，有力支撑了国防军工和国民经济建设。

二、技术引领，服务保障国防军工建设

70年来，中国钢研功能材料领域密切结合国防建设与国民经济发展需要，军工科研与配套工作并举，奋发图强，勇于探索，在电工钢、软磁、永磁、弹性、膨胀、储氢材料等研究领域的基础上，开辟了代表世界金属功能材料研究最前沿的稀土永磁、非晶微晶合金等重大领域。中国钢研引领开展"十四五"金属功能材料配套规划，在前沿材料逐渐形成"一代材料、一代装备"的牵引式设计。

1961年起，钢铁研究院承担了第一批超音速飞机、快速战舰专用磁性材料共11项研制任务，前后研制成功60多项功能材料，并开创了数十种特殊性能与用途的尖端新型材料，用于导航、控制、雷达、通信、电台、遥感、测试、计算等高技术中枢电子系统和精密仪器仪表等关键元器件，同时承担了部分难以转产的先进材料的小批量生产任务。到1965年，钢铁研究院与大连七五二所，上海钢研所、北冶所等兄弟单位一

起，实现了我国国防与电子工业用磁性材料的基本自给自足。

至"六五"期间，精密合金研究室的科研工作前后经历了初创发展、自力更生、持续攻坚与保军转民等阶段。精密合金研究室为两弹一星、通信卫星工程研发了大量关键配套功能材料，包括稀土钴永磁、钴基非晶合金、铌基恒弹性合金，第一颗卫星与运载火箭用校正网络恒电感高恒导磁合金，第一颗返回卫星膜盒传感器用弹性合金，设计并制造了国内第一台 50kW 真空钎焊炉，在真空钎焊领域承担了多项军工任务。

"七五"至"九五"期间，我国精密合金研究进入"四高一大"的发展方向（高精度、高性能、高寿命、高可靠性、大批量），与国际水平接轨的跨世纪、高难度、重点工程项目陆续立项启动。精密合金研究室研制配套了高气密性可伐合金、高纯电工纯铁、高频软磁薄带与磁芯、涂层铁钴软磁超薄带等大量关键特种金属功能材料与器件。非晶纳米晶软磁材料及其工艺装备技术取得突破，为实现产业化奠定了基础。

"十五"至"十三五"期间，在金属功能材料领域，中国钢研承担了国防科工局领域配套项目百余项，并转化为高可靠产品长期稳定供货，有力地支撑了国家武器装备的升级换代，完成了多项进口替代任务，提供了大量被国际封锁的尖端技术和关键新材料，包括非晶微晶合金及元器件、稀土永磁合金、超薄电工钢、软磁合金、弹性合金、膨胀合金、阻尼合金、能源材料、磁致伸缩材料、钎焊材料、高精度磁屏蔽组件等，相当一部分产品在性能上达到并超过世界先进水平。2010 年，我国首条万吨级非晶带材生产线在安泰科技投产，标志着我国正式跻身国际非晶纳米晶软磁制品大国和强国之列。锚定稀土永磁战略新需求，中国钢研研制出了具有自主知识产权的新型铈磁体。这些成绩的取得为我国国防和航天事业的发展做出了重要贡献。

在精确惯性制导领域，中国钢研配套了国内最多的从战略级到战术级惯性系统航空、航天、舰船用功能材料。在神舟系列、嫦娥探月、天宫、天问型号中，中国钢研开发了具有自主知识产权的诸多产品，仅在新一代重型运载火箭上就配套了十余项。研发产品在能源伺服、制导系统、姿态控制、测量系统等分系统中飞行表现优异，多次获得载人航天工程型号嘉奖。高性能永磁钐钴辐环与磁体零件，应用于新一代多电飞机、无人机。研发的非晶态钎焊料，打破了国际技术封锁，广泛应用于航空航天领域薄壁复杂结构的高可靠性连接；超高精度磁屏蔽装置应用于多型水雷探测零场标定和铯、氢、铷原子钟，以及两光陀螺等卫星空间地磁屏蔽系统。

三、金属功能材料的"应用之美"

迭代发展，做大国重器——稀土永磁材料

中国具有丰富的稀土资源，将稀土的资源优势转变为科技优势、经济优势是中国钢研的使命担当。从 20 世纪 60 年代末，中国钢研率先开发了第一代稀土永磁

SmCo1:5型，在 70 年代开展了第二代 SmCo2:17 型研究和试制，在 80 年代初首次在中国公布了第三代稀土永磁 NdFeB 的研究成果，标志着中国稀土新材料快速发展的起点。

以李卫为代表的中国钢研稀土永磁研究团队，紧抓第三代稀土永磁发展机遇，在以实验室制备技术为主线的第一阶段（1984—1990 年）中研制出最大磁能积达 49 兆高奥的钕铁硼磁体，使我国一跃成为当时世界上磁体磁能积最高的两个国家之一，标志着我国钕铁硼永磁材料的研究进入国际先进水平。该成果入选 1989 年冶金十大科技成就之一，并获国家科技进步奖一等奖和国家"七五"科技攻关重大成果奖。

在以单项工艺和设备为主线的第二阶段（1990—2000 年）中，稀土永磁团队为核心的研究成果使中国稀土永磁产业技术得到普及推广，产量与日本持平。

在以高档磁体和产业化关键技术为主线的第三阶段（2000 年至今）中，中国钢研与国内骨干企业共同推动了中国稀土永磁产业从大国向强国转变。为解决国家稀土综合利用的问题，中国钢研首创了双主相法制备稀土永磁材料的新工艺，目前铈铁硼产品产量已经在 6 万吨以上，得到国际学术界和产业界的高度认可。5 项国家发明奖和科技进步奖代表了中国钢研对中国稀土新材料发展的贡献，代表了中国钢研人不断创新、迭代发展做大国重器的精神。

如今，中国钕铁硼产量在世界上的占比在 90% 以上，钕铁硼永磁在稀土新材料中占比高达 66%，成为了风力发电、新能源汽车、节能电机、家电、通信、航空航天等众多领域里不可或缺的关键材料，将为中国双碳战略的实施做出重要贡献。

神奇的金属玻璃——非晶态合金

1975 年，冶金部将非晶态合金列入规划中，从此我国拉开了非晶态合金研制与产业化的序幕。当时，非晶态合金的制备仅少数几个国家掌握。在非晶带材制备技术几近空白的条件下，钢铁研究院经过艰苦的实验攻关，最终确定了单辊急冷法的技术路线，并成功开发了非晶带材小批量生产的两包法，成功喷制出 200mm 宽的非晶带材，奠定了我国非晶带材产业化的基础。

带材同步卷取是实现非晶带材工业化生产的关键，该技术也被列为国家"七五"科技攻关项目。钢研总院科研团队经过 4 个半月 120 多次试验，终于在 1988 年 3 月成功突破了非晶带材在线自动卷取技术，该项突破被评为 1988 年我国十大科技新闻之一。在此基础上，钢研总院建成百吨级非晶带材中试生产线，并研制成功独具特色的铁基、铁镍基、钴基系列非晶合金材料。

"八五"期间，钢研总院建设了我国首条非晶纳米晶元器件中试线，向非晶纳米晶材料的产业化应用迈出坚实一步。1995 年 12 月国家科委批准建立国家非晶微晶合金工程技术研究中心。"九五"期间，钢研总院成功建设了国内首条千吨级非晶带材生产线。国产非晶带材不仅批量应用于中频变压器、电抗器等电力电子行业，而且成功试制了配电变压器并在多个地区挂网运行。

中国钢研于 2010 年建成了国内唯一、世界上第二家具有完全自主知识产权的万吨级非晶带材生产线，于 2013 年建成了千吨级纳米晶超薄带生产线，产量居世界第一。非晶纳米晶成功实现产业化，使我国成为国际非晶纳米晶制品大国和强国，中国钢研成为了我国非晶纳米晶材料产业的引领者。2012 年，中国钢研牵头组建了"国家非晶节能材料产业技术创新战略联盟"。"非晶态百吨级中试线和材料应用研究""千吨级非晶带材及铁芯生产线""纳米晶软磁合金及制品应用开发"项目分别于 1992 年、2003 年、2008 年获得国家科技进步奖二等奖，"宽幅超薄铁基纳米晶带材工程化技术开发及应用"项目于 2021 年获得冶金科学技术奖特等奖。

钢中"艺术品"——电工钢

电工钢因其制造难度大、性能影响因素多而堪称钢中的"艺术品"。中国钢研从事电工钢研发有近 70 年历史，是我国最早开展电工钢品种、工艺研发的机构。中国钢研以自身长期的实验室研究工作为底蕴，通过与太钢、武钢、宝钢、首钢等钢铁企业的紧密合作，为我国电工钢事业的发展做出了重要贡献。

1957 年，钢研总院开始在实验室条件下试制 Fe-3%Si 冷轧取向硅钢。经过十几年的努力，产品磁性能达到当时国外按 Armco 专利技术生产的取向硅钢的最高牌号水平，且性能稳定。1973—1975 年，钢研总院与太钢合作开发取向硅钢生产技术，产品最终磁性能全部达到当时日本 Z13 牌号以上水平。1974 年，武汉钢铁公司与日本新日铁公司签订了全套引进冷轧电工钢专利技术及制造设备协议。1976 年，冶金部向钢研总院下达了科研任务：研究大冶矿石中铜含量较高条件下稳定实现取向硅钢生产的可行性、对武钢相关技术人员进行电工钢技术培训。钢研总院顺利完成了冶金部下达的任务，为武钢成功实现冷轧电工钢生产设备和技术的引进、消化、吸收奠定了坚实的基础。1995 年，钢研总院与宝钢集团签订研发合同，经过 3 年努力，在实验室条件下成功完成 5 个牌号无取向电工钢的研制任务，为宝钢无取向硅钢下一步发展提供了坚实的技术储备。

2005 年 9 月，钢研总院与首钢联合成立"首钢-钢研总院电工钢联合研发中心"，开启了与首钢在电工钢领域的全面合作。中心工作目标有两个：一是进行取向和无取向电工钢全系列品种开发，为新建的首钢电工钢生产线提供技术支撑；二是培养一支技术骨干队伍。2019 年，首钢联合中国钢研的科研项目"高效环保变压器用高性能取向硅钢制备技术"获得冶金科学技术奖一等奖。此外，中国钢研撰写的《电工钢》一书，系统介绍电工钢相关理论和生产技术，在我国电工钢事业的发展过程中发挥了重要作用。

二十年磨一剑——真空快淬非晶态钎料

钛合金非晶态钎料，是将脆性的母合金通过"真空快淬"技术制成韧性非晶带材。20世纪90年代，航天某型号产品对钛合金非晶态钎料提出迫切需求，钢研总院功能材料攻关团队克服无专用装备、无参考成分及工艺等重重困难，采用永磁真空速凝装备攻克了该项关键技术。并以此为起点，研发了国内首台套50g级别真空快淬装备，开发了5mm×0.05mm尺寸、长度连续的钛合金非晶态钎料带材。1998年开始，钢研总院承担国内该领域首个配套科研任务，研发了三型重点型号骨架及蒙皮真空钎焊用钛基非晶态钎料，使该钎料成为了航天领域众多型号钎焊连接的首选。

2002年，原国家经济贸易委员会召开"箔状钛合金钎焊料研制"成果鉴定会。鉴定意见称，钢研总院在国内首次开展了非晶态钎料研制和应用，打破了国外封锁，创造性攻克了多个技术难题，解决了型号亟需，相关研究成果填补了国内空白，达到了国际先进水平。

近年来，中国钢研共承担钛合金非晶态钎料国家科研任务20余项，涵盖航空、航天、舰船、电子、兵器等各大军工领域。攻关团队陆续研发了四代真空快淬装备，相关钎焊料产品已实现系列化。中国钢研成为国防领域钛合金非晶态钎料唯一批量供应单位，为我国的国防建设做出了重要贡献。

第四节 难熔合金和粉末冶金材料

中国钢研是我国最早从事难熔合金和粉末冶金材料研究的单位之一，是我国粉末冶金产业技术创新战略联盟理事长单位。70年来，几代钢研人努力探索、接力创新，为我国难熔合金和粉末冶金材料事业发展做出了突出贡献。

一、难熔合金

1961年，钢铁研究院成立难熔合金研究室（第三研究室）。该室通过自主创新，设计制造了真空电弧炉、电子轰击炉、区域熔炼炉、真空烧结炉等工艺设备和真空力学检测设备。

1964年，难熔合金研究室在国内首先掌握了难熔合金"原料制备-熔炼-挤压锻轧"工艺技术，并成功制造出大规格棒材和板材；研制出高纯钼条、含碳钼条和铌合金条；在国内率先研制成功钨铼热电偶。1965年，研究室承担了固体火箭喷管喉衬研制任务，率先开发了钨渗铜制备工艺和装备技术，研制出耐烧蚀和耐冲刷性能优异的钨渗铜喉衬材料，并成功应用于多种装备，该技术获得全国科学大会奖和国家发明奖二等奖。1966年，研究室率先开展了电弧等离子喷涂工艺和装备技术研究，先后研制出等离子喷涂成型喉衬、钨-石墨复合结构喷管、钨-钢复合固体火箭喷管，产品在高空气象探测和探空火箭成功应用；1970年，研究室开展了高密度钨合金研究，研制出专用钨合金半球材料和铍球，用于核试验工程，相关成果获全国科技大会奖、国家发明奖三、四等奖。20世纪80年代初，研究室研制出钨基金属陶瓷热挤压模具材料并推广应用，获国家发明奖二等奖。1998年底，难熔合金研究室整体进入安泰科技，建立了国际先进的难熔合金材料技术创新平台和产业基地。

在难熔合金粉末冶金工艺技术和装备研发方面，钢研总院研究团队自主设计制造了国内第一台冷等静压机、2300℃高温钨棒烧结炉、钨渗铜炉、等离子喷涂设备，率先在国内自行设计建成了具有"冷压""热压"两种功能的双缸冷热等静压机，研究成果获全国科学大会奖、国家发明奖三等奖。1964年研究团队承担了卫星蒙皮材料研制任务，研制出大型钼合金薄板和铌合金板，应用于我国人造地球卫星；开展了钼顶头研究，成功制备出粉末冶金高碳钼合金顶头，用于轧制不锈钢穿管，获国家发明奖二等奖；在国内率先研制出耐高温钨丝，应用于电子工业；成功研制无水冷钼电极，应用于玻璃行业，获国家发明奖三等奖。

在难熔材料测试方面，中国钢研开发了2000℃激光热导仪、1600℃弹性模量测定装置、2000℃电阻自动测定装置等，建立了超声波无损检测、高温等离子烧蚀及高温抗热震试验等检测系统。

在浸渗难熔合金领域，中国钢研开发了铜铬铁真空触头材料，多材质的电子封装材料，钨钼铜系低密度耐烧蚀浸渗材料，陶瓷轻质浸渗材料，钼渗铜、钨钼渗铜等材料体系。

在等离子喷涂方面，中国钢研成功开发了等离子喷涂钨-钼、钨-铌阴极材料，以及等离子喷涂钨-铝合金、钨-钼-铝合金等多种抗冲击防护材料，建成先进的等离子喷涂制品创新平台和产业基地，研制生产烧蚀型燃气舵和空气舵、翼、喷管喉衬耐高温热障涂层等。

在烧结难熔金属领域，中国钢研研制出主泵飞轮用高密度钨合金部件，应用于AP1000核电项目；研制出钨合金叶片及多叶光栅系统，应用于高端医疗设备；研制出高密度、大尺寸钨管和钨/钼坩埚，应用于石英玻璃连熔炉和蓝宝石晶体生长炉；研制出超大尺寸钨管，应用于半导体照明产业、石英玻璃产业等；开发出单体4t大规格高性能钨合金实心锥体；制备出大规格钨合金高速旋转薄壁管部件，应用于安防领域；建成了多品种、多型号的难熔金属烧结制品产业基地。2020年中国钢研研制的"适形放疗多叶光栅系统"获评工信部"全国制造业单项冠军产品"称号。

在变形难熔金属领域，中国钢研开展了变形钨、钼、铼及其合金材料研发，2010年建成了变形难熔金属技术创新平台和产业基地；2011年研制出钨钼铼高温热场热屏部件和 MOCVD 加热器，应用于半导体等领域；2013 年研制出钨铜、TZM 复合组件，应用于 ITER 和 EAST 核聚变装置第一壁材料；2016 年在国内首次开发出了大尺寸 MOCVD 纯铼加热器，满足了 MOCVD 装备关键核心部件国产化的需求；2021 年开发出国内外最大尺寸的钼合金板材，应用于"两机"工程。

在自蔓延燃烧合成领域，中国钢研引进了"高温自蔓延燃烧合成技术"，研制出氮化铝、氮化硼、碳氮化钛及碳化钛、硼化钛等金属化合物粉末；2012 年建立了自蔓延燃烧合成生产线，可生产氮化铝、氮化钛以及碳氮化钛等高纯度陶瓷粉末。

二、粉末冶金材料

1958 年，钢铁研究院成立粉末冶金研究室（第四研究室），初期开展了粉末冶金制粉、成型、烧结与检测实验条件建设，开展了高温金属陶瓷、青铜过滤材料、羰基粉等研究。1960 年，粉末冶金研究室承担了原子能关键材料——同位素分离膜的研制任务，率先开展了超细羰基镍粉制备技术、电解镍粉制备技术、粉末轧制技术及金属膜制备技术攻关。1964 年，钢铁研究院研制出铀同位素分离用"乙种分离膜"，打破了国外核垄断和封锁。后来相继研制出的"丁种分离膜"及"戊、己种分离膜"，为"两弹一星"工程做出重要贡献。"乙种分离膜制造技术"获国家发明奖一等奖，"丁种分离膜的制造技术"获国家发明奖二等奖。自 20 世纪 60 年代中期，在分离膜基础上，钢铁研究院率先研制出粉末轧制烧结不锈钢多孔材料、粉末模压烧结不锈钢、铜/镍基合金多孔材料、纤维烧结复合多孔材料、泡沫金属及过滤元件等，并成功应用于航天航空、电子工业等领域。70 年代初，钢铁研究院研制出烧结金属丝网微孔材料，应用于长征系列液氢-液氧火箭发动机喷注器，获国家发明奖二等奖。1998 年底，粉末冶金研究室和高温合金研究室发散材料组陆续进入安泰科技，构建了合金粉末、多孔过滤材料、注射成型制品、金刚石工具制品以及特种粉体材料等领域的创新平台和产业基地。

多年来，中国钢研率先在国内自主设计开发了气雾化、水雾化制粉装备和工艺技术，形成了我国最早的气雾化、水雾化预合金粉末以及纳米级羰基镍粉、铁粉研究和试制基地。中国钢研率先开展了粉末涡轮盘高温合金粉末制备技术攻关，研制出 Rene′95 高温合金粉末及 CoCrAlY、NiCrAlY 等合金粉末。中国钢研研究并制造了全国首台隧道窑机械化装卸罐和第一台海绵铁粉二次还原用带式还原炉。1983 年"氮气预热法制取超细羰基镍粉装置"获国家发明奖三等奖。

中国钢研开展了粉末热挤压、热锻造、热等静压等热加工技术研究，率先研制出热挤压、热等静压粉末高速钢以及粉末锻造滚珠轴承、热锻粉末冶金钻头、粉末冶金高强低合金钢等。

中国钢研开展了超细晶硬质合金、硬质合金 CVD（化学气相沉积）涂层以及硬质合金复合粉末制备技术、硬质合金断裂韧性等研究，研制出硬质合金刀具、涂层刀片及耐磨硬质合金部件、我国第一台电火花烧结机和人造金刚石地质钻头。

中国钢研研制出高温、高真空固体自润滑材料，应用于捷变频雷达磁控管，获国家科技进步奖一等奖；研制出微波吸收材料，应用于舰船等领域，获国家发明奖三等奖；研制出浮动密封材料，应用于通信和气象卫星等领域。

中国钢研率先开发出多种纳米级/微米级羰基镍、铁等金属粉末以及羰基镍、铁包覆复合粉末等，建成了先进的羰基金属粉末生产研发基地，成功开发了系列高品质无偏析混合粉、预扩散合金钢粉。

在粉末冶金测试分析技术方面，中国钢研陆续开发了超微孔孔径分布测定、气泡法测定孔径分布解析计算、分离膜渗透性、超细粉末粒度分布测定 X 射线小角散射法、粉末流动性、松装密度、振实密度以及烧结金属材料密度、开孔率、含油率等测试方法和技术，建立国家检测标准 60 余项。

在特种金属及合金粉末领域，中国钢研设计开发了国内首台 250kg 级、150MPa 气水联合雾化制粉生产线，粉末性能达到了国际领先水平；建立了特种合金粉末雾化制粉技术开发平台和产业基地，可研制包括高端软磁粉末等 6 大系列 50 多种金属及合金粉末。相关成果"轿车用高性能水雾化粉末材料的规模化生产技术"2002 年获国家科技进步奖二等奖。

在多孔过滤材料领域，中国钢研先后研制出多个型号液氢-液氧火箭发动机用喷注器面板，率先研制出烧结金属丝网多孔过滤元件，开展了烧结金属丝网和烧结金属粉末多孔材料在石化、航天航空等工业领域的应用研究。2021 年"耐高温抗腐蚀 Fe_3Al 金属间化合物粉末滤芯产品"荣获工信部"全国制造业单项冠军产品"称号。

在注射成型制品领域，中国钢研在国内率先开发成功粉末注射成型技术，开创了三维复杂形状、高密度、高精度、高性能粉末冶金零件制造技术，建立了金属注射成型产品技术开发平台和产业基地，可设计制造不锈钢、低合金钢、高比重钨合金、高温合金、软磁合金等材料注射成型制品。

在超硬材料领域，中国钢研建成金刚石制品现代化技术开发平台和产业基地，率先开发成功冷压烧结金刚石锯片制备技术，研制出我国第一片冷压烧结金刚石整体锯片、第一片激光焊接锯片、第一米金刚石绳锯，在国内率先开发出钎焊金刚石锯片和减薄砂轮。

在特种粉末冶金材料领域，中国钢研率先开发出金属磁性液体和氮化铁磁性液体、多频谱隐身材料及负载型纳米镍催化剂、高效能自燃红外诱饵材料，纳米润滑添加剂、磁粉芯滤波材料等；高效合成出羰基钨、羰基钼材料；成功开发出高性能固体自润滑材料，应用于钢铁工业和航空航天行业的轴承和密封；成功开发出粉末冶金高氮不锈钢、大尺寸近终形产品制备技术以及大截面工模具钢喷射成型技术。

三、难熔合金和粉末冶金材料中的"钢研缩影"

勇担头号任务，不让喉衬"卡脖子"

为配合"两弹一星"工程，1965 年，钢铁研究院将研制固体火箭喷管喉衬作为重要任务，集中力量攻关，选择以铜代银的钨渗铜材料作为火箭喷管喉衬。

经过近 10 年艰苦攻关，钢研总院最终建成了完全自主知识产权的钨渗铜喉衬生产线，产品在重点装备获得成功应用，不仅性能超过美国钨渗银喉衬，成本还大幅降低。作为难熔金属领域的重大发明创造，1978 年"固体火箭钨渗铜喷管"获全国科学技术大会奖；1984 年"新型喉衬材料"获得国家重大发明奖二等奖，为我国"两弹一星"工程做出了重大贡献。

冰火两重天，发汗面板解决急需

1965 年，钢研总院高温合金研究室及时响应国家急需，组建研发团队，开始发汗冷却材料研究工作。在冶金部协调下，钢铁研究院与航天部 703 所、太原钢铁公司、天津冶金局材料研究所等单位组成联合攻关组，在没有经验可借鉴的情况下，从原材料、丝网选型到轧制烧结工艺，逐步摸索，积累了大量试验数据。研发团队先后攻克了诸多技术难关，在 1985 年冶金部"三抓工程"表彰大会上，发散冷却面板专题组被评为先进单位，1986 年"丝网多孔发汗冷却面板"荣获国家发明奖二等奖。

"八五"期间，钢研总院研制的液氢-液氧发动机面板，成功应用于运载火箭和通信卫星发射，1999 年获国家科技进步奖三等奖。"十五"期间，专题组研制的高性能、长寿命、可重复使用的发动机用多孔面板，为实现长征五号成功首飞和后续多次成功发射提供了保障。

偏滤器独家供货，助力"人造太阳"梦

有"人造太阳"之称的核聚变实验装置——"东方超环"的运行条件极其严苛，装置中的偏滤器所扮演的角色就像汽车发动机的排气口，核聚变反应的产物需要通过偏滤器排出去。

2008 年，中国钢研开启了钨偏滤器研制之路，项目组充分发挥公司在金属材料和金属扩散连接方面的技术、设备和产业化优势，开发出具有自主知识产权的"两步热等静压扩散焊接"金属复合技术，实现了钨铜复合组件高质量异种材料连接，获得优异的界面性能，在国际上首次实现了主动水冷全钨偏滤器产品批量交付和装机使用，通过了 ITER 组织安排的高热负荷测试。2021 年，国家重大科技基础设施 EAST 实现了可重复 1.2 亿摄氏度 101s 和 1.6 亿摄氏度 20s 等离子体运行，再次创造托卡马克实验装置世界新纪录，中国钢研独家供应的 EAST 上/下偏滤器钨铜复合部件为中国"人造

太阳"和"中国聚变梦"做出了重要贡献，彰显了中国钢研在金属复合材料开发方面的硬核实力。

中国钢研成为法国超导托卡马克装置所采用的偏滤器独家供货企业，同时成为国际热核聚变实验堆钨铜偏滤器的关键供应商。

四、超大型高温高压特种装备自主研发制造

热等静压（HIP）是一种对金属、非金属或复合材料实施"超高温高压"的特殊热处理和成型工艺。该技术从1952年发明至今，在航空航天、核电能源等众多高端领域被广泛应用，是各国用来制备高性能材料和重要零部件的必要手段。

中国钢研是国内最早开展热等静压技术、装备及材料研发应用的单位，1957年启动了热等静压技术研发工作，1972年接到了制造火箭喷口钨渗铜喉衬研发任务。钨钼合金需要"冷压+热压"工艺制备，而高温高压特种装备制造及应用技术，多年被美、日、瑞等发达国家牢牢把控。钢铁研究院肩负使命，决定采用"一框架两用"的设计思路，直接设计制造"冷热等一体"设备。1977年，在多个科室合力攻关下，中国第一台热等静压机RD270（ϕ270mm×500mm，1400℃，150MPa）在钢铁研究院诞生，次年获得国家科学大会奖，自此中国在热等静压技术领域占有一席之地。1982年，钢研总院赴瑞典参加第一届全球热等静压大会，1986年，面向更高需求，自主设计建成国内最大热等静压设备RD690，助力生产我国自主研制的高温合金粉末涡轮盘，获冶金科技进步奖一等奖。同年，钢研总院获得了国家颁发的特种设备设计证书。1988年钢研总院自主研制出了我国第一台最高工作温度为2000℃，最高工作压力为200MPa的"双两千"热等静压设备RD200。2008年，中国钢研建成国内最大尺寸热等静压设备RD1250，我国首个热等静压加工服务中心正式建立。从此我国拥有了标准化处理直径1.1m以上的航空发动机机匣、核主泵推力盘、大尺寸关键结构件等的能力。2015年，中国钢研成功交付国家重大专项设备——领域专用碳碳浸渍型热等静压设备，开始自主设计制造标准化和定制化热等静压设备。

中国钢研引领中国热等静压技术的发展，重点突破了大尺寸热等静压装备超高压密封技术、炉内温度均匀性、均匀快速冷却、超高压系统下实现超高真空度等诸多技术难题，助力完成了国家"04""05"工程、多个型号发射工程、高新1号等国家重大专项工程和ITER等国际重大工程合作项目，代表了国内热等静压技术的最高水平。

2019年，中国钢研集中力量，整合旗下热等静压技术资源，在高温高压热等静压特种设备制造方面，向着更高参数、更大尺寸不断突破。中国钢研在全国设立6个加工服务中心，配套12台系列热等静压设备，成为我国最大热等静压技术服务平台，全面提升我国航空航天、能源电力、石油天然气、医疗、轨道交通、电子半导体、机械、

增材制造等各领域材料质量。数年间，中国钢研完成了热等静压设备从设计、加工制造、安装调试到核心控制程序的全面知识产权自主化进程，拥有丰富的热等静压工艺制定、设备运行、生产维修保护经验。2022 年，中国钢研在青岛基地自主研发设计制造热等静压设备 RD1850（ϕ1850mm×3500mm），该设备目前是"全国最大、世界第二"的热等静压设备，使我国高温高压特种装备制造水平一跃进入世界第一梯队。

未来，中国钢研将继续整合、推动我国热等静压技术发展，推动中国热等静压技术、装备与应用快速进入全球市场，全面助力材料发展。

第三章 共性技术 创新基地

中国钢研的成长与共和国发展历程紧密相连，与中国冶金工业的前进步伐更是步步相随。在冶金共性关键技术创新方面，经过几代钢研人不懈的努力和追求，中国钢研为国民经济建设、冶金行业发展、企业自身发展留下一笔厚重的技术资源和精神财富。

第一节 发展历程

冶金共性关键技术是特别受到关注和频繁引用的术语。在中国钢研前身钢铁工业试验所成立初期，新中国刚刚成立3年，国家百废待兴。当时，很多冶金技术源于起点低、规模小、碎片化、不成体系的单体技术，难以体现冶金共性关键技术的作用。

一、从探索起步到逐步腾飞

改革开放以前，由于工业基础相对薄弱，制造业尚未形成规模和体系，我国冶金共性关键技术处于探索和起步阶段，难以显现支撑和引领行业技术进步的作用，尚未引起行业和国家的重点关注。以钢产量为例，1978年，我国粗钢产量仅为3178万吨，是当年美国钢产量的1/4、日本钢产量的1/3。由于规模小，亟待解决的是钢材有无和能否及时保供问题，钢材品质较差，国际影响力弱。直到1996年，我国钢产量突破1亿吨，总量跃居世界第一。从此以后，中国钢产量进入快速上升期，2021年更是突破10亿吨，钢材自给率接近99%，钢铁大国形象凸显，国际话语权和影响力显著提升。

冶金工业的整体腾飞为国民经济发展、基础设施建设和国家安全稳定运行奠定了坚实的基础，冶金行业已成为近十年内我国最有可能引领国际潮流的原材料支柱产业之一。特别是近二十年，冶金行业在逐步解决了规模化生产瓶颈制约后，钢铁生产过程的绿色化、智能化以及产品品牌化对行业可持续发展的支撑作用日益凸显。

二、对冶金行业有重要影响力的共性关键技术源头

在70年的发展历程中，很多对冶金行业发展有重要影响力的共性关键技术源头都有钢研人的身影。

1958年，钢铁研究院炼铁专家、留美博士李公达接受冶金部任务，负责组织相关

单位开展攀西地区钒钛磁铁矿高炉冶炼的技术攻关，他们先后通过实验室研究，在不同容积高炉上开展中试和工业试验，探索合适的控制参数，为钒钛磁铁矿高炉冶炼奠定了技术基础，有力支撑了攀枝花钢厂建设。

根据我国国情和矿产资源禀赋条件，在冶金部领导下，钢研总院从 1957 年到 1980 年期间，先后数次组织专门技术团队，与国内同行一道，着力解决内蒙古白云鄂博复合矿高炉冶炼过程中易出现"结瘤"、炉渣排出碱金属困难、炉况不能顺行等难题，为将白云鄂博特殊矿产资源用于钢铁生产做出了重要贡献，有力地支撑了包头钢铁基地的建设和发展。

在高炉冶炼方向，针对我国以铁精粉制备烧结矿为主要造块工艺的状况，钢研总院建设了先进的烧结试验装置，开发出具有自主知识产权的球团烧结新工艺，为我国高炉炉料结构优化开辟了新路径。

转炉炼钢技术是 20 世纪国际钢铁界颠覆性技术之一，钢研总院从 1956 年起就着手开展转炉炼钢方向的技术研发工作，先后开展了氧气顶吹转炉炼钢、转炉顶底复合吹炼、底吹转炉强化冶炼等工艺技术的实验室研究和中试研究，是国内最早从事转炉炼钢技术研发的单位。钢研总院与当时国内具有转炉设备的企业合作，共同开展氧气转炉炼钢的工业试验，在国内氧气转炉淘汰平炉的历史转折期，为推动我国转炉炼钢技术发展起到重要推动作用。

特别是近 20 年，国内众多钢铁企业均已完成设备大型化改造，转炉在炼钢过程中的功能定位已发生实质性转变，对转炉冶炼过程生产效率、钢水质量、转炉-连铸机生产节奏匹配等提出新要求。中国钢研炼钢团队继承了老一代钢研人在转炉炼钢方面的优势，先后与国内转炉钢厂开展合作，进行转炉低成本、高效化、洁净钢水冶炼工艺技术开发。

中国钢研从事连铸技术研发的时间可追溯到 1956 年，当时建成了直径 80mm 圆坯半连续铸钢设备，是国内最早具有连续铸钢设备的单位之一，联合上海钢铁公司、重钢等单位合作进行连续铸钢工艺技术研究。

在 20 世纪 80 年代末期，为追踪国际新技术发展，干勇领衔的团队主持国家"七五"攻关计划"薄板坯连铸技术"的研发任务，于 1990 年在兰州钢厂自主建成我国第一台薄板坯连铸试验机组，生产出我国第一块连铸薄板坯。

近 20 年，以连铸技术国家工程研究中心为代表的中青年团队在高速连铸、裂纹敏感性低合金与微合金化钢连铸、连铸结晶器漏钢预报、倒角结晶器研制、铸坯红送裂纹精准防控、薄板坯连铸连轧产线生产电工钢等技术方向持续加大研发力度，担当了连铸技术引领者的使命，为我国发展常规连铸和薄板坯连铸技术提供了宝贵经验。

中国钢研是国内最早开展钢水真空精炼的单位之一，1961 年以前，真空冶炼技术在国内是空白。中国钢研是国内首批引进真空冶炼设备的单位，也成功研制了国内第一台真空电弧炉，对我国发展真空冶金技术起到引领和示范作用，先后与抚顺钢厂和太原钢厂等企业合作，开展钢水真空处理的工业试验，为国内众多钢厂提供真空冶炼方面的技术支持，为军工用钢、超低碳不锈钢、高温合金等产品提供了工艺支持。中国钢研编著了国内第一本真空冶金方向的专业书籍《真空在冶金中的应用》。

中国钢研是国内电渣熔铸技术的首创单位之一，在电渣熔铸火炮身管、电渣熔铸涡轮盘等研发方向取得重要成果，为关键军品开发奠定了工艺基础。1964 年初，李正邦领衔的电渣研发团队先后承接喷气式飞机发动机涡轮盘制备任务，提出立式电渣熔铸方案制成喷气式飞机发动机涡轮盘；开发出以白云石为基的无氟渣，使电渣重熔生产率提高一倍，电耗降低至原来一半，炉前大气氟含量大幅降低；承担大尺寸（不小于 100mm）优质高速钢研制的国家攻关项目，使电渣高速钢质量达到国际先进水平，使我国大尺寸高速钢由依赖进口转为向国外出口。

进入 21 世纪，随着钢铁生产技术进步和环境保护意识的增强，国际钢铁流程技术发生根本性转变，从以往单一生产钢铁产品为目的的制造流程向能源转换、消纳社会废弃物以及向高效化、低成本、绿色、低碳、智能控制、关注产品全生命周期等多目标协同方向拓展，迫切需要从理论上创新发展，为钢铁流程技术未来发展指明方向。

殷瑞钰院士首次在国际上创新性地用钢铁制造流程具有多源异构、复杂非线性耗散结构特征的新观点揭示钢铁制造流程的物理本质，用"三流一态"（物质流、能量流、信息流和动态有序运行）的新概念诠释钢铁制造流程的本构特征，用动态有序和协同连续的新理念对钢铁流程运行规律进行高度凝练和概括，开创了冶金流程工程学理论。中国钢研以此为理论指导和技术支撑，连续在 3 个五年计划中都获批牵头主持钢铁流程方向的国家科技攻关项目。

特别是"十一五"期间，为配合 2008 年北京主办奥运会和支持首钢搬迁曹妃甸工程，中国钢研作为牵头单位，干勇院士作为项目负责人，主持国家科技支撑计划重大项目"新一代可循环钢铁流程技术"的攻关，特别邀请徐匡迪、殷瑞钰等两位院士作为项目专家委员会正、副主任，协调组织首钢、宝钢、鞍钢、武钢、唐钢、济钢、北京科技大学、东北大学、上海大学、冶金自动化研究设计院等国内优势企业、大学和科研机构联合攻关，为首钢搬迁和国内其他钢铁企业技术转型升级与关键产品开发做出了重要贡献。

第二节　推动行业进步的共性关键技术

在 70 年发展历程中，中国钢研在冶金共性关键技术方向取得了丰硕的科技成果，在球团烧结、高炉炼铁、转炉炼钢、连铸、金属压力加工、钢材涂镀深加工、固废资源化、非高炉炼铁、冶金流程、绿色低碳等技术研发与工程化方面发挥出重要作用，有力支撑了行业技术进步。作为第一完成单位，中国钢研先后荣获国家发明奖二等奖1项、国家发明奖三等奖8项、国家科技进步奖一等奖1项、二等奖10项、三等奖5项、冶金科技进步奖特等奖2项、冶金科技进步奖一等奖18项、冶金科技进步奖二等奖22项，充分发挥了技术支撑和引领作用，成为有重要影响力的冶金共性关键技术创新基地。

一、高炉喷吹煤粉技术

高炉炼铁是业内广泛应用的高效、成熟的炼铁技术。焦炭在高炉内既承担料柱骨架作用，也为炉内发生化学反应提供热量和还原剂。但炼焦煤对我国来说是相对稀缺资源，降低炼铁过程的焦炭消耗量和保证高炉炼铁过程稳定顺行，是评价高炉炼铁技术水平的重要指标。

为降低高炉炼铁过程对焦炭的依赖性，行业内先后出现了高炉喷吹天然气、重油和煤粉等技术。在20世纪50~80年代，苏联和北美大量喷吹天然气，欧洲和日本等国喷吹重油，宝钢一期工程引进日本高炉炼铁装备上采用的也是喷油技术。我国因油、气资源相对短缺，利用高炉喷煤粉技术（以下简称高炉喷煤）实现以煤代焦，符合我国国情。

我国虽然较早开展了高炉喷吹煤粉的生产实践，但存在应用范围小、喷煤比低等现实问题。相对于高炉喷吹天然气或喷吹重油，其主要技术难点是高炉喷煤过程复杂。它首先需要将原煤磨成细粉，还要保证煤粉干燥及安全收集，再利用高压载气通过煤粉输送管路、煤氧喷枪进入高炉风口回旋区，连续稳定喷入高炉内。当时国内以煤代焦用煤粉为高炉炼铁补充热量的工艺尚未打通，高炉喷煤粉爆炸事故频发，造成人员伤亡。钢铁企业长期畏惧于煤粉的爆炸性，高炉喷煤技术应用与推广举步维艰。

20世纪80年代末，为解决上述问题，受冶金部委托，钢研总院在国内牵头承担了高炉富氧喷煤关键工艺技术的攻关工作，立足于建设大型喷煤试验装置，进行喷煤工艺和装备的系统开发，积累数据和经验，逐一攻克制约高炉喷煤的技术难题。

在喷煤试验装置方面，研发团队利用负压制粉和布袋收粉，解决了正压制粉时煤粉外泄和污染环境的问题；开发了安全制粉及喷吹监控系统，扩大了喷煤煤种的选择范围，提高了喷煤系统的安全性。

围绕高炉喷煤工艺，研发团队开发了系列专用技术和产品，比如高炉风口煤粉燃烧温度及状态监控装置，采用红外测温和风口摄像，可直接采集高炉风口燃烧温度和回旋区煤粉燃烧状态参数。该项技术成果在国内企业得到广泛应用，并成为我国最早输出国外钢厂的冶金技术之一。

钢研总院成功开发的高炉喷煤技术与装备被冶金部确定为行业推广技术之一，在钢厂高炉喷煤工程改造和新建高炉中得到普遍采用，为我国实现高炉喷煤比超过150kg/t铁做出重要贡献。该工艺及装备也作为代表我国先进喷煤技术的标杆被国外企业认可，先后在印度布山钢铁公司、杜加普钢铁公司、布卡罗钢铁公司、IISCO钢铁公司，以及乌克兰伊里奇等钢铁公司喷煤项目投标中取得成功，成为国内冶金技术和装备出口的首类技术产品。

例如，2006年中国钢研中标印度IISCO钢厂喷煤项目。印度IISCO钢厂是印度钢铁管理局旗下一家钢厂，也是印度最老的钢厂。2006年，该厂进行全新改造，新建一座4000m³大型高炉及相关炼铁设施。基于中国钢研开发的高炉喷煤技术在国内钢厂取得的良好业绩以及先前在印度杜加普钢厂和布卡罗钢厂高炉喷煤工程上的成功应用，IISCO钢厂特邀请中国钢研参与其新建4000m³高炉配套喷煤系统的工程投标。同时受邀参加投标的还有欧洲两家著名的工程公司。

与参加国内招投标工程最大区别是，印度投标工程的标书要求十分复杂，一本喷煤系统标书达400页，标书中涉及所有技术细节，且在工程执行过程中不允许改变。钢研团队在投标时，花费了大量时间和精力进行标书内容的消化和转换，特别是将国内技术标准转化成印度要求的标准。钢研团队和商务合作伙伴夜以继日地努力工作，克服语言和不同标准转换等多重困难，最终成功中标。

项目中标后的执行过程更具挑战性。作为工艺技术所有者，我方被业主要求承担设备供货和土建工程施工质量的责任。虽然喷煤技术和装备经历过无数次验证，但国际工程所涉及项目图纸审查、设备厂商预审、设备订货及发货的苛刻商务条款、漫长的设备运输周期以及缓慢的土建和设备安装进度、工程责任划分等，这些均与国内项目执行进程完全不同。加之受高炉主体设备和炼钢设备安装进程滞后的影响，原本计划一年内完成的项目，在执行3年后仍未能进行试车。

在此期间，项目团队面临的更大困难是原中方合作伙伴因与业主在其他项目的冲突，中途退出该工程，并要求我方一起退出。印方业主则以连带责任为由，要求我方继续执行，否则将把我方列入印度钢铁行业服务商的黑名单。

面临这种严峻形势，中国钢研领导高度重视，及时对执行团队给予指导，要求执行团队以单位和国家信誉为重，积极勇敢应对。为此，执行团队在极其不利的情况下承担起应尽的义务，并与业主真诚沟通，密切合作，克服重重困难，最终拿到了项目投产的验收证明。

在长达4年的项目执行过程中，执行团队成员尽管多次往返国内和印度现场，却无一人游览观光。始终保持高度负责态度，保证合同各项指标的完成，执行团队勤奋敬业的态度得到业主方充分认可和肯定，并与业主方保持了后续长期合作的关系，中国钢研过硬的技术和真诚服务，赢得了国际赞誉。

二、球团（小球）烧结技术

我国铁矿资源特点是贫矿多、复合矿多。为保证高炉冶炼效率，铁矿石必须先经破碎、磨矿、选矿，得到一定品位的铁精矿粉，再造块，然后才进入高炉冶炼。我国铁精矿烧结过程一直存在料层薄、透气性差、产量低、质量差、燃耗高等老大难问题。中国钢研科研团队面对这一共性技术难题，有针对性地开发了球团（小球）烧结技术。

与传统烧结工艺相比，球团烧结工艺通过加强矿粉制粒、颗粒外裹燃料等措施，可在增加料层厚度条件下保证均匀布料，提高料层透气性，可显著改善烧结过程的技术指标，成套技术达到国际先进水平。这是我国对传统烧结工艺的一大创新突破，国家计委当时把球团烧结工艺列为"八五"国家重点攻关项目。

1991 年钢研总院团队最早与酒钢开展合作，对酒钢精矿采用球团烧结法进行试验。结果表明，水分高达 15%~16% 的酒钢精矿，采用球团烧结法后，各项技术经济指标都达到了国内先进水平，为我国钢铁企业提高炼铁原料质量、优化高炉炉料结构开辟了一条新途径。冶金部组织专家对酒钢精矿球团烧结法半工业试验结果进行了技术鉴定，认为是我国球团生产工艺的新突破，属国内首创。

1992 年科研团队对生球干燥的工艺参数进行了补充试验，在实验室采用包里斯炉模拟高炉生产，对酒钢高炉合理炉料结构进行了研究。1996 年正式在酒钢 3 号烧结机上开展球团烧结工艺的工业试验。经过一年多的生产实践和探索，主要指标全部达到或超过设计值。

1993 年钢研总院与原北京钢铁学院共同合作，在河南安钢完成了磁铁精矿采用球团烧结法生产高碱度球团的半工业试验，并通过技术鉴定。1995 年项目团队在两台 24m² 烧结机上投料试生产，采用球团烧结工艺解决了普通烧结工艺料层透气性差、内配燃料燃烧不完全等问题，取得了烧结矿产量显著提高、FeO 含量下降、转鼓指数提高、冶金性能改善和固体燃耗降低等综合效果。与此同时，4 座 100m³ 高炉配用球团烧结矿后，也取得了高炉顺行增产、节焦、生铁质量改善的冶炼效果，为企业带来显著的经济效益。

钢研总院作为《国家级科技成果重点推广计划》项目"铁精矿球团烧结法新工艺"的完成单位，组织专家迅速将该技术在全国范围内进行推广应用，如邯钢、通钢、天铁、泰钢、八一钢铁、宣钢等企业纷纷对传统烧结机进行改造或新建烧结机，根据各厂原料情况，采用球团（小球）烧结技术，生产出高碱度或酸性球团烧结矿，为改进高炉炼铁指标创造条件。

球团（小球）烧结技术可以说是为中国铁精矿烧结量身定做的工艺技术，当时国内很少采用进口矿，几乎全国的烧结厂都存在料层透气性差、烧结利用系数低、固体燃耗高、烧结矿冶金性能差等问题。球团（小球）烧结技术恰好解决了这些问题，很多烧结厂都采用了该技术，其应用范围非常广泛，取得了非常大的经济和社会效益。

三、转炉炼钢技术

改革开放前，我国转炉炼钢技术与钢铁发达国家有很大差距，国内炼钢生产仍以落后的"平炉—模铸"生产工艺为主。在这一时期，钢研总院聚集了国内炼钢领域的专家团队，为钢铁企业炼钢技术提供专业指导，为新中国钢铁工业振兴奠定了基础。

改革开放后，钢研总院炼钢专家团队主持和参与了众多国家科技攻关项目，协同宝钢、鞍钢、武钢、首钢、马钢、唐钢、包钢、太钢、济钢等企业，在转炉高效冶炼、顶底复合吹炼、自动化炼钢、炉外精炼等炼钢技术方向，开展技术攻关，为国内实现"平改转"的技术切换奠定了技术基础，为钢铁工业的快速发展做好了技术准备。

20世纪80年代，转炉顶底复合吹炼工艺仍是新技术，国内还处于起步和探索阶段。钢研总院经过前期实验室研究，在顶吹供氧、底吹协同搅拌等方向摸索操作特点和规律，为首钢30t复吹转炉工程化应用提供关键技术支持，攻关取得重要突破和良好效果。1984年钢研总院相关技术在太钢转炉上工程化实施取得良好效果，受到国家经委及冶金部的表彰。钢研总院专家团队经过潜心研究和实践，努力发展我国转炉顶底复吹技术，有力支撑了国内炼钢技术的发展。

近20年来，中国钢研传承在该方向的技术优势，与钢铁企业实际需求紧密对接，在炼钢区段协同控制理论、关键工艺及控制模型开发、相关工序功能解析优化、洁净钢水低成本高效稳定生产、钢水质量窄窗口控制等方面，提供解决方案。青年技术团队与马钢、宝钢、鞍钢等优势钢企合作，攻克了大型转炉稳定冶炼洁净钢水的世界性难题，实现了大型转炉全炉役（300t转炉炉龄超过7300炉）的低氧稳定控制效果，作为第一完成单位获得2020年冶金科技进步奖特等奖。

转炉溅渣护炉是20世纪90年代重要技术进步，在冶金部统筹协调下，钢研总院联合国内6所大学和19家钢厂，在消化美国技术基础上，创新开发了适合中国特点的转炉溅渣护炉技术。结合国外先进经验和国内转炉冶炼技术特点，研发出适宜国内应用特点的转炉溅渣技术，迅速在国内转炉上得到普及应用，转炉炉龄提高数倍以上。

随着转炉炼钢新技术的发展，国内对转炉在炼钢区段工序功能解析优化理念的认知逐步提升。在此时期，殷瑞钰院士率先提出开发"新一代钢铁流程"和"构建洁净钢生产技术平台"的理念，开启了高炉—转炉长流程绿色化与智能化技术升级的前奏。在这个时期，钢研总院创新发展了铁水"三脱"预处理与少渣炼钢、转炉"一键式"炼钢、洁净钢水高效稳定生产及钢水质量窄窗口稳定控制、RH高效真空精炼、炼钢区段专线化"一对一"层流协同运行、钢铁流程绿色化与智能化高效协同控制等关键技术，助力我国炼钢技术跻身国际先进水平。

在不同的历史发展阶段，中国钢研炼钢团队始终处在技术制高点上，把握了炼钢技术发展的脉搏。例如，李文采院士是我国最早开展氧气顶吹转炉炼钢、连铸和钢水真空处理等技术研发的组织者和参与者，在我国最早倡导开展薄板坯连铸等试验研究，并指导完成了半工业性试验。邵象华院士主持设计并建设了中国第一座平炉，炼出中国的第一炉钢水，撰写了中国第一部《钢铁冶金学》专著，主持翻译了美国 AIME 出版的《氧气顶吹转炉炼钢》。近十几年来，中国钢研青年炼钢团队努力传承老一代钢研人在转炉炼钢方向积淀的技术优势，持续扩大与钢企"产学研"合作。通过技术创新和应用，中国钢研转炉冶炼关键技术进步取得突破性进展，破解了转炉炼钢过程高效、长寿、低排放冶炼的世界性难题，关键技术已在宝武集团、鞍钢集团、首钢集团、河钢集团等数十家企业的转炉上应用。

四、连铸技术

连续铸钢（简称连铸）是将钢水经连铸机直接铸造成铸坯或制品的工艺技术，相比传统模铸工艺，可大幅缩短生产时间、提高生产效率、改善作业环境，有利于实现钢的规模化连续生产。连铸技术作为 20 世纪钢铁领域颠覆性技术之一，它的出现极大地促进了钢铁流程结构优化与转型升级，迅速淘汰了传统的平炉炼钢法和铸模技术，更是促进了转炉炼钢、连铸连轧、铸坯直轧等先进工艺技术的诞生和发展。尤其是第二次能源危机以后，连铸作为主导技术逐步完善，并在世界各主要产钢国得到推广。

20 世纪 90 年代初，国外连铸比已达 90%以上，但我国的连铸比还不足 30%。1988年，以殷瑞钰院士为代表的专家倡导以"连铸为中心、炼钢为基础、设备为保障"的钢铁生产方针，吹响了发展我国连铸技术的号角。

面对国内连铸机生产效率低且以引进装备为主的局面，1994 年，国家计委和冶金部决定以钢研总院为依托，组建"连铸技术国家工程研究中心"（简称"连铸中心"），以期推动我国连铸机国产化和高效连铸的发展，促进钢产量、品种和质量的提升。经过多年的实践，连铸中心组建了集技术研发、工程设计、工程承包、市场策划与管理为一体的专业团队，完成了数百项国家纵向科研课题和企业技术攻关项目，开发出一系列具有自主知识产权和国际竞争力的工艺与装备技术，并向国内众多企业推广，推动了连铸技术进步、企业节能降耗和劳动生产率的提高。到 20 世纪末，世界主要钢铁强国连铸比已达 95%以上，2001 年我国连铸比约 90%，2017 年连铸比达 99.69%，连铸中心为之做出了重要贡献。

自 20 世纪 90 年代以来，为适应钢铁流程向连续化、紧凑化方向发展趋势，连铸技术进入了高效化、近终形发展阶段，其代表性技术——薄板坯连铸连轧实现了薄规格铸坯连铸与大压下热连轧的有机结合，成为带钢生产技术发展的主导方向之一，被誉为钢铁工业的第三次技术革命。

自 1986 年德国施罗曼·西马克公司成功开发出薄板坯连铸技术以后，世界各工业发达国家竞相投资进行开发。我国也不例外，钢研总院以其良好的技术积累，主持了国家"七五"重点攻关任务"薄板坯连铸试验装置"的攻关。

钢研总院与兰州钢厂合作，在其电炉车间内建成了我国第一台薄板坯连铸试验机。当时，由于经费有限，建设的薄板坯连铸试验机相当简陋，仅仅 $30m^2$ 的操作平台上布置了各种设备，试验过程中平台上面吊挂着盛满 1600℃ 以上高温钢水的钢水包，平台下面是高温钢水凝固过程产生的炙热蒸汽。1990 年 10 月，钢研总院研发团队在第一次试验中就成功地浇铸出我国第一块 50mm×900mm×6000mm 的薄板坯，为我国发展薄板坯连铸技术提供了非常有价值的工程化案例。

1996 年，钢研总院连铸团队完成的"中宽度薄板坯连铸技术"科技成果达到国际先进水平。"十五"期间，连铸团队主持完成了"高拉速薄板坯连铸结晶器的开发""带液芯铸轧技术的开发"及"薄板坯连铸品种质量开发"等纵向科研项目。2002 年，连铸团队设计研制出国内第一套拥有自主知识产权的薄板坯连铸结晶器，并在珠江钢厂引进的国内第一条 CSP 生产线中成功应用，铸坯和热轧板卷质量均满足生产要求，为该机型关键核心装备的国产化提供了成功案例。

随着薄板坯连铸连轧技术的发展，中国工程院产业工程科技委员会发起成立"薄板坯连铸连轧技术交流与开发协会"。作为协会依托单位的连铸中心，成为活跃在薄板坯连铸关键技术创新和装备国产化领域的生力军，多次牵头组织薄板坯连铸连轧技术交流会，国内反响热烈，很好地契合了该技术国产化应用的时代背景。自主研发的薄板坯生产关键工艺与装备技术，以及品种钢（含电工钢）生产技术在国内得到迅速推广，推动了我国薄板坯连铸技术的发展和进步。

2010 年以来，为了解决微合金化钢连铸坯角部裂纹问题，中国钢研科研团队首创开发出了一系列关键工艺与装备技术，攻克了倒角坯角部纵裂及漏钢发生率高的世界难题，工业应用指标跃居国际领先水平。开发的"一种具有漏斗型曲面形状的结晶器窄边铜板"获得国家优秀发明专利，并在美国、德国、日本、意大利等国家获得专利授权。独创的带倒角支撑足辊技术以及结晶器铜板角部孔、槽组合的冷却技术，为防止纵裂漏钢和提高结晶器使用寿命提供了保障。作为 2014 年冶金行业十大关键技术之一的大倒角结晶器技术已在国内几十家钢铁企业进行推广应用，项目成果获得 2014 年冶金科技进步奖一等奖和 2015 年国家科技进步奖二等奖。

五、轧钢技术

1952 年 11 月 27 日，中国钢研前身钢铁工业实验所成立了冶金室，开始从事金属压力加工方面的技术研发。1956 年由原冶金研究室轧钢、锻钢组合并成立了金属压力加工研究室（18 室），开始了金属压力加工过程中难变形金属加工、高精度轧制、轧制过程节能等三方面的技术开发工作。

20 世纪五六十年代，在冶金部大力支持下，钢研总院承担了 20 余项难变形金属压力加工方面的国家项目，系统研究了钢材与合金轧制、锻压、挤压、拉拔、冲压、旋压、爆炸成形等多种工艺制度，牵头解决了当时许多共性技术难题，在国内形成了较为完整的金属压力加工技术体系，为我国冶金行业难变形金属提供了强有力的技术保障。

20 世纪七八十年代，钢研总院主持了数十项高精度轧制方面的国家项目，研制出 36 辊超薄带轧机、全液压三机架冷连轧机组、HC 六辊新型轧机、全液压四辊冷轧机，研发形成了超薄带钢生产技术、中厚板液压微调高精度控制技术，在国内开辟了超薄带金属加工新领域。钢研总院是国内最早掌握超纯金属、磁性材料、弹性材料、不锈钢、难熔金属等超薄轧制工艺技术的单位，轧制出 0.003mm×80mm 高平整度带材，支撑了我国对极薄带钢的需求以及钢铁行业对板材高精度控制的需求。

20 世纪 90 年代至今，钢研总院承担了十余项轧制过程节能的国家项目，与宝钢、唐钢等诸多企业合作，系统深入研究了宽带钢热连轧生产线板坯高温出坯、中间库自动化调度系统、钢坯排队输送、轧程优化的协同运行等技术。实现的热送热装技术指标达到了与日本同类产线并跑的水平。在长型材直接轧制方向，钢研总院与粤北联合钢铁、青钢合作，开发方坯高温出坯、钢坯快速输送和补热、高刚度轧制、产品性能稳定性控制等技术。开发的轧钢新技术可使板带和型材热轧工序能耗大幅度降低，相关技术支撑了我国型材生产的绿色化发展。

经过 70 年的发展，中国钢研在我国轧钢技术研发、新技术推广应用、钢材品种研发、新型材料的加工工艺研制等方面共获得国家发明奖 4 项、国家科技进步奖 5 项，为冶金行业发展做出了重要贡献。

在难变形金属的加工技术方向，1964 年，钢研总院轧钢团队为解决原子能工业 Inconel-X 合金材料需求，经过对该合金加工工艺的研究，突破了热锻、冷轧、热处理关键技术瓶颈，研制成冷轧带材。钢研总院与齐齐哈尔钢厂协作，成功解决了在水压机上锻造大型坯件的核心技术问题，研制成原子能反应堆壳用 Inconel-X 合金大型弹簧封闭环和毛细管。

在高精度轧制技术方向，钢研总院将轧钢工艺与设备相结合，在板带轧机自动厚度控制（AGC）液压控制专题研究中，将算法、机、电、工艺结合起来进行综合研究，扩大了研究深度和广度。为解决电子工业对超薄带材的急需，项目组在总结超薄带生产工艺的基础上，与兄弟单位合作，自行研究设计新轧机，自主进行机电配套，创造出轧制 1μm 超薄带实验轧机，该成果荣获国家发明奖三等奖。

在"钢铁企业长型材直轧技术工程示范"项目的研发过程中，项目组系统研究和开发了从方坯连铸到钢材精整全工艺过程的控制技术，达到连铸钢坯出坯温度大于 1000℃、钢坯头尾温差低于 50℃；示范生产线产量提高 7.9%；产线直轧率达到 99%；同一浇次钢筋屈服强度波动低于 12%；示范线轧钢能耗减少 30kgce/t 以上，轧钢工序能耗小于 10kgce/t，吨钢二氧化碳减排 75kg。该项技术获发明专利 20 件，技术指标优于美国、日本同类先进企业。

六、钢板连续涂镀技术

钢板连续涂镀主要指钢板连续热镀（锌、铝、铝锌硅、锌铝镁等）、电镀（锌、锡、铬等）及彩色有机涂层。中国钢研是国内最早系统研究钢板连续涂镀机理、工艺、生产装备及工程化的单位，也是国内第一家自行设计建设各种连续试验机组并在此基础上进行品种开发及技术验证的机构。

经过半个多世纪的研究及工程化应用，中国钢研经历了从 70mm 钢带连续试验线、520mm 窄钢带工业生产线，再到 1650mm 宽钢板大型连续生产线的研究、开发及工程化应用的全过程。中国钢研形成了具有自主知识产权的工艺技术与装备开发能力，解决了大型连续涂镀生产线关键技术及装备卡脖子问题，具备了与国际著名冶金装备供应商同台竞争的能力，为中国由涂镀钢板产品进口国发展为世界最大的出口国做出了重要贡献。

钢板连续涂镀技术是中国钢研将工艺研发、设备设计、电气传动及工程管理等方面紧密合作的成功案例。涂镀技术发展的里程碑工程是钢研总院与湖北银龙镀铝薄板厂"1000mm 宽钢板连续热镀铝硅合金生产线设计及技术转让"项目。该项目是中国钢研迈入宽钢板连续热镀技术工程化的开始，也是国内首次自行设计建造的先进宽钢板连续热镀生产线。

当时国内只有宝钢、武钢从国外引进的改良森吉米尔法两条镀锌机组，而该项目设计生产的是热镀领域中生产工艺最难的铝硅合金镀层钢板。

在项目实施最艰难的时候，中国钢研各领域的专家团队参与项目的攻关工作。如，耐铝液腐蚀的沉没辊稳定辊等三辊六臂是世界性难题，国外生产线该部件使用寿命仅为 3 天，专家团队经过多次优化配方，试验寿命达到 5 天。在铝锅选型过程中，通过多次考察认证，最终采用的是有芯陶瓷感应锅，后经使用证明是正确可行的选项。

该项目在实施过程中，充分展示了钢研人严谨的工作作风，如业主采购了当时 200 多万元的立式炉用耐火砖，但经我们检测，耐火砖含铁量超过设计指标 0.2%，经与业主反复沟通，业主最终同意全部退货更换。

机组的安装调试长达一年多，投产成功时技术人员流下激动的眼泪，完成了大型热镀机组国产化的夙愿。该生产线的成功投产打破了大型钢板连续热镀技术及装备依赖进口的局面。通过该工程的历练，中国钢研练就出一支能打硬仗的团队，也顺利完成了该领域新老人员交接和技术的有序传承，并为后续工程推广积累了扎实的工程管理经验。

经过半个多世纪的研发及工程化工作，中国钢研在钢板涂镀领域研究了多个共性关键技术，开发设计了涂镀生产线关键装备，研发了多种高耐蚀的涂镀产品及生产工艺。

第三节　新时期冶金共性关键技术

中国钢研在冶金共性关键技术方面形成了从高炉炼铁、转炉炼钢、电冶金、连铸、金属压力加工、涂镀深加工和绿色低碳发展等业务板块，几乎涵盖了钢铁生产主流程、材料研发与用户服务的全过程。在新时期，冶金共性关键技术又有了新的发展。

一、开辟冶金流程工程学学科新分支

中国钢研深度参与了中国钢铁工业在新时期技术进步，在学术界开辟了冶金流程工程学新学科。冶金流程工程学是研究宏观动态冶金学的学问，是工程科学层次上的冶金学，是中国学者根据钢铁制造流程演变规律，对传统冶金学科发展进行深入研究而开辟的全新领域。冶金流程工程学理论的创立具有鲜明的时代特色和广博的工程实践背景，鲜明地提出务必从用孤立系统的束缚中解脱出来，从宏观视角全景揭示钢铁制造流程所应具有的动态-有序、协同-连续的运行规律。中国钢研为冶金流程工程学理论创立提供了热土，成为冶金流程工程学理论的重要发源地之一，为我国钢铁流程技术转型升级贡献了钢研方案。

1993 年 7 月，时任冶金工业部总工程师殷瑞钰在《金属学报》第 7 期上发表了《冶金工序功能的演进和钢厂结构的优化》的论文，从钢铁流程层次上阐述技术进步，推动各工序功能演进规律，并提出钢厂生产流程结构优化的发展动向，文章观点引起业内广泛关注，标志着冶金流程工程学发论的开端。

随着钢铁工业的发展和对流程层次认知的逐步深入，中国钢研团队在流程工程学领域的引领作用日益突显。1999 年第 125 次香山科学会议以"钢铁制造流程的解析与集成"为主题，会上首次开展流程层次的学术讨论。殷瑞钰院士作了题为《钢铁制造

流程的解析和集成》的主题报告，该主题报告进一步阐述了钢铁制造流程应具有三个功能：产品制造功能、能源转换功能、废弃物处理-消纳和再资源化功能，为钢铁制造流程优化提供了新思路。

2004 年，殷瑞钰院士历经十年思考和研究，完成了《冶金流程工程学》专著的书稿，师昌绪院士为该书专门作序。以冶金流程工程学理论为基础的新一代钢铁制造流程的理念，特别是其工程框架中钢铁制造流程应具有三个功能的理论要点，被纳入国家中长期科学技术发展规划纲要中。

2009 年，第 356 次香山科学会议以"钢铁制造流程中能源转换机制和能量流网络构建"为主题，会上，殷瑞钰院士作了题为《钢厂生产过程中能量流行为与能量流网络的构建》的主题报告。干勇院士作了《中国钢铁工业应对金融危机所面临的挑战和应采取的技术策略》的主题报告。钢研团队其他专家还分别作了《钢铁制造流程结构解析与吨钢二氧化碳排放的关系》《钢铁企业能量流网络化信息模型及多种能源介质动态调控机制》《富氢煤气生产直接还原铁+电炉短流程的能耗分析》等中心议题报告。会议对钢铁制造流程能源系统优化展开讨论，对推动钢铁企业科学用能与能量流网络化运行起到积极的促进作用。

2020 年，第 682 次香山科学会议以"制造流程物理系统与智能化"为主题，冶金流程工程学方向议题第三次被列入讨论。在这次会议上，殷瑞钰院士作了《制造流程耗散结构的建构与智能化》主题评述报告，干勇院士作了《推进流程型制造业智能化的战略举措和政策建议》中心议题报告，钢研团队其他专家还分别作了《钢铁流程多目标协同优化技术探讨》《钢铁制造流程智能化及产品品牌化技术思路》的专题报告。流程工程学作为流程制造业向智能化转型发展的理论基础，引起钢铁、石化产业有关院士、专家们的关注和认同。

二、固废资源化技术

冶金过程在生产主产品过程中一定会伴随产生相当数量的渣、尘、泥等固体废弃物，如何处理这些固废是钢铁行业面临的主要环境问题之一。早在 20 世纪 80 年代，中国钢研就开始重视冶金过程固废的资源化利用技术，特别在粉尘回收及资源化方面先后开展了广泛深入的基础研究。20 世纪 90 年代初，中国钢研承担了国家科委主持的"八五"环保行业科技攻关项目"有害固体废弃物资源化及处理处置技术研究"项目，对含铬、铅等元素的有害固废进行高温熔融资源化回收研究。

2009 年中国钢研承担国家科技支撑计划项目"钢铁厂烟尘与尘泥资源化利用技术研究"，开展烟尘与污泥预处理技术、锌蒸汽冷凝与回收技术、转底炉关键工艺及装备等方面的研究，为山东日照钢铁建设转底炉提供了技术支撑。

2010 年中国钢研承担中瑞国际合作项目"镁渣综合处理与循环利用技术合作研究"，提出将改质镁渣应用于转炉冶炼造渣的应用，实现了镁渣在钢铁行业的二次利用。2010 年中国钢研承担"十一五"国家"863"计划项目"高毒性含铬废渣无害化处置与资源化利用关键技术研究"，针对含铬炉渣中铬、钒等污染物的赋存形态，提出有害元素的固化理论和技术，并开展工业试验验证。

2013 年中国钢研参与国家"十二五"科技支撑计划课题"钢铁企业固体废弃物资源化高效利用技术工程示范"，开发新型转底炉高效处理固废资源化利用的技术和装备。2013 年中国钢研承担国家重点自然基金"铁矿烧结烟气污染物协同控制与高值转化基础研究"，系统研究利用脱硫石膏制备硫酸钙晶须，以及制备过程中硅/钙/重金属等杂质全面分离的新方法和过程反应机制，为烧结烟气脱硫副产物高值利用指明了方向。

2015 年中国钢研承担国家自然基金"铜渣一步还原回收铁水与铜锍的基础研究"，提出碳热一步还原法处理铜渣，同步实现矿物的还原及硫化过程，使铁以金属形态存在，铜及其他微量元素以硫化物形态富集，综合回收铜、铁等金属元素。

2017 年中国钢研承担国家自然基金"基于铝热还原及活化浸出含钛高炉渣综合利用基础研究"，针对含钛高炉渣难以回收利用、堆存占用耕地、资源严重浪费等问题，提出含钛高炉渣铝热还原生产钛硅铁合金，还原后炉渣提取氧化铝的新工艺。

2019 年中国钢研参与国家重点研发计划"无机固废协同耦合建材化利用技术及工程示范研究""冶金炉窑消纳有机/无机固废协同处置技术及工程示范研究"等固废专项的研究，开展钢渣在线改质及高值转化、冶金炉窑协同处理市政固废等方面的研究。综上所述，中国钢研在固废资源化方向的研发，已从单一钢铁工业固废向钢铁和有色金属多源固废的综合提取与资源化利用方向转变。

在钢铁尘泥资源化利用方面，中国钢研形成了具有自主知识产权的转底炉处理尘泥的成套工艺，具备实验室基础模拟、中试转底炉试验、工业化转底炉交钥匙工程的全链条研发和工程转化能力。

在工程转化方面，2010 年，中国钢研为山东日照钢铁建成两条转底炉生产线，单条产线处理能力 20 万吨/年，该公司实现了冶金尘泥全部厂内消纳。日钢转底炉的建成和多年的顺行表明，中国钢研成为国内最早完全掌握转底炉关键技术和工艺的工程总包供应商。

三、非高炉炼铁技术

尽管高炉炼铁工艺仍为当前生产效率最高的炼铁技术，但由于需要焦炭和人造块料（烧结矿、球团矿）等原燃料，势必受到焦煤资源短缺和造块过程污染物排放量大的环境制约。非高炉炼铁技术在国际钢铁界一直是研究热点，特别是中国提出"双碳"目标的今天，更受到业内特别关注。中国钢研在直接还原、全氧熔融还原等方面都做出过开创性工作。

20世纪90年代，为解决焦煤资源短缺和环保问题，开发熔融还原炼铁新工艺成为国际钢铁界的"热点"。一批国内钢铁界专家学者向国家建言国内应尽快开展应用技术研究，建议很快被国家采纳。"熔融还原技术基础研究"于1994年被列为国家"攀登计划"支持项目，国家科委拨专款予以支持。钢研总院联合国内优势科研机构和大学，利用近4年时间完成了前期理论分析计算和实验室模拟研究工作，确定了中等预还原+铁浴终还原中国特色的"两步法"熔融还原的概念流程，较好地完成了"攀登计划"项目预期攻关目标。冶金部支持项目组将已取得研究成果向半工业试验转化和验证，并确定由钢研总院牵头组织，在冶金部承德试验厂完成半工业试验。

当时，钢研总院从冶金工艺所、炼铁室和测试所等单位抽调了从事炼铁、炼钢、设备设计、分析测试等专业人员组织跨专业联合攻关。项目组首先在实验室条件下完成了含碳球团预还原试验，在500kg级热态模拟炉上完成了顶吹氧和喷煤粉条件下含铁预还原料在渣-焦流动床上的终还原、熔化、渗碳、出铁等试验研究，积累了宝贵的试验数据。根据这些试验数据，项目组完成了小时吨级产铁能力的半工业试验装置的工艺和设备设计，在冶金部承德试验厂建成2t/h级能力的半工业试验装置。下部采用液体渣-焦流动床模式的终还原炉，煤氧枪向渣浴喷吹煤粉和纯氧，利用其燃烧放热完成预还原含铁炉料的终还原、熔化、渗碳和造气，从终还原炉上出口排出的热煤气经旋风除尘和调温，再通过热风围管进入上部预还原竖炉，利用热煤气完成竖炉顶装含碳球团的预还原，该工艺被命名为COSRI工艺。

钢研总院项目组前后历时一年半时间，在进入设备调试和正式热态试验阶段，分三班倒连续进行热态试验。项目组克服了重重困难，最终顺利实现出渣、出铁，打通了工艺流程。项目组还利用该装置进行了全煤炼铁的试验，用块煤替代焦炭炼铁后，只要维持一定的液态渣焦床结构，焦炭实际消耗量可大幅度降低。

COSRI半工业试验装置建成和热试试验的开展，使我国成为当时继德国、日本和澳大利亚之后，第四个具有吨/小时级熔融还原联动试验装置的国家，为我国熔融还原炼铁技术发展起到重要推动作用。

四、未来技术展望

党的十八大以来，以习近平同志为核心的党中央将生态文明建设放到治国理政的重要位置，在新的发展理念下，研发绿色低碳冶金技术将是未来永恒的命题，未来冶金共性关键技术发展方向包括以下方面：

一是基于现有长流程的绿色低碳技术。相比较而言，尽管高炉-转炉长流程能耗和污染物排放总量较大，但从近、中期看，它在我国钢铁流程结构中仍将占据重要位置，不可能在短期内被完全替代。针对这类流程，中国钢研特别关注以下共性关键技术的发展态势：在铁前技术方向，低碳烧结（球团）技术、低碳高炉炼铁技术、余热余能高效利用技术；在炼钢与轧后区段，需密切关注炼铁-炼钢与连铸-热轧等界面智能调控、炼钢区段专线化"一对一"层流协同运行机制的建立和执行，各工序功能定位合理、前后工序等节奏与快节奏匹配等。

二是非碳质能源炼铁技术。从远期看，替代现有高炉炼铁技术、实现大幅度降碳和无碳冶炼技术需密切关注，包括：基于氢能的冶炼技术，如富氢/纯氢竖炉直接还原、富氢/纯氢流化床直接还原、氢基熔融还原炼铁、氢基闪速炼铁、等离子体氢还原炼铁，生产直接还原铁或者无碳铁水；基于电能冶金的炼铁技术，如熔融氧化物电解炼铁技术。

三是全废钢/直接还原铁高效电炉短流程技术。以废钢、直接还原铁等为固态原料，发展电炉短流程将是未来我国改善钢铁流程结构、高效实现碳减排的主要技术之一。需要开发废钢快速熔化、二噁英防控，实现全流程动态、有序、协同、连续的智能化运行，应首先从普钢长材入手，逐步积累数据和经验，再向特钢或多品种、小批量订单方向拓展，贯通全流程，满足我国废钢积累量不断上升以及直接还原铁比例提高的冶炼需求。

四是钢铁近终形制造技术。以最终产品形状为目标的连铸技术可以取消或者减少铸坯轧制道次、提高生产效率、降低能耗。近终形技术中主要有近终形制造过程能量流与产品质量协同调控、铸轧薄带的综合质量调控技术、异形坯及小压缩比钢材的质量控制技术等，可以满足产品质量和低能耗轧制的需求。

第四章　智能制造　绿色发展

钢铁工业是国民经济的重要基础产业，是衡量国家综合国力和国防实力的重要标志。绿色化、智能化是当今钢铁工业转型升级和高质量发展的两大主题。

伴随着工业互联网、大数据、云计算、人工智能技术加快应用，信息技术与物理系统深度融合，钢铁行业也面临着碳排放总量的"绝对约束""碳经济"的巨大挑战，提升先进制造业绿色化发展水平迫在眉睫。中国钢研审时度势，发挥专业齐全的独特优势，成立了钢铁绿色化智能化技术中心、数字化研发中心，组建了工程事业部，以冶金流程工程学为指引，布局绿色化、智能化、数字化前沿技术，创新钢铁流程优化和智能化运行工程应用，引领钢铁工业智能制造和绿色发展，为钢铁工业转型升级做出新的更大贡献。

第一节　自动化技术

自动化技术起源于 20 世纪 60 年代，基于自动检测、计算机控制、电气传动等技术，与工艺机理和模型结合，实现设备、生产过程自动控制。信息化起步于 20 世纪 80 年代，随着互联网和工业网络发展，逐步拓展到企业经营和生产组织信息化，形成了企业资源计划系统（ERP）和制造执行系统（MES），实现了对企业经营和生产组织的精益管控。

一、自动化技术发展历程

1960 年，在原北京钢铁学院 750 厂基础上，来自鞍钢等企业的仪表科技人员，成立了"北京冶金仪表厂"，办公地址在丰台区北大地。北京冶金仪表厂隶属于原冶金工业部，以研究设计和生产冶金专用仪表为主。1973 年 10 月，冶金工业部决定由北京冶金仪表厂、建筑研究院和钢铁研究总院部分单位在北京冶金仪表厂基础上组建"冶金自动化研究所"。

20 世纪 70 年代，武钢从德国西门子引进的 1700mm 轧机自动控制系统是我国钢铁工业第一套高水平的自动化系统，自动化所参加了这套系统的设计和调试。80 年代，宝钢全线引进了炼铁、炼钢、轧钢高水平自动化系统，自动化所专门成立了宝钢工作队，从引进自动化系统技术谈判、合作开发等方面保驾护航，为宝钢自动化系统建立和正常运行做出了贡献。

经过多年的科研攻关和工程实践，中国钢研自动化院和金自天正智能控制股份有限公司在自动检测、计算机控制、电气传动领域取得了丰硕成果，冶金系列特殊检测装置、大功率交交变频装置、高精度交流伺服驱动装置等填补了国内空白。

中国钢研面向国民经济主战场，自动化院自主设计、集成创新，形成了集自动检测、计算机控制、电气传动为一体的、独具特色的冶金三电自动化系统，创立了钢铁生产主要工序的、具有自主知识产权的首台套样板工程：高炉自动化系统（宝钢高炉）、转炉自动化系统（宝钢 300t 转炉）、精炼自动化系统（上钢五厂 100t LF）、连铸自动化系统（济钢大板坯连铸）、棒线材轧钢自动化系统（唐钢高速线材）、热轧自动化系统（攀钢 1450mm 热连轧）、大功率交交变频系统，打破了国外垄断，提升了钢铁企业自动化技术水平，为钢铁工业自动化技术推广普及做出了突出贡献。

在企业信息化领域，中国钢研自动化院开发了国内首套管理信息系统（涟钢MIS）、国内首套无缝钢管计算机集成制造系统（天津大无缝 CIMS）和具有钢铁行业特色的制造执行系统（AriMES）、能源管理系统（AriEMS）和质量分析优化系统（AriQAO），为提升钢铁工业信息化水平做出了积极贡献。

二、主要技术成果及影响

（一）自动检测

20 世纪 70 年代，自动化院研制了多种分析、检测仪表，其中周期反向电解和可控硅供电装置、真空熔融气相色谱仪、多道全聚焦 X 射线荧光分析仪等多项仪表荣获1978 年全国科技大会奖。

1983 年开始，自动化院进行"铝电解生产自动控制"的研究，开发了系列铝电解操控系统，为全国 20 多家铝厂近 4000 台电解槽提供了计算机控制系统，取得了良好的经济效益，先后获得了"国家技术开发优秀成果""全国首届科技贷款成果展览会金箭优秀奖""全国工控机优选机型评比第一名"等。其中，ICS2000 系统填补了国内空白，促进了铝电解行业自动化水平的发展。

1986 年自动化院研制的"煤气热值指数仪"是我国首台测量高炉煤气热值和转炉煤气热值的在线仪表，被广泛应用于宝钢、武钢、首钢、鞍钢、攀钢、太钢、济钢、包钢、沙钢等大型钢铁企业。

到 20 世纪 80 年代末，自动化院开发的"钢水测温、定氧、定碳三参数仪"，成功取代了钢水测温采用肉眼观察的传统方法，是我国首台智能快速测温、定氧、定碳的仪表，填补了国内空白，打破了国外仪表的长期垄断。

（二）冶炼自动化

一是炼铁自动化。炼铁自动化主要包括原料厂、焦化、烧结、高炉、铁前集控等方面。自动化院金自天正共承接高炉项目近两百座，具备了高炉项目整体解决方案的能力，其中具有代表性的是：1999 年沙钢 1 号高炉项目获得国家科技进步奖三等奖、2009 年港陆钢铁公司 2 号 1080 高炉总包项目、2010 年平山敬业集团新 1 号 588 高炉总包项目等。近年来，金自天正还开展了铁前集控技术研发，2022 年承担了珠海粤裕丰钢铁有限公司的智能集控中心项目。

二是转炉炼钢自动化。自动化院在转炉自动化工程方面具有 30 多年的实践经验，从对转炉控制仪表的升级改造，到转炉三电控制系统的全面升级改造；从控制系统模拟化升级改造，到实现数字化控制时代；从独立承担转炉三电自动化工程，到承接转炉工程总包工程，转炉炼钢自动化技术水平稳步提高。1996—2000 年，自动化院先后承担了宝钢一炼钢厂 3 号转炉增设溅渣护炉系统（国内首套）、三电系统改造 2 号转炉仪表中央仪表室提前改造工程、宝钢一炼钢厂三电系统改造工程项目。其中，宝钢项目获冶金科学技术奖一等奖。截至目前，自动化院承接了以唐山港陆 150t 转炉总包工程、沈阳宇晨创新重工有限公司炼钢总包工程为代表的转炉三电自动化工程 100 余项，转炉总包工程能力得到了充分肯定。

三是电炉/钢包精炼炉自动化。20 世纪 90 年代，随着"电炉/转炉–精炼炉–连铸"三位一体的短流程炼钢流程的迅猛发展和炉外精炼技术普及，自动化院开始了 EAF、LF 炉过程自动化的研究开发工作。经过多年的探索和改进，自动化控制水平从最初的手动、半自动控制逐渐向全自动化控制方向发展。1994 年，自动化院承接了无锡锡兴钢铁联合公司"热装–热送–连铸"国家重点项目。1997 年自动化院成功完成了大冶 60t 钢包精炼炉自动控制系统国家"八五"攻关项目。截至目前，自动化院已在国内外承接完成 60 多座 EAF、LF 炉"三电"控制系统的工程项目。

（三）轧钢自动化

轧钢控制领域涵盖热轧带钢、中厚板、型钢、棒线材、钢管、冷轧平整等多种工艺产线相关的三电业务。中国钢研自动化院、金自天正历经几十年的发展，在该领域始终保持了较高的行业地位。

一是热轧带钢自动化。热轧带钢工艺复杂，产品质量指标多元且精度要求高，其自动化控制难度属于轧钢领域顶端级别。20 世纪七八十年代，自动化院的专家通过翻阅资料、驻外培训、局部参与设计调试，逐步掌握了核心技术。1988 年，在攀钢 1450mm 热轧一期改造项目中，自动化院首次承担了电气自动化总负责任务，全方位参与到工程的实施及调试中来。经过不断探索与实践，2003 年，金自天正完成了国内第一条完全自主开发、设计、集成、调试的热连轧中宽带板线，有效推动了钢铁行业热连轧三电控制系统自主集成进程。2005 年，金自天正完成国内首次完全独立自主设计、制造并投产的宽带热连轧机三电自动化控制系统。2018 年开始，金自天正热连轧的品牌走出了国门，完成了"一带一路"海外项目，实现了传统工艺机组生产 1.2mm 薄带零的突破。

二是长材和中厚板自动化。自动化院在长材自动控制技术上有 30 多年的研发经历，有从半连轧工艺到全连轧工艺的改进、从模拟系统到数字系统的飞跃，也有从直流控制到交流控制的质变等，累计设计实施 179 条长材生产线，并逐步在各大钢厂实现跨厂区信息物联。1989 年实施的唐钢高速线材轧机工程，荣获了冶金科技进步奖二等奖，是国内首条控制全连轧高线自动化控制系统，开启了国内长材控制国产化的历程。1992 年的涟钢棒材轧机控制系统，是国内首条完全自主系统集成、硬件供货、软件编制和调试的生产线，打破了国外公司对棒线材轧机数字控制技术的垄断。自 2003 年开始，金自天正根据市场需求，搭建了中厚板业务板块的架构，承担了中厚板厂精整线、处理线的自动化控制技术。2006 年以后，金自天正在国家科技支撑计划"大型宽厚板轧制成套装备关键技术研究与示范应用"中承担了"两级自动化系统成套技术"，为中厚板两级自动化系统成套奠定了技术基础。2020 年，金自天正通过实施宝武集团重钢 2700mm 中板的复产改造智能化升级工程项目，建成国内首条全线集中控制的中板生产线。

三是伺服液压缸。伺服液压缸是自动控制系统中极为重要的执行机构，承载力大且精度高，响应速度快，对控制板形，保证厚度精度，提高板材合格率具有重要作用。20 世纪 80 年代，国内各大钢企纷纷引进板材轧线，快速提升轧制装备水平，自动化院通过不断探索，逐步掌握了各种宽带轧机生产线大型伺服液压缸的制造和修复技术。1983 年，自动化院"30MN 大型伺服液压缸实验台"通过冶金部鉴定，填补了国内板带轧机大型伺服液压缸测试的空白，1988 年该项目获冶金科技进步奖三等奖，为伺服液压缸国产化研制奠定了基础。2002—2003 年，金自天成完成了国内首台套厚板轧机 AGC 液压伺服油缸及液压伺服系统自主设计制造，并应用于首钢 3500mm 中厚板项目，攻克了大流量、高速、高频等技术难点，该项目获得国家科学技术进步奖二等奖。目前，伺服液压缸产品已走出国门，出口到法国、尼日利亚、伊朗、印度尼西亚等国家。

（四）电气传动

一是大功率交交变频系统。自动化院和金自天正通过近 30 年不断深入的理论研究和工程技术创新，在大功率交流调速系统的理论研究、装备制造、工程设计与调试技术等方面达到世界先进水平。截至目前，国产大功率交交变频调速系统在冶金和矿山等领域推广应用已达 500 余套，总装机容量超过 3000MW，取得了显著的经济效益和社会效益，为我国钢铁工业交流调速技术的快速发展做出了显著贡献。1993年，自动化院成功研制出我国第一台2500kW交交变频同步电机模拟控制系统，并首次实现工程应用该技术打破了国内交交变频同步电机电控系统的空白，荣获国家科技进步奖二等奖、1994年度冶金工业部冶金科学技术奖一等奖。1995年，自动化院实施了重钢五厂中板轧机项目，研制成功出国内第一套自主集成的全数字化交交变频调速系统。1999年，自动化院在攀钢1450mm热连轧主传动交流调速系统改造工程中，成功研制了我国第一套自主集成、大型宽带热连轧机主传动交流调速系统。2001年，金自天正承担了淮南矿业集团公司淮南煤矿主井提升机电控系统工程，这是我国第一套国产大型矿山提升机全自动化、全数字化、交交变频双机拖动系统，性能达到国外同类产品先进水平。2004年，金自天正承担了攀钢轨梁100m重轨交交变频主传动调速系统工程，它是我国第一条百米重轨生产线。基于本项目的"大功率交交变频同步电机调速系统"获2004年度电工新产品技术开发奖一等奖，"大功率交交变频调速系统及推广应用"荣获2006年度国家科技进步奖二等奖、2005年度冶金科学技术奖一等奖、2006年度北京市科学技术奖一等奖等。诸多工程项目的成功实施，实现了国产大功率交交变频调速系统装备的自主集成和业务拓展，扭转了大功率交流调速装备长期依赖进口的局面。

二是交直交变流系统。大容量交直交变流装备涉及电力电子、电机、自动控制等多个学科，技术复杂、装备庞大，在能源与电能变换、风能及光能等新能源接入、节能减排等国家能源战略中起着重要作用。自2001年开始，自动化院、金自天正与中国科学院电工研究所等多家国内单位合作，在多项国家科研项目的持续支持下，对采用新型自关断器件的大功率交直交变流装备的基础理论与关键技术进行研究，研制完成了变流器样机，并于2003年7月通过了国家科技部验收。在此基础上，自动化院继续进行相关技术探索和攻关，完成了系列具有国际先进水平的大容量交直交变流装备的研制，形成了在研制、设计、制造和应用过程中的具有自主知识产权的关键技术，为我国大容量交直交变流器理论与技术的研究和重大装备的国产化奠定了基础。2006年，金自天正成功研制了国产第一套7500kV·A大功率三电平IGCT交直交变流系统，并在国产高速磁悬浮列车实验线上投入运行。系列产品及技术分别荣获2010年国家科技进步奖二等奖，2009年和2013年度北京市科技进步奖一等奖、中国电工技术学会科技进步奖一等奖。2011年，金自天正成功研制出国内该拓扑结构最大容量的变流装置——20MV·A超大容量交直交变流调速系统，并首次在轴流空气压缩机驱动中得到应用，为重大装备的国产化等做出了贡献。2015年，金自天正成功研制了三电平四象限矿用IGBT高性能变频调速装置，整体技术水平达到国内先进水平。

三是交流伺服系统。随着军用装备、机器人、立体仓储系统等技术水平的持续发展，高性能交流伺服系统拥有了更为广泛的市场需求。自动化院于 1985 年合作研制成功了我国第一台交流伺服装置；1986 年承担了"工业机器人用交流伺服驱动装置"的研发任务，获得了"七五"国家重点科技攻关成果奖。该项目 1989 年实现成果转化，应用于国内第一条交流伺服驱动器生产线，在国家科委的首届"火炬杯"高新技术产品展评会上获得"优秀产品奖"，并获冶金部科技进步奖一等奖、国家科技进步奖二等奖。1996 年，自动化院开发了全数字交流伺服装置，并列入国家"863"计划项目。1998 年，自动化院参研军用装备交流伺服装置，研制的系列军用交流伺服驱动器和军用交流伺服电机于 2009 年、2014 年荣获工信部科学技术进步奖二等奖。自动化院以军用低压交流伺服装置开发为突破，研发了冶金、数控机床、机器人、轻工机械、新能源、医疗设备等众多民用领域的交流伺服产品。截至 2021 年底，已有十多种系列、30余个定型批产产品，主要有系列交流伺服驱动器、交流伺服电机、系列智能电机、系列智能直推机构、100kW 大功率交流伺服系统等。

三、自动化技术在冶金行业的示范应用

（一）推动宝钢"三电"国产化

20 世纪 70 年代，"宝钢"诞生。作为原冶金部唯一的自动化院所，自动化院积极参与宝钢国外先进技术的引进、消化、吸收和创新工作。

宝钢 1 号高炉设备主要由日本新日铁株式会社引进，其工艺装备和控制系统具有20 世纪 70 年代末期先进水平。高炉"三电"自动化部分全部由日方承担，于 1985 年9 月 15 日投入运行。

宝钢 2 号高炉"三电"自动化部分由日本横河大包，自动化院分包了 70% 以上的计算机软件、全部数字仪表的软件编程和 2/3 的 PLC 软件编程。由自动化院传动所承担的宝钢 2 号高炉循环水、煤粉喷制和水处理三个部分的低压配电控制设备国内分交任务，有 10 类 375 台（套），实物工作量大、技术水平高、质量要求严，属于国家最大技术攻关的项目。1988 年，经过全体职工的努力，自动化院高效率完成了全部设备的组装和调试工作，各项技术指标均达到了规定要求。

宝钢 3 号高炉工程"三电"自动化部分由国内总包，自动化院宝钢工作队承担的内容包括三电设备设计和软件设计。3 号高炉工程中，自动化院传动所和仪表所承担了循环水、水渣、除尘系统 VVVF 和热成像仪窗口配套项目。

1993 年，自动化院承担了宝钢一炼钢厂 3 号转炉控制仪表升级改造工程，在不停产的前提下，为转炉三电控制系统全面升级改造。

1996—2000 年，自动化院又先后承担了宝钢一炼钢厂 3 号转炉增设溅渣护炉系统（国内首套）、三电系统改造 2 号转炉表中央仪表室改造工程、宝钢一炼钢厂三电系统

改造工程项目。其中，宝钢一炼钢厂三电系统改造工程项目于 2003 年 7 月获冶金科学技术奖一等奖。

（二）攀钢 1450mm 热连轧打破垄断

攀钢 1450mm 热连轧厂是攀钢一期建设配套的成材厂，主体机械设备由国内设计，产量为 58 万吨/年。1980 年底设备制造完毕，因当时国家宏观政策调整，项目停建。1982 年经冶金部批准，攀钢重新启动 1450mm 热轧板厂建设项目。根据当时市场的需求和发展需要，修改工艺设计，产量增加到 100 万吨/年。

1988 年项目破土动工，由国内原设计和制造单位负责，部分关键设备采用合作设计合作制造方式引进。自动化院分包了攀钢 1450mm 轧机两级自动化系统全部软件设计和现场安装调试任务。意大利某公司与自动化院合作完成两级自动化系统建设。由于采用了库存的轧机主体和主电机系统，设备过于陈旧和落后，且制造精度不高，给轧线的建设工作带来了极大的困难。

1990 年，在项目合作期间，自动化院成立了项目团队，经过一年半的学习和研究，基本掌握了热连轧自动化的关键核心技术。从 1991 年 7 月开始，项目团队常驻现场开展安装调试工作。1992 年 12 月 23 日，攀钢 1450mm 热轧厂终于顺利投产。

1999 年，自动化院对攀钢热连轧生产状况及装备技术进行综合分析，得出结论：受到旧设备的影响和国内设备设计、制造等方面的限制，攀钢热轧板厂 1450mm 热连轧初期建设时，设备装备水平低，工序能力不足，产品结构单一，无法满足国内日益增长的市场用户和攀钢对热轧产品质量及品种的需求，产品质量指标与国内鞍钢 1780 机组、太钢 1549 机组相比存在较大的差距，并且生产状况极不稳定，故障率较高。

自动化院提出用大功率变流技术对传统的主传动机组进行更新和改造。历时 2 年，攀钢 1450mm 热轧厂实现了大型热连轧机主传动交流调速设备的国产化，标志着我国在大型热连轧机主传动交流调速理论研究、设备制造、工程设计方面均达到了世界先进水平，打破了我国大型热连轧机主传动设备一直依赖进口的局面。项目实施后，攀钢轧线产量由不足 100 万吨/年提高到稳定生产 150 万吨/年。该项技术还在冶金行业得到了广泛的推广应用，先后完成 300 余项改造工程，为自动化院进入冶金工业主战场、解决关键问题打下了坚实基础。

结合自身在钢铁行业丰富的经验，自动化院精心编著了《钢铁工业自动化》系列丛书，推动了钢铁工业自动化技术推广普及。

（三）首钢 3500mm 液压伺服系统

伺服压下缸作为板带轧线的关键设备，其动、静态性能是生产高品质板材和保证轧机设备状态稳定运行的重要保障。但是，伺服压下液压缸作为高端装备基本靠进口，受到了价格及服务费用高、维修响应慢等因素的制约。

金自天成通过不断地摸索总结，2004 年完成国内首台套 3500mm 中厚板轧机 AGC 液压伺服油缸及液压伺服系统自主设计制造，攻克了大流量、高速、高频等技术难点。该伺服油缸是当时国内自主研制的直径最大、速度最高的 AGC 油缸，且 AGC 系统响应频率也是当时国内最高，达到了国际先进水平。2005 年该项目获得国家科学技术进步奖二等奖。

该项目使我国全面掌握了中厚板的生产、设备、自动化技术，形成了具有自主知识产权的成套技术，为我国中厚板轧机的国产化树立了样板。随后，3500mm 以下的轧线全部实现了国产化。

第二节　数字化技术

材料是制造业的基础，自工业革命开始以来，材料创新一直是绝大多数重大颠覆性技术的核心。进入 21 世纪后，随着现代计算机计算能力的日益强大和数据挖掘算法的日益完善，科学研究逐渐进入数据驱动时代。以数字形式提供材料的行为，将产品开发与材料开发关联，通过工业 4.0 将材料信息链接到整个加工应用链条中，可以大幅降低材料的全寿命应用成本。

2021 年发布的国家"十四五"规划和 2035 年远景目标纲要明确提出：要加快数字化发展，建设数字中国，打好关键核心技术攻坚战。《纲要》在加强原创性引领性科技攻关、加强关键数字技术创新应用、加快推动数字产业化等方面均提出要求，并强调要实施一批具有前瞻性、战略性的国家重大科技项目。近年来，中国钢研以战略规划为指引，加速数字化研发布局。

一、加快数字化研发布局

中国钢研以"十四五"战略规划为指引，以数字化变革催生新的发展动能。立足自身"多、小、散、变"的业务特征，通过数字化转型获得新动能，全面支撑"为客户提供材料全生命周期的解决方案"的企业使命。

中国钢研规范科技创新信息化管理流程，推行建立科研设备和研发数据库，建立科研任务、算力、数据、设备统筹的资源服务平台，推动创新体系的数字化变革，促进数字化研发生态建设。

到 2025 年，数字化研发设计平台将满足中国钢研 80% 的计算和设计任务要求，汇聚 70% 的原始研发数据，实现全员数字化研发培训，具备国内领先的数字化研发支撑能力。建设 1~2 个集团灯塔业务和央企示范平台。

二、数字化研发中心建设

（一）建立过程

2019 年 12 月，数字化研发中心（简称"数字化中心"）成立，作为隶属于集团的直属新型科研机构，是材料及工艺、检测研发工作的数字化公共服务平台。数字化中心致力于强化数字化转型整体性战略规划，统筹基础科研能力建设，打造数字化研发平台，推动材料数据服务及产业链级应用，促进数字化研发生态的形成，为材料研发技术进步和材料-装备的全生命周期提供数字化解决方案。数字化中心成立的目的是加速新材料从研究到应用、从研发到原创的进程，大大降低研发成本，加快研发周期和提升研发效率，加强材料数据服务能力，以数字化转型赋能集团并推动行业的高质量发展。

数字化中心使命是打造中国钢研数字化研发平台、培养数字化研发生态，为上下游行业提供材料全生命周期的数字化解决方案。愿景是成为促进材料研发模式变革、推动行业数字化研发创新的主引擎。目标是近期形成原创性研究所必需的计算资源和数据获取能力，服务于集团和行业研发与创新模式变革；未来将逐步发展成为中国钢研开放共享生态、聚集产业链数据资源、吸引优秀人才、布局国际化发展的一流数字化研发中心。

（二）数字化研发能力建设

中国钢研数字化研发中心自主设计建设了行业首个集材料计算、工艺模拟、服役仿真及材料大数据于一体的专业数字化 CISRI-DLab 研发平台，并于 2021 年 11 月正式发布。平台具备 255 万亿次峰值运算速度、2PB 数据存储容量，支持同时运行 10 个以上大型计算、200 个以上并发设计和数据任务、1 万台以上科研设备数据接入，首创了全图形云计算、材料 APP、材料区块链等技术理念，主要包括：

一是云计算系统，集成管理了 Material Studio、Thermo-Calc、ANSYS 等 20 余种国际知名计算、仿真软件，初步形成了材料设计、工艺模拟、材料服役仿真、组织性能预测等集成计算功能，可实现基于浏览器的远程计算、移动计算、排队计算。

二是针对具体材料和应用场景的微应用方案，开发集材料/工艺专业知识、计算工程师经验于一体的材料 APP 系统。

三是基于材料基因、模式识别和区块链技术，建立了业内首个原始试验数据管理共享平台，可在确保数据产权的前提下实现团队内部数据共享，实现团队之间、企业之间的相关数据发现，是实现全产业链、全寿命周期材料-装备大数据共享的基础平台。

四是建立了行业内首个块体样品的高通量增材制备系统 3D-Alloyer，突破了高速打印条件下元素粉末扩散、均质化难题，可实现一次上百种不同成分块状材料的高效制备。"基于元素粉末 3D 打印的高通量制备平台"入围 2021 年央企熠星大赛复赛项目。

截至 2022 年 7 月，CISRI-DLab 平台集团注册用户超过 1200 个，平台累计实现在线计算任务超过 13000 项，是原来单机计算环境的近百倍；完成在线科研检测及数据上传任务超 3500 余项，开发和众筹各类材料 APP 超过 400 项等，且总体上呈逐月增长趋势。"计算+数据"的数字化研发方法模式已开始逐步深入到集团各单位的研发与应用中，为集团数字化研发创新能力的提升及行业的数字化应用提供了有力支撑。

CISRI-DLab 平台于 2021 年入选工信部工业互联网平台创新领航应用案例。2022 年 1 月，在中国金属学会组织的科技成果评价会上，评审专家认为该项目创新成果达到"国际领先"水平。

未来，在 CISRI-DLab 平台已有优势能力基础上，数字化中心将继续扩展 CISRI-DLab 现有平台的软硬件能力和数据能力，重点拓展集团的数字产业化、关注数字化行业引领能力的建设，开发行业级 Material-DLab 分布式云计算资源调度平台和基于区块链技术的 InterMat 产业链大数据发现共享平台。数字化中心将进一步汇聚行业计算资源、数据资源，加强数据治理，成为集团的数据矿山和行业数字化研发的云服务示范，为建设行业级材料数据中心、计算中心、数字化服务中心奠定能力基础。打造国家级数字化平台，为促进我国的新材料研发和装备制造业转型升级，提供数字化动力。

（三）创新数字化研发生态能力及服务体系建设

数字化中心通过线上线下相结合的方式，扎实推进数字化人才培养。举办了数字化研发技术及应用相关培训，累计超过 3000 人次；启动了 M@T 数字化研发教师/工程师认证，108 人获得数字化研发工程师/教师证书，其中 29 人为数字化研发教师，大大提升了集团及行业的数字化研发生态。

面向行业的"悬赏征算"成果丰硕，2020—2022 年共发布悬赏征算项目 28 项，累计有 332 个团队参加悬赏征算活动，共提交 133 份报告，121 份算法模型及代码包，吸引了大量国内外、材料行业技术工作者的关注，《世界金属导报》《中国冶金报》等多家媒体进行报道，提高了中国钢研在数字化研发方面的影响力，促进了行业间的协同创新。

数字化中心结合实际应用需求，服务集团内部创新协同，与钢研总院、钢研高纳等单位联合申报国家重点研发计划项目等，合作开展数字化研发任务攻关；在外部交流合作方面，中心与 MIT 组织开展了学术交流，与鞍钢北京研究院、中石化、首钢迁钢等单位进行数字化研发相关技术服务合作，促进数字化研发成果及其解决方案在行业中的应用。

三、数字化研发应用

（一）原位合金化高通量增材制备平台技术应用

镍基高温合金具有优异的高温强度和抗疲劳性能，可广泛应用于舰船、工业地面燃机、航空发动机涡轮叶片及耐腐蚀热端部件。选区激光熔化作为增材制造技术的主要工艺之一，具有制造精度高、成形质量好和加工余量小等特点，适用于中小型悬空、复杂内腔和型面等复杂薄壁型结构的高精度快速制造，从而为航空发动机涡轮叶片制造提供了一种新的技术路径。然而，镍基高温合金成形零件的微观组织中会产生大量的微裂纹缺陷，严重影响合金性能，限制该合金的工业应用能力。

针对上述微裂纹问题，数字化中心与钢研高纳协同，从成分设计和工艺调优两个方面开展研发攻关。钢研高纳基于其成分开发经验，从强韧化机制角度设计多组成分配比方案。数字化中心利用其自主设计开发的块状样品高通量制备系统，开展镍基高温合金与合金元素粉末实时动态混合，并进行原位合金化的工艺开发。数字化中心通过图像识别的方法建立了高温合金微裂纹的定量识别程序，对 80 组不同合金元素含量与工艺参数组合的高温合金样块进行批量识别，通过数据分析获得了成分改性与微裂纹数量关系的量化规律。

整个研发攻关项目通过 4 轮自动化筛选实验，在短短的一个月内便发现了抑制微裂纹产生的最佳成分配比，大幅提升了成品率，节省了生产成本。

（二）高压氢储罐用高强度抗氢钢的数字化研发应用

大规模高压氢储运是氢能源的发展方向，高压储氢的装备开发可为我国氢能源产业发展提供保障。数字化中心与中国石化进行项目合作，以新疆库车 2 万吨光伏电解制氢项目为依托，开展高压储罐用高强度抗氢钢的研究、工程化评价及示范应用。

目前，国内外的材料难以同时兼顾高压储罐所需求的高强韧性、可焊接性和抗氢性能，大多只能通过增加厚度、牺牲重量满足设备承载能力。同时，高压氢气环境下的材料性能评价试验是抗氢钢材料的重要评价环节，而国内可开展试验的设备较少、周期长、试验单价高，并存在一定的危险性。

为此，数字化中心有效利用 CISRI-DLab 材料数字化研发平台，通过材料基因工程、多尺度集成计算等方法，形成了多尺度的集成计算方法，数字化中心设计了新一代高压储氢用可焊接高强钢材料的成分和工艺，建立轧制、热处理工艺与组织、析出相、抗氢性能之间的影响关系，为工艺参数的制定提供了支撑。此外，数字化中心还通过氢敏感性的快速评价试验和计算方法，为材料极端服役环境下的抗氢性能评价试验提供依据。在不到一年的时间里为急需的工程化应用提供了可用的材料设计方案，有效地降低了材料的研发成本和周期。

第三节　钢铁绿色化智能化

中国钢研发挥专业齐全的独特优势，成立了钢铁绿色化智能化技术中心，布局绿色化、智能化前沿技术；同时，中国钢研以冶金流程工程学为指引，协同中国钢研各专业团队，通过信息物理深度融合，创新钢铁流程优化和智能化运行工程应用，引领钢铁工业智能制造和绿色发展。

一、绿色化研发布局

以殷瑞钰院士为首的战略科学家，从 1998 年起就开始关注和研究气候变化与钢铁行业碳减排问题，并组建了钢铁工业低碳发展研究团队，是国内钢铁行业低碳发展领域研究起步最早、基础数据积累最全面、理论研究最深入的团队，已形成了体系化的钢铁行业碳减排理论成果和实践案例。

基于中国钢研在低碳发展、低碳技术领域的研究基础，低碳技术研究基地、低碳发展研究基地落户中国钢研，成为低碳技术组、低碳发展组组长单位，负责组织制订中国钢铁行业低碳发展技术路线图、中国钢铁工业低碳发展行动方案等具有行业引领性的文件。

在低碳及绿色发展咨询方面，中国钢研汇聚行业顶级战略科学家，在国家冶金、材料等行业发展战略制定过程中发挥了重要作用，奠定和夯实了中国钢研的行业智库地位。同时，受中国工程院与国资委委托，中国钢研获批中国产业基础能力战略研究院，未来将在低碳及绿色发展咨询方面发挥更大作用。

在低碳标准化建设及布局方面，中国钢研绿色化智能化中心牵头制订了粗钢、焦炭、铁合金等单位产品能耗限额国家标准。这些标准、规范的制订为推动中国钢铁工业的低碳发展提供了重要支撑。

（一）炼铁-炼钢界面"一罐到底"流程研发和应用

以冶金流程工程学理论为指导，中国钢研在研判钢铁制造流程发展趋势、研究钢铁制造流动态运行物理本质的基础上，提出了炼铁-炼钢界面"一罐到底"技术原型，优化了炼铁-炼钢界面"一罐到底"流程与功能，并成功应用于沙钢、首钢京唐、重钢等企业的生产实践，取得了显著的节能、降低碳效果。

（二）长型材直接轧制技术

中国钢研创新性自主研发出"长型材直接轧制技术"，满足了长型材生产节能减排、稳定产品质量的需求，于 2020 年获得冶金科学技术奖一等奖。近几年，中国钢研技术成果在多家企业得到推广应用，大幅度降低了长型材轧钢工序的吨钢能源消耗，典型生产线能耗降低了 30kgce/t，CO_2 减排约 80kg/t 钢，经济效益和社会效益显著，具有广阔的应用前景。

（三）生态城市钢厂与钢铁工业脱碳化——全废钢电炉流程集成优化与创新

中国钢研在注重流程工艺技术开发的同时，一直关注和注重流程结构调整及相关问题研究，在废钢资源利用、电炉流程发展等方面都形成了具有钢研特色的论断与观点，对于中国钢铁工业电炉流程发展、废钢资源利用具有重要的支撑作用。早在"双碳目标"之前，中国钢研就提出了有序发展电炉、生态城市钢厂与钢铁工业脱碳化等引领全废钢电炉流程集成优化与创新的研发方向。在电炉高效冶炼工艺及装备技术开发的基础上，中国钢研还提出了以"两链一流"系统为核心的城市钢厂概念和方案设想，努力构建以铸轧高温热连接为核心的"四个一"衔接匹配的流程结构，促进全废钢电炉流程动态有序高效运行，从本质上提高生产效率和竞争力。

（四）钢材性能提升与应用减量化技术

中国钢研在高品质生态钢材产品开发方面具有独特优势与重要的行业影响力，研发了世界唯一可以用于 650℃壁温的马氏体钢厚壁管 G115R，自主开发了钒氮微合金化技术，促进了钢筋等级提升，大幅减少了钢筋用量和资源能源消耗，具有显著的减量化应用的降碳效果。

二、智能化技术开发

21 世纪以来，智能化技术发展到以全面感知、实时分析、智慧决策、精准执行为特征的智能制造阶段，涌现出了跨工序集中管控和一体化运营等智能化系统。中国钢研根据国家钢铁工业高质量发展需求，特别是对智能化发展的迫切需求，在智能制造技术开发方面，布局了相关智能化技术。

（一）知识图谱

知识图谱是把复杂的知识通过数据挖掘、信息处理、知识计量和图形绘制等技术进行表征、存储和计算，实现知识推理、知识发现及基于知识的人机交互。

自动化院率先将知识图谱技术应用于钢铁领域，从 2015 年开始进行基于语义网络的冶金设备运维知识库开发，2020 年自主研发成功了钢研智云知识图谱工具平台，并在当年国家重点研发计划"钢铁工业网络化协同生产智能管控平台关键技术研究"课题中，首次将知识图谱技术运用于钢铁产品质量缺陷溯源方面的研究。

（二）钢铁数字孪生

数字孪生综合运用多种技术，实现物理空间与数字空间的实时双向同步映射及虚实交互。数字孪生起源于工业制造领域，因此，工业制造也是数字孪生的主要战场。

目前，在数字孪生技术领域仍以国外的设计平台为主导。中国钢研从 2020 年开始建立了钢铁数字孪生实验室，聚焦物料、工序、流程模型，以及数据与控制模型的研发。数字孪生实验室在人机交互技术、高保真孪生数据引擎、可组态虚拟调式集成开发平台上进行自主研发。2021年，中国钢研承担了工信部"产业技术基础公共服务平台——钢铁数字孪生标准试验验证平台"课题，以炼铁、转炉炼钢、精炼、热轧、冷轧和涂镀等生产线为基础搭建的数字孪生系统作为典型试验验证场景，开展了基于钢铁产品制造流程关键工序数字孪生系统测试方法、可靠性评价与结果分析等系统研究。课题组制定相关技术标准、健全现有标准体系，构建覆盖钢铁生产全流程的数字孪生系统标准试验验证平台，未来将实现钢铁数字孪生标准的试验验证，填补我国基于钢铁流程数字孪生系统的测试标准空白。

（三）机器视觉

钢铁机器视觉技术发展历程分为两个阶段：一是传统图像处理为主阶段（1990—2016年），二是传统图像处理与深度学习齐头并进阶段（2017年至今）。中国钢研在两个阶段中均发挥了重要的作用，20世纪90年代，自动化院开展了基于机器视觉的激光板形测量装置开发，并获得冶金科技进步奖一等奖。2009—2013年，自动化院以沙钢为背景，开展了轧制环节的卷板和平板喷码自动识别、板坯堆垛自动识别技术的研究。2014—2015年，自动化院开发了电渣铸锭渣液位在线检测系统，并用于河冶科技股份有限公司。2015—2016年，自动化院开发了锌渣机器视觉在线测量和机器人捞渣系统，并在马钢应用。在第二个阶段，主要成果包括国际上首台套铁包自动化热检系统，填补了钢铁行业空白，现正依托十四五课题攻关，研制国内首台套高温轮毂尺寸测量系统。

（四）工业机器人

中国钢研自动化院在21世纪初就开始了工业机器人的应用工作，并由金自天正陆续开发了码垛、搬运、焊接工作站等机器人系统，在东方雨虹、红牛、比亚迪等公司进行了示范应用。面对智能制造的方兴未艾，自动化院从2015年开始涉足冶金行业工业机器人系统的集成应用。依托钢铁制造流程优化国家工程实验室，自动化院建立了流程工业特种机器人系统集成平台，研制了视觉伺服热镀锌捞渣机器人、热轧带钢柔性激光打码机器人、套筒搬运与定位上卷机器人等，构成了冶金行业"钢、轧、涂、深加工"等特种机器人系列产品。自动化院开发的系列机器人提高了冶金行业智能化水平，在提高产品质量、降低生产成本、解放劳动力等方面取得了良好的效果，成为智能制造的重要组成部分。

三、建设绿色化智能化中心

2019年12月，中国钢研根据冶金行业发展趋势，成立了钢铁绿色化智能化技术中心（以下简称智能中心）。智能中心专注于冶金行业钢铁绿色化、智能化共性技术、关键技术的研发和流程技术的集成。正式职工中具有博士学历的人员占比近 60%，专业覆盖自动化及控制、计算机及信息化、钢铁冶金、仪表检测、能源材料等相关领域，是国内领先的钢铁绿色化智能化技术团队。

智能中心以"钢研智云"为核心开展基于工业互联网的协同研发，建设了"精益管控实验室、数字工艺实验室、数字孪生实验室、机器视觉实验室、大数据技术实验室、绿色化技术实验室、工业物联网实验室、工业软件实验室" 8 个线下实验室，构建了中国钢研绿色化智能化技术研发基地。

智能中心以大技术、大装备、大系统为工作重心，瞄准氢冶金/短流程绿色智能化新工艺、钢铁流程优化、钢铁生产全流程一体化生产调度、钢铁产品全生命周期质量管控、钢铁生产装置智能化成套技术、钢铁生产过程大型智能仪表等关键技术，以数字孪生、工业互联网技术为支撑，为钢铁企业提供智能制造共性技术组件、解决方案、技术支持及咨询服务。

四、智能化成果运用

（一）基于大数据的能源精细化管理与模型优化

中国钢研以数据平台软件为基础、以能量流网络信息描述模型为核心的大数据能源管理系统，解决了能源精细化管理、多介质预测及优化等问题，提高了钢铁企业能源流运行效率和企业效益。该成果于 2015 年底在江苏沙钢投运，为沙钢带来 2.1 亿元的直接经济效益，节约能源 11.32 万吨标准煤，使吨钢综合能耗下降 5.24kg 标煤，节能减排、降本增效效果十分显著。目前已在东北特钢、秦邮特钢、潍坊特钢、丰南钢铁推广。

（二）基于多智能体模型的炼钢智能调度关键技术

中国钢研针对炼钢生产智能调度技术瓶颈，阐明一体化制造计划排程机理，研制智能化的排程软件，实现作业计划实时编制和动态调度，支撑钢铁工业供应链与制造协同优化。技术研发效果显著：炼钢生产过程无效等待时间减少 10%，钢包周转率提高 5%，产量提高 5%，现场扰动预警及报警准确率达到 99%；行车、台车作业调度计算准确率 99%；生产计划及变动自动调整计划延时小于 2s，调度模型与生产实绩吻合度 100%。该成果已在国内沙钢、宝武集团韶钢、泰钢、唐钢、河冶科技等多家钢铁企业应用。

（三）基于物联网的钢铁企业固废循环利用综合管理技术

中国钢研依托国家科技支撑计划，以某大型钢铁企业高炉矿渣制粉工艺为主要研究对象，针对钢铁企业高温、高震动、强屏蔽等恶劣环境下物流信息获取和传输难度大等问题，基于 RFID、WSN 等物联网关键技术，通过开发的数据集中器、数据接入网关等物联网关键设备和动态跟踪管理系统，建立了固废循环利用采集和传输体系，从"泛在感知、可靠传输、智能处理"三个角度开发固废循环利用全方位监控和智能化管控的关键技术，形成了成套的管控系统并进行了示范应用。

（四）面向冶金流程行业工业机理模型库

中国钢研以冶金工业机理模型库建设为核心，开展机理模型库的开发、集成和工程化应用，将冶金行业领域的工业原理、技术、工艺、知识等进行数字化、软件化，封装为可重复使用、互操作和跨平台调用的组件。该模型库已在 10 个第三方工业互联网平台实现了模型集成部署和服务调用，同时在 31 家冶金企业获得了推广应用，夯实了我国冶金工业机理模型和应用软件的开发基础，创造了基于工业互联网平台的冶金工业机理模型开发和部署新业态，实现经济效益达 2.8 亿元。

（五）大棒智能制造

中国钢研金自天正承担的石钢大棒智能制造系统项目是包括传动、基础自动化和过程自动化三部分的大型智能制造系统电气综合项目，也是石钢打造智能化工厂的落地项目。该项目涉及的系统非常复杂，对自动化和智能化有着更高的要求，技术水平直接对标国外一流公司。石钢智能大棒项目自主开发了设备状态智能诊断系统、智能飞剪系统、一键锯切、智能库管系统、智能识别系统等一系列智能制造解决方案。其中，智能飞剪系统投用后使剪切的精准度有了明显提高，降低了堆钢故障率，提高了成材率；一键锯切系统填补了国内控制空白，引领了国内智能大棒控制技术的发展。

（六）全流程优化和智能化运行

中国钢研发挥多专业协同独特优势，从全流程高效稳定顺行和提高产品质量稳定性视角，围绕全流程跨工序协同，以物质、能量、时间、空间、信息"五维"动态甘特图为核心，以产线跨工序连续紧凑、动态有序运行为目标构建全流程优化和智能化系统。该系统通过流程解析和集成优化，横向贯通炼铁—炼钢—连铸—热轧工序；通过流程仿真、一体化动态调度提升智能化水平，纵向协同计划、调度、生产层级；通过物质流、能量流、信息流协同优化，构建信息物理融合系统。该系统应用于河钢唐钢、山东泰钢等企业，打造流程优化和智能化运行示范工程。

第五章　分析测试　协同共享

中国钢研不仅是金属材料技术策源地，还是分析测试领域的国家队。70年来，中国钢研承担了大量新材料研制任务，凭借雄厚的人才储备和领先的技术实力，已经成为我国冶金分析检测技术的权威机构，为社会各个行业提供高质量的第三方测试评价服务和全面系统的分析测试解决方案。

第一节　发展历程

一、冶金分析检测技术开创者

1952年，重工业部钢铁工业试验所成立，建立了分析室，成为我国金属材料分析测试技术的开创者。这就是中国钢研分析测试板块的前身，在创建之初就承担了为国家钢铁工业建设提供科研测试条件的使命。

伴随着国家钢铁材料检测技术需求的快速扩大，1952—1985年，钢研总院化学分析室、金属物理室、力学室、无损检测室相继成立，国家钢铁材料测试中心、国家钢铁产品质量监督检验中心、国家冶金工业钢材无损检测中心先后获批设立。中国钢研致力于金属材料化学成分、相分析、物理性能、金相检验、无损检测、力学测试等各项检测分析，形成了材料分析测试领域的专业格局。

1997年，为了深入贯彻国务院关于"九五"期间深化改革决定，落实全国科研条件工作会议精神，提高科研水平和竞争能力，钢研总院将化学分析研究室、力学性能试验研究室、无损检测研究室、金属物理研究室、计量检定业务合并整合，组建了分析测试研究所，形成了一个完整的分析测试体系。经过多年努力，一批具有自主知识产权的测试技术科研成果逐步转化为生产力，在加强产业化方面取得了显著的成绩。同时，红外定氧分析仪，钢液定氢分析仪、涡流探伤仪、金相图像仪等一批分析仪器装备陆续研制成功，填补了国内空白。

二、产业化之路

2001年北京纳克分析仪器有限公司成立，中国钢研测试板块走上了集科研开发、检测服务、仪器生产等于一体的专业化、市场化、规模化的发展道路。2002 年北京中实国金国际实验室能力验证研究有限公司成立，主要开展实验室能力验证业务。

为了发挥综合优势，整合内部资源，推进市场化进程，2010 年中国钢研决定将测试资源进一步全面整合，先后将质检中心、试样加工部、青岛海洋腐蚀研究所业务并入分析测试研究所运行，提出了分析测试业务"立足钢研，服务钢研，走出钢研"的战略方针。

钢研纳克坚持战略引领，聚焦核心主业，抓住发展机遇，持续推动产业布局，打造核心竞争能力。国内以北京为中心，分步建设上海、青岛、成都、昆山等产业基地，覆盖华北、华东、西南等重点区域市场，形成了定位清晰、各具特色、协同互补的全国产业布局。2008 年纳克公司上海分公司成立，2011 年青岛钢研纳克检测防护技术有限公司成立。2012 年，收购了北京安泰钢研压力容器检测技术有限公司。同年北京纳克分析仪器有限公司更名为钢研纳克检测技术有限公司（简称钢研纳克），中国钢研的全部测试领域业务纳入钢研纳克公司运行。2017 年钢研纳克成都检测认证有限公司成立，2018 年钢研纳克江苏检测技术研究院有限公司成立。2013 年钢研纳克检测技术有限公司（德国）成立，依托德国子公司平台，开展海外能力建设，逐步渗透国际市场，形成国内产业带动，国际业务稳步发展的国际化发展格局。

2017 年 12 月，钢研纳克召开股份公司创立大会暨第一次股东大会，完成股份制改造，为未来把握市场机遇，充分利用资本市场，有效拓展融资渠道，实现跨越式发展奠定了良好的基础。

2019 年 11 月 1 日，钢研纳克在深交所创业板成功挂牌上市，成为中国钢研的第 4 家上市公司。

70 年来，钢研纳克已经成为我国金属材料分析测试先进技术的研究基地、金属材料分析测试权威仲裁机构、国内分析仪器和检测装备研发和制造的领军者。钢研纳克的业务涵盖了第三方检测、分析仪器装备制造、计量校准、标准物质、无损检测、能力验证、腐蚀防护、检测认证等，经过不断整合发展，已形成包括技术研发能力、品牌、质量、客户资源、高效管理等在内的一系列核心竞争优势，业务也从北京扩展到上海、江苏、四川、山东乃至欧洲等地，逐步实现多点布局，快速发展。

第二节 分析测试硕果累累

中国钢研分析测试领域与中国的钢铁工业共同成长，建立起了系统综合的分析测试体系，覆盖了各种材料的化学成分、物理性能、微观结构、力学性能、无损检测等项目的检测和研究，解决了很多重大的工程实际问题，在复杂体系痕量分析、金属原位分析、冶金在线分析、状态分析、微观分析、力学性能分析、无损检测分析等领域的研究处于国际先进水平。

伴随着分析测试技术和方法的发展，中国钢研分析仪器的研发工作也陆续取得突破，以金属原位分析仪、金相图像仪、脉冲红外定氧仪、焊缝扩散氢测定仪、涡流探伤仪、力学引伸计以及标准物质等为代表的一批具有自主知识产权的科研成果逐步转化为产品，"纳克"商标的注册标志着中国钢研的分析仪器研发业务走上了产业化道路。钢研纳克也已成为分析仪器行业的排头兵。

一、分析检测

材料成分及性能分析测试，是材料研究的重要手段。钢研纳克致力于"复杂基体中化学成分表征技术"的研发、应用和标准化推广，涵盖了12个专业方向相关复杂基体化学成分的国际先进分析测试表征技术。在冶金行业深耕30余年的ICP-OES和ICP-MS应用技术，大量替代了传统的滴定、容量、比色等冗长繁琐、二次污染高的方法，不仅极大提升了分析测试能力，更有力支撑了国产仪器产业的发展，奠定了钢研纳克在复杂基体中化学成分表征分析技术领域的领先优势。

2002年"高温合金痕量元素分析体系"获得国家科学技术进步奖二等奖，2020年"冶金材料成分定量检测与分布表征的ICP分析仪器开发与推广应用"获得中国金属学会冶金科学技术奖一等奖。钢研纳克在复杂基体中化学成分表征方面牵头制定了5项ISO国际标准；负责制修订国家标准55项、国军标8项、行业及团体标准8项；制订本行业前沿性分析技术的NACIS企业标准93项；编撰《中国金属学会推荐技术和方法——冶金分析丛书》，覆盖了近20年冶金与材料测试技术中复杂基体化学成分表征相关方向最新的方法成果，奠定了中国钢研在该领域的技术领先地位。钢研纳克在支撑航空航天用关键材料、海军舰船用关键材料、高铁车轮用关键材料、核电领域用关键材料等国家战略的实施方面起到了坚实保障作用，促进了国家金属新材料行业新产品的开发、新工艺的研发、新装备的试制，打造出了具备国际一流水平的金属材料成分检测的公共服务与研发平台，有力提升了中国钢研分析测试板块的品牌影响力和市场竞争力。

钢研纳克是力学领域国家标准的主要起草和修订单位，承接了大量综合类材料性能评估工作，在大飞机和航空发动机用金属材料综合力学性能表征、核电材料特别是核一级材料的综合评价、性能检测等方面达到了国际先进水平。近20年来，钢研纳克积极拓宽业务范围，承担了巴基斯坦恰希玛二期辐照监督管测温合金、中子通量片和通量盒的研制、核电国产化材料等效性论证、C919飞机首飞用国产结构钢性能测试与评价、动车组轮对自主创新等60余项工程项目和国家课题。钢研纳克检测业务为我国钢铁材料、功能材料、高温合金等重要材料攻关提供了重要的性能参数数据。

钢研纳克在军工船舶、核电风电、航空航天、高速铁路等重大工程领域，积累了丰富的实践经验，承担了某坦克履带板开裂原因分析、某艇的发电系统零件断裂原因失效分析、某核电站核电装载核燃料棒的压力容器损伤原因失效分析等重点项目，有力保障了军事装备的可靠性和国防安全，对避免重大事故发生、挽回国民经济损失、保障人员生命安全、消除恶劣事件的社会影响起到了重要作用。

二、分析仪器

中国钢研是我国金属材料成分分析检测仪器开发的领跑者，钢研纳克研制出火花直读光谱仪、X 射线荧光光谱仪、气体元素分析仪、ICP 光谱仪、ICP 质谱仪、材料试验机及无损探伤设备等一系列具有自主知识产权的分析仪器和大型科学仪器设备，部分仪器填补了国内空白乃至成为世界首创，取得了很好的市场口碑和市场占有率。1978 年，"全金属系统真空熔融气相色谱仪" 和 "KCS-405 脉冲库仑高氧分析仪" 获得全国科学大会奖；2008 年，世界首创 "OPA-100 型金属原位分析仪" 重大科学仪器技术成果获国家技术发明奖二等奖，开启了火花光谱技术测定材料成分从单点到区域分析新纪元。此外，"红外氧夹杂物分析系统研制""脉冲熔融-飞行时间质谱仪""冶金材料成分定量检测与分布表征的 ICP 分析仪器开发与推广应用""稀土材料多元素成分高精度检测仪器的研制与应用" 等多个项目陆续获得省部级重要奖项。2020 年，"NX-100 粮食重金属快检仪" 作为质检领域改革开放重要成果，被国家博物馆永久收藏。

钢研纳克自主研发生产的分析检测仪器可用于检出、测量、观察、计算、监测、分析各种物理量、物质成分、物性参数等，在各个行业中被广泛应用，有效提高了各行各业的工作效率和质量，为各生产工艺流程或研发实验提供了基础数据，为实现行业的自动化、智能化提供了强有力的支撑。

三、标准物质

钢研纳克是工信部批准的冶金和有色金属标准样品定点研制单位，也是国内冶金类标准物质/标准样品最大的研制和销售企业之一，在国内外拥有很好的声誉。钢研纳克自成立以来，研制了纯铁、铸铁、碳钢、中低合金钢、不锈钢、精密合金、高温合金及高温合金痕量元素、矿石、铁合金、煤炭、食品、土壤、生物成分分析等检测用国家级和行业级标准物质/标准样品共 1500 多种，广泛应用于国内外有色、黑色金属、冶金原辅料、地质矿产、建材、化工产品、煤炭、食品、环境保护等众多领域。

钢研纳克自 1952 年参与研制我国第一套标准物质/标准样品以来，开创了我国标准物质/标准样品研制的先河，在冶金标准物质/标准样品的研制中创造了多个"第一"，引领了冶金标准物质/标准样品研制的发展。1981年，钢研纳克向美国出口钢铁标准物质，成为国内首家以商品形式出口标准物质/标准样品的单位；20世纪90年代，首次研制出标准溶液，开创了我国溶液类标准物质/标准样品研制先河；2002年，研制的系列高温合金痕量元素成分分析国家一级标准物质荣获国家科学技术进步奖二等奖；2006年，研制的含铜钼铌氮不锈钢光谱分析和化学分析系列标准样品荣获中国标准创新贡献奖二等奖；2014年，成功研制的金属夏比冲击V型缺口标准样品为国内首创；2019年，成功研制出无取向硅钢和取向硅钢光谱分析标准物质，促进了我国特殊钢制造水平的进步。这些标准物质/标准样品的研制，解决了当时材料领域检测过程中量值溯源和量值准确性的需求，有力地支撑了材料发展。

四、无损检测

钢研纳克无损检测起步于20世纪50年代末，工作开展初期，主要承担国家重点材料的质量仲裁任务，随后逐步拓展业务领域，涉及压力容器、市政建设、建筑工程等重大工程性探伤检验项目。

目前，钢研纳克无损检测主要业务为四大板块：自动化无损检测仪器和设备制造、无损仪器校准、无损检测和无损培训。无损检测实验室拥有先进的工业CT、数字DR、420kV射线机、超声波显微镜、C扫描/大棒C扫描、相控阵超声仪、固定式磁粉探伤机、荧光渗透检测线等一系列先进设备和仪器，研制的钢管超声/涡流联合探伤设备、大口径钢管超声旋转头、棒材/板材相控阵超声检测系统等自动化无损检测设备已有500余套应用于工业现场。

2019年，钢研纳克无损检测业务通过了挪威船级社DNV-GL认证；2020年，通过了国际宇航Nadcap认证。目前，无损检测RT、UT、MT、PT常规4项无损检测均纳入Nadcap认证，是国内少有的拥有四项认证的第三方无损检测室。钢研纳克无损检测团队研发的探伤仪器和自动化探伤设备、"行驶中的火车车轮自动检测方法""大直径厚壁钢管超声/涡流复合探伤方法和设备"等多项成果曾获中国分析测试协会CAIA奖一等奖和冶金科学技术奖二等奖，多项自主研发的仪器装备填补了国内空白并实现产业应用。无损校准业务通过持续能力扩充，已覆盖了超声、射线、磁粉、涡流和漏磁等各类仪器校准和评价，成为国内无损单项资质最全的机构。

五、计量校准

钢研纳克紧密配合金属材料性能试验技术与标准方法开展工作，在量值传递、计量测试技术研究与开发、计量测试方法研究与标准制订、贯彻计量法与计量监督、仲裁和培训工作等方面积累了雄厚的技术实力。自20世纪70年代以来，钢研纳克主持或参与了20余项国家检定规程或标准、行业团体标准的制修订工作，获中国和美国授权发明专利10余项。钢研纳克作为国家先进钢铁材料产业计量测试中心筹建单位，主要研究符合流程性钢铁工业特点的量值传递技术和关键参数测试技术，补齐计量测试短板、夯实产业基础，引领先进钢铁材料计量测试方向，建成"全产业链、全寿命周期、全溯源链、具有前瞻性"的先进钢铁材料产业计量测试体系，提供力学、化学、热工、几何量、电磁等领域的计量校准服务。"轴向加载疲劳试验机动态力校准""电子引伸计的研制与校准""材料试验机同轴度测量仪的研制""冲击标准试样的研制"均属国内首创，并多次获得省部级二、三等奖和科技进步奖。中国钢研主持的"万能试验机计算机数据采集系统评定校准规范"工作，填补了国内试验机综合评定的空白。

六、腐蚀防护

中国钢研青岛纳克与海腐所拥有青岛海水大气环境和格尔木盐湖水环境两个材料腐蚀国家野外科学观测研究站，是我国水环境腐蚀试验站网组长单位。钢研总院舟山海腐所拥有舟山海水环境材料腐蚀国家野外科学观测研究站。

自1975年开展海洋腐蚀用钢试验以来，青岛纳克与海腐所先后完成了国家自然科学基金委"六五"至"十一五"科研重大项目"材料海水腐蚀数据积累及规律性研究"、国家科技部科技基础工作专项资金项目"材料（制品）环境腐蚀试验站网及数据库"子课题、国家科技基础条件平台建设项目"国家材料环境腐蚀试验站网建设"子课题及冶金部重点项目"我国海洋用钢统一评定"等50余项课题，研究了碳钢、低合金钢、不锈钢、铜、铝、锌等材料海洋腐蚀规律，建立了材料海洋环境腐蚀数据库，成为我国重要的材料环境腐蚀试验研究基地。研究成果获得国家及省部级奖10余项，其中，2015年"材料海洋环境腐蚀数据积累、规律和共享服务"获山东省科技进步奖一等奖，2016年"材料海洋环境腐蚀评价与防护技术体系创新及重大工程应用"获国家科技进步奖二等奖。

2000年以来，青岛纳克与海腐所开始服务国防建设，是国内海军材料装备腐蚀与防护研究的重要支持单位。拥有"国家钢铁材料测试中心青岛实验室""海军舰船材料检测中心腐蚀实验室（钢研总院）""油轮耐蚀钢CCS认可实验室"等，通过了CNAS实验室认可，取得了CMA等资质证书，建设了"舰船海水淡化系统实验室""钛合金管路系统陆上综合试验台架""铜合金管路系统陆上综合试验台架"等，相关研究成果获2018年军队科技进步奖一等奖。

20世纪80年代后期，青岛海腐所开始走向市场，从事防腐蚀成果的推广应用工作，目前承接海腐所业务的青岛纳克已形成以腐蚀检测评估、阴极保护产品开发应用和腐蚀工程技术服务为核心的业务领域，业务范围涵盖石油化工、海洋工程、管线管网、电厂电网等多个行业，整体实力处于国内同行业领先地位。

自 1985 年成立以来，舟山海腐所一直从事材料在海洋环境中的腐蚀与防护试验研究，在持续积累环境腐蚀数据的同时，开展相关基础性研究工作。舟山海腐所先后承担了国家自然科学基金"七五"至"十五"重大项目和国家科技攻关项目等课题的子课题任务，拥有大气曝晒场、实海腐蚀试验平台和冲刷腐蚀试验装置等试验设施和相关检测设备，可进行各种材料在海洋环境中的腐蚀试验。

七、能力验证

钢研纳克全资子公司北京中实国金国际实验室能力验证研究有限公司（简称中实国金）于 2004 年通过中国合格评定国家认可委员会（简称 CNAS）认可，成为国内首家第三方独立法人机构的能力验证提供者。目前，钢研纳克提供的能力验证技术服务在国际上覆盖范围最广、项目数量最多，业务涉及金属、矿石矿物、石油化工产品、建工建材、环境分析、水质分析、食品药品、高分子材料及材料物理机械性能等 18 个领域、800 多个参数共计 700 余项。中实国金是 CNAS 能力验证专委会秘书处所在地、中国能力验证联盟（CUPT）的发起者和理事长单位、国内唯一 Nadcap 承认的能力验证提供方、国际实验室认可合作组织 ILAC 能力验证工作组成员单位、亚太认可合作组织 APAC 能力验证数据库管理者。

多年来，中实国金持续为国家市场监督管理总局、认监委、各省市的市场监管局等政府部门和各行业组织提供定制能力验证服务，承担省部级项目 30 余项，为实验室资质认定、实验室认可的现场评审提供了重要的依据和补充，为国家及行业重点领域的高水平发展提供了技术支撑。

国际方面，中实国金的能力验证项目已为全球近 80 个国家和地区提供了能力验证等相关服务，打破了技术性贸易壁垒，提升了实验室的市场竞争力和公信力，奠定了坚实的技术基础。钢研纳克积极与亚太实验室认可合作组织（APLAC）、阿拉伯国家合作委员会标准化组织（GSO）等国际组织联合开展国际范围的能力验证合作，为国际范围内的检验检测机构、政府监管机构和国际组织提供高水平、高质量的能力验证技术服务。中实国金致力于加强双边、多边能力验证交流，巩固国际互认的技术基础，推进国际标准化建设工作，促进检验检测行业整体水平的提升。

八、检验认证

钢研纳克子公司北京钢研检验认证有限公司是 CSTM 联盟和国家新材料测试评价平台（钢铁行业中心）授权的认证评价机构，国家认证认可监督管理委员会（CNCA）

批准自愿性产品认证机构。检验认证资质包括：ISO/IEC 17025 合格评定实验室能力认可资质、ISO/IEC 17020 检查机构能力认可资质、ISO/IEC 17065 产品认证机构能力认可资质、注册设备监理单位资质、特种设备（压力管道元件）鉴定评审机构资质，特种设备（压力管道元件）型式试验机构资质等国家权威资质，还取得中石化、国家管网和东方新希望等合格供应商资质。

北京钢研检验认证有限公司为客户提供工厂审核、抽样服务、型式试验、现场检验、物流仓库检验（验货服务）、设备监理、在役检验和其他定制式检验等一站式专业检验、审核和认证服务。认证服务对象覆盖钢铁企业、科研院所、石油石化、政府部门以及铸造行业等，包括中石油、中石化等国家大型重点能源企业、中国宝武、天津钢管等大型钢铁企业，以及中国特种设备检测研究院等研究院所，产品覆盖金属材料、金属制品、压力容器、管道部件、设备和工程等领域。

第三节　分析测试贡献强国之路

从中国高铁到新能源汽车，从机械电力到食品安全，中国钢研承担了大量国家重大项目和测试攻坚任务。

一、促进高铁轮轴国产化进程

2012 年 7 月 23 日，甬温线发生特别重大铁路交通事故。原铁道部先后组织了"CRH5 型动车组车轮的产品质量符合性检测评价"项目和"高速铁路钢轨质量及无缝线路安全评估"项目，由中国钢研牵头组织实施。中国钢研协同合作单位圆满完成项目任务，为中国高速铁路运行的安全性提供了技术判断。

为推动高铁的关键部件——车轮车轴的国产化进程，2018 年根据中国工程院重大咨询项目《高速列车车轮车轴产品产业化战略研究》委托，钢研纳克承担了"高速列车车轮车轴产品产业化质量评价"的相关工作，联合我国高速列车车轮车轴产品全产业链的产、学、研、用、检、认各方，共同开展研究工作。在项目实施过程中，钢研纳克系统发挥 NQI 要素一体化协同作用，以"专业评价为导引，系列标准为基础，全域数据为依托"为指导思想，对我国高速列车车轮车轴产品实施覆盖全产业链、全流程、全生命周期、全域的质量评价。以质量评价为导引，钢研纳克系统梳理形成了包含高速列车轮轴产品相关标准、与产品指标对应的试样方法标准等支撑高速列车轮轴产品全产业链和全生命周期质量评价的标准体系。钢研纳克将自主研发的米级大尺度构件成分及夹杂物检测仪器应用于高速列车车轮产品的质量评价，在构件级尺寸对比分析了国内外车轮的成分偏析度，夹杂物的组成、分布等信息。

钢研纳克通过建立完整的标准体系和运用创新的表征方法，对我国高速列车轮轴产品设计合理性、质量符合性、工艺稳定性和服役适用性进行了完整、系统和客观的评价，提供了有效的数据支撑，促进了高铁轮轴的国产化进程。

二、金属材料分析测试仲裁机构

2018年12月，北京某大学实验室发生爆炸。钢研纳克迅速组建队伍，积极配合事故调查组的工作。通过现场勘验、检测鉴定、调查取证、模拟实验，并与化工、爆炸、刑侦、火灾调查有关领域专家，共同进行深入分析和反复论证，项目组鉴定结果为：爆炸现场提取物表面附着的金属为镁，微观组织呈现熔融后凝固形成的枝晶形态；表面成分除主要为镁的氧化物外，还有碳、钙和其他少量杂质元素。盖板和其他硬物接触发生较剧烈的磨损，部分金属损失形成沟槽，沟槽底部形成形变层，反应器发生爆炸后，在高温作用下，该形变层发生再结晶，形成细晶区。现场提取粉末样品的成分主要为铁的氧化物，还混有一些钙的氧化物或碳酸盐。

事故调查组根据钢研纳克失效分析中心的鉴定结论，对爆炸点火源进行了进一步的推断分析，认为料斗内转轴盖片通过螺栓与转轴固定，搅拌机转轴旋转时，转轴盖片随转轴同步旋转，并与固定的转轴护筒（以上均为铁质材料）接触发生较剧烈摩擦。运转一定时间后，转轴盖片上形成较深沟槽，沟槽形成的间隙可使转轴盖片与转轴护筒之间发生碰撞，摩擦与碰撞产生的火花引发搅拌机内氢气发生爆炸。

在团队的齐心协作下，事故调查组查明了事故发生的经过和原因，认定了事故性质和责任，并提出了对有关责任人员和单位的处理建议及事故防范和整改措施，消除了公共对爆炸事故的疑虑和恐慌，赢得了社会的好评。

类似涉及公共重大安全的失效分析案例还有：北京地铁电梯螺栓断裂致人伤亡事故失效分析、山东省建筑塔吊倒塌事故失效分析、青岛某体育馆塌陷原因分析、河南省大客车后轮飞出事故失效分析等。这些重大事件失效分析项目的完成，对避免重大事故的再发生、挽回国民经济损失、保障人员生命安全起到了重要作用。

三、"镉大米"——钢研纳克X射线荧光产业的跨越

2013年2月27日，《湖南万吨镉超标大米流向广东餐桌》的调查报道受到了人民群众的高度关注。为消除"镉大米"给人民带来的恐慌情绪，确保大米粮食安全，主管部门提出了对稻谷镉元素含量限值 0.2mg/kg 的检测要求。当时普遍采用的原子吸收、原子荧光、ICP、ICP-MS、阳极溶出电化学等检测方法，需要经过复杂的前处理步骤，消解成液态样品才能测量，在易用性、快捷性等方面无法满足快检筛查的需求，且对操作人员的素质要求较高，无法保证测试结果的准确性、一致性。

钢研纳克研发团队全力攻坚，依托自身在检测设备、分析方法、标准制定、标物制备等领域的深厚积淀，选定了 X 射线荧光法为实现路径。从搭建实验平台开始，不断优化设计，反复实验挑战器件性能，第一代 NX-100F 型食品重金属检测仪于 2013 年 11 月问世。

2014 年 2 月，国家粮食局组织了"粮食中镉含量检测方法国家标准适用性验证"工作，NX-100F 型食品重金属检测仪是参加并通过验证的唯一一台也是首台 X 射线荧光光谱原理的检测仪器。通过全国 10 多位粮油检测专家的实际测试，该仪器对稻谷中镉元素的检出限可达 0.038mg/kg，测试准确快速、操作简便、无需制样、仪器零耗材、对操作人员素质几乎无要求，得到了专家的一致好评。

在获得国家粮食局的认可之后，钢研纳克研发团队携带仪器深入田间地头，到最广大的基层粮库中去检验、完善自己的产品。在湖南、湖北、浙江、江西、辽宁、云南、四川，以及中国农业科学研究院都进行了不同形式的验证工作。经过不懈努力，团体标准 CAIA/SH001—2015《稻米 镉的测定 X 射线荧光光谱法》、行业标准 LS/T 6115—2016《粮油检验 稻谷中镉含量快速测定 X 射线荧光光谱法》相继推出并实施，X 荧光型粮食重金属快检仪器和方法逐渐为行业认可并接受。

为配合食品重金属快速检测仪的开发，解决仪器内置工作曲线急需食品中重金属标准物质的迫切需求，依据国内大米镉（Cd）污染现状，钢研纳克研发团队深入污染区，采购到污染稻谷，经清理、脱壳、烘干、粉碎、过筛、混匀、包装、辐照灭活等工艺制备候选物；经均匀性研究、稳定性研究、检测方法研究、多家实验室协作定值研究，严格按照 ISO 导则 35 进行数据统计汇总计算得出标准值和扩展不确定度；经全国标准物质管理委员会鉴定，获批国家标准物质编号 GBW（E）100348~100362。

钢研纳克研制的 15 种大米粉成分分析标准物质以 GB 2762—2012《食品安全国家标准 食品中污染物限量》为依据，确定了镉、铅、汞、铬、总砷、无机砷共 6 个元素的标准值，并首次确定了无机砷标准值，填补了国内空白，为粮食重金属有害成分的快速筛查提供依据，有利于该标准物质在质量控制、仪器校准、方法确认、人员考核中的应用，为我国食品重金属检测仪器的准确性提供了可靠保障。钢研纳克被授予全国粮油优秀科技创新型企业称号。

钢研纳克从标准体系、标准物质和产业化多个维度做实和巩固行业发展规划。X 射线荧光光谱分析从稻谷中"镉"单个重金属检测开始至今，已形成手持、便携式、台式、落地式系列产品和系统集成；开发出基于 X 射线荧光光谱原理的多元素分析方法和研制出系列粮食重金属标准物质。

钢研纳克 X 射线荧光产业实现了由"点"到"面"再到"体"的跨越，已成为国家农林、采掘业、制造业中诸多细分行业里的重金属检测利器。2020 年，钢研纳克 NX-100 型粮食重金属快检仪已被国家博物馆永久收藏。

四、中美材料试验标准的对标研究

为促进航空选材及材料研发工作，探究我国材料试验标准与 ASTM（美国材料与试验协会）标准之间的异同，钢研纳克中实国金作为中国能力验证行业的引领者和研究机构，专项开展了国家标准与 ASTM 的材料试验标准对标战略性研究工作。

项目组在对标研究工作中坚持科学和严谨的态度，以不同牌号金属材料为试验样本，对标室温拉伸试验、冲击试验、硬度试验等标准，覆盖主要性能参数，以不同规格试样为具体检测对象。通过在全国范围内组织相关检测机构按照科学设计的比对规则，项目组实施中美材料试验标准对比，从试样加工、试验过程、试验数据等角度分析比较各参数结果，以多维度视角证实了中美标准试验结果的一致性，同时对标准技术规定的差异给出了详细的比较分析。

航空材料中美试验标准的对标研究结果，将为民航材料研发及试验机构提供采用国标（GB）的数据支撑，为标准替代、标准互认采信和发展自主试验标准体系提供技术依据，提升我国金属材料产品的国际竞争力和认可度。中国钢研将持续以能力验证技术手段为依托，以服务国家重大需求为己任，为建设质量强国和技术强国的目标而奋发作为。

第六章　研发平台　聚合创新

　　70 年来，中国钢研围绕国民经济和国防军工建设，围绕行业基础前沿、关键共性技术研发需求，组建精干队伍，聚合研发力量，合理配置资源，积极开展各类研发平台建设，充分发挥综合优势，把国家、行业与自身发展有机协调起来，努力构建行业引领能力。目前，中国钢研拥有 25 个国家级平台、24 个地方级平台、8 个牵头组织的产业技术创新联盟（见本章附表）。

第一节　发展历程

　　回顾中国钢研研发平台的发展历程，从初创期到改革期，再到新时代发展期，70 年来，中国钢研在相关领域搭建了一系列研发平台。

　　1984 年，国家钢铁材料测试中心获得原国家科学技术委员会认定，1989 年底，通过了国家技术监督局的审查和实地考核，拉开了中国钢研国家级创新研发平台建设的序幕。国家钢铁材料测试中心是我国金属材料第三方检测服务的权威单位，承担了国家在该领域关键复杂的分析、仲裁与判定等工作。

　　1988 年，国家冶金工业钢材无损检测中心由原冶金部批准成立，承担了钢材无损检测及无损检测设备和方法的测试考核认可、质量异议的仲裁检验、无损检测方法的研究、标准制修订以及人员培训等工作。

　　1992 年，国家钢铁产品质量监督检验中心（2021 年更名为国家钢铁产品质量检验检测中心）由原国家技术监督局批准成立，承担了授权范围钢铁产品强制性检验、监督抽查检验、新产品鉴定检验和质量仲裁检定检验等工作。

　　1992 年，国家冶金精细品种工业性试验基地由国家计委批准成立，是冶金部主建、钢研总院承建的第一家冶金精细品种试验基地。

　　1994 年，国家计委及冶金部决定以钢研总院为依托，组建连铸技术国家工程研究中心，以期推动我国连铸机国产化和高效连铸的发展。

　　1995 年，国家冶金自动化工程技术研究中心由国家科学技术委员会批准成立，中心定位将冶金自动化的科研成果转化为生产力，将自动化的新技术、新产品、新控制理论和方法等应用到冶金行业的新建项目或改造项目中。

1996年，国家非晶微晶合金工程技术研究中心由原国家科学技术委员会批准成立。中心致力于推动我国非晶及微晶合金材料的系统化、工程化、配套化和产业化。

2002年，中瑞（典）新材料合作交流中心由科技部批准成立。中心由中国钢研与瑞典查尔莫斯理工大学共同建立，旨在推动中瑞两国间新材料领域的交流合作，促进成果转化应用，培育新材料领域高层次人才。

2004年，先进钢铁材料技术国家工程研究中心由国家发改委批建成立。中心旨在推动我国钢铁工业走向可持续发展的新型工业化道路，成为先进钢铁材料技术工程、产业化的研发平台及先进钢铁材料技术人才培训的基地。

2005年，先进钢铁流程及材料国家重点实验室由科技部批准组建，是科技部批准转制院所第一批两家试点国家重点实验室之一，实现了我国工业类科研院所国家重点实验室"零"的突破。

2006年，安泰科技股份有限公司技术中心被国家发改委等五部委联合授予"国家认定企业技术中心"。

2007年，中国钢研国际科技合作基地由科技部批准成立。中心旨在与瑞典、俄罗斯、乌克兰、巴西等国良好合作的基础上，进一步完善集团公司国际科技合作体系，提升国际科技合作水平。

2008年，混合流程工业自动化系统及装备技术国家重点实验室由科技部批准组建，是国内首批科技部批建及认定，由国务院国资委主管的企业国家重点实验室。

2008年，钢铁制造流程优化国家工程实验室由国家发改委批建成立，致力于开发钢铁生产全流程物流平衡和优化、全流程排放物分析和减排等关键技术和工艺装备，为提高钢铁生产资源利用效率和降低污染排放提供技术支撑。

2008年，先进金属材料涂镀国家工程实验室由国家发改委批建成立，旨在开展涂镀新品种、长寿涂层、功能化涂镀、高效环保涂镀以及连续真空气相沉积等关键技术研发，进行先进涂镀生产工艺及核心装备研制、系统集成。

2009年，国家技术转移中心由科技部认定为第二批国家技术转移示范机构。

2009年，国家海外高层次人才创新创业基地由中组部认定为第二批国家海外高层次人才创新创业基地。

2015年，先进金属磁性材料及制备技术国家地方联合工程实验室由国家发改委批复成立。实验室旨在构建金属磁性材料的应用基础研究和工程化、产业化研究相结合的技术平台，解决制约金属磁性材料产业发展的重大科技问题和关键技术。

2016年，金属新材料检测与表征装备国家地方联合工程实验室由国家发改委批复成立。实验室围绕钢铁流程生产与质量监控、能耗监测及能源管控及环境污染物排放监测等方面，开展钢铁流程精细化生产组织生产技术、设备开发及工程化研究，促进流程生产过程中质量、能耗、环境的三位一体协同发展。

2016 年，先进金属材料国际科技合作基地由科技部批复成立，基地与多个国家和地区开展具有战略性和前瞻性的国际合作与交流，通过"项目-人才-基地"相结合的国际科技合作模式。

2017 年，钢研大慧双创示范基地由国家发改委批复成立，基地以政策牵引带动，加强协同共享，整合创新创业优势，激发创新创业动能，取得创新创业成果，营造行业用户生态圈和基础资源共享平台。

2017 年，国家新材料测试评价平台钢铁行业中心由工信部批准建设，2021 年通过工信部验收。中心旨在建成"技术先进、检测专业、评价权威、服务完善"的第三方钢铁行业测试评价平台。

2021 年，智能制造行业标准试验验证公共服务平台由工信部批准建设，旨在基于工业互联网技术，搭建钢铁智能制造标准试验验证公共服务平台，形成资源分享、任务协同的服务体系和综合能力，提供覆盖标准制定、标准验证、性能测试、技术验证、标准应用推广、咨询培训、知识产权服务、成果转化等"一站式"公共服务。

2021 年，国家先进钢铁材料产业计量测试中心由国家市场监管总局批准建设。中心旨在开展符合流程性钢铁工业特点的量值传递技术和关键参数测试技术研究，建成"全产业链、全寿命周期、全溯源链、具有前瞻性"的先进钢铁材料产业计量测试体系。

2021 年，中国产业基础能力发展战略研究院由中国工程院批准建设。研究院以服务党和国家科学决策为宗旨，以战略研究为核心，就推动我国产业基础能力发展的重大战略、重大工程科技问题、重大产业政策等开展战略性咨询研究。

第二节　部分国家级平台

从材料、工艺到自动控制、测试评价，从合作基地到服务平台，从国家重点实验室到战略研究院，中国钢研已经拥有 24 个国家级研发平台，在相关领域发挥着重要作用。

一、先进钢铁流程及材料国家重点实验室

2005 年 3 月，先进钢铁流程及材料国家重点实验室依托钢研总院的优势研发资源，通过科技部论证并开始建设，成为科技部在转制科研院所中首批试点建设的两家国家重点实验室之一。经过 5 年的建设，重点实验室在人才汇聚、前沿方向布局、公共设备平台建设等方面达到了建设要求，2010 年 10 月通过科技部建设验收。实验室验收后

经过 7 年的运行，于 2017 年通过科技部的评估。

重点实验室在发展过程中，始终围绕钢铁行业发展难题、先进材料的卡脖子问题，在绿色低碳钢铁流程、关乎国计民生的先进材料方面开展研究工作。

针对现有高炉炼铁工艺流程长、能源消耗高、污染物排放大等问题，实验室从炼铁新流程再造、能源利用效率提升、新装备开发等方向开展研究，并依托"十三五"重点研发计划"全氧冶金高效清洁生产技术开发及示范"项目，提出了粉矿-粉煤全氧短流程高效清洁冶炼新工艺，从源头减少能源消耗和污染物排放，新工艺比传统高炉工艺金属还原单元直接能耗降低 31.26%，污染物排放降低 40% 以上。

针对"高炉—转炉"长流程工序多、要素调度复杂、能效管理低、质量不稳定等问题，实验室依托"十三五"国家重点研发计划"钢铁流程关键要素协同优化和集成应用"项目，联合首钢等 16 家单位展开攻关，建立了钢铁流程不同尺度能效评估的新方法，为流程能效的客观评估奠定了理论基础；开发出多目标协同优化的炼铁-炼钢界面智能调配技术、钢水质量窄窗口稳定控制技术框架、铸-轧界面控制技术、钢铁产品生产与多种能源协同调配技术等，实现了某长流程钢铁企业在 2020 年比 2015 年的能效提升 4.3%、吨钢能耗降低 4%、吨钢气体污染物减排 25% 的效果，钢材质量稳定性也得到改善。

此外，实验室在全氧冶金新工艺、钒钛磁铁矿有价元素全量提取、纯氢气基竖炉冶金、高炉喷氢等新材料、新工艺方面取得了很好的进展。

二、混合流程工业自动化系统及装备技术国家重点实验室

混合流程工业自动化系统及装备技术国家重点实验室自 2008 年开始建设，2012 年通过科技部验收。实验室设立自动化系统技术、电力电子与传动技术、智能仪表及检测技术 3 个研究方向，重点开展混合流程智能控制装置、复杂生产过程智能控制和混合流程工业信息化技术；大功率交流电机调速技术、电力电子器件及变流技术、电气自动化数字控制技术和能源转换与接入技术；混合流程生产过程在线检测技术和混合流程排放过程在线监测技术等开发。

在工信部"面向冶金流程行业工业机理模型库"项目的支持下，针对冶金机理模型开发学科交叉性强、开发环境多样、可复用度低的问题，该实验室提出了构建冶金行业机理模型库工业互联网平台的解决方案，实现了冶金机理模型的平台化管理，建立了基于工业互联网平台的冶金工业机理模型库。2021 年，"可重构互操作冶金机理模型库及集成开发管理平台的研发与应用"评价会上，评价委员会认为该项成果总体达到国际先进水平，多语言、低代码、图形化的冶金机理模型集成开发平台和冶金机理模型知识图谱达到了国际领先水平。

在"智能制造"新时代，该实验室在工业复杂流程智能化管控、信息物理融合的智能测控、高性能交流调速控制等3个方向也取得了长足进步，加快推动了钢铁行业高质量发展。该实验室在关键技术研发、成果转化、人才培养等方面取得了成绩，包括国际首个钢厂孪生云开发平台、国内首套7500kV·A大功率IGCT交直交变频系统、国内首套自感知镀锌捞渣机器人、国内唯一覆盖全流程自动化技术、国际首套智能仿真炼钢动态调度、国内首套质量全流程一贯制管控系统在内的代表性成果，有力支撑了国家重大工程建设和民生发展需求，提升了高端装备电气化自动化水平，在智能制造领域发挥了重要的作用。

实验室研发成果打破了国外的技术垄断，比如大功率高性能交流变频调速装置、冶炼智能控制系统、轧钢过程控制模型等。固定污染源烟气排放连续在线监测、钢厂环境连续监测系统等实现在钢铁企业布点，与环保局联网，帮助钢铁企业实现污染物监测。

三、先进钢铁材料技术国家工程研究中心

先进钢铁材料技术国家工程研究中心由钢研总院联合国内12家钢铁企业和高校，于2004年6月组建而成，旨在大力发展高性能、低成本、长寿命、高精度、绿色化特点的先进钢铁材料，成为先进钢铁材料技术工程化研发平台、产业化孵化平台以及科技人才培训基地。

2004年12月，根据国家发改委批复，该中心建设项目被列入国家高技术产业发展项目计划，并于2010年通过了北京市发改委组织召开的验收会。2015年在第五次国家工程研究中心评价中，该中心位列全国101家国家工程研究中心第17位。2021年该中心顺利通过优化整合复核评价，成为第一批纳入新序列管理的国家工程研究中心。

该中心自成立以来，形成了一大批先进钢铁材料技术及产品，保障了国防军工重点装备关键钢铁结构材料自主可控，打破了国外技术垄断，解决了我国核心装备卡脖子关键钢铁材料问题，为国家重大工程提供了关键钢铁材料国产化替代方案。

针对国防军工重大需求，船舶海工用钢团队先后承担了20多项国家重点科研项目，突破了30多项核心关键技术，开发了50多种规格的关键结构材料，完整地建立了我国三代装备材料体系，实现了国防重点装备关键钢铁材料自主可控。针对油气钻采集输装备用"卡脖子"关键材料，研发团队紧密联系用户，开发了均匀伸长率高于25%的膨胀油井管材料，并成功应用于亚洲第一条、世界第三条连续油管生产线。针对量大面广的高端建筑用钢，先进钢铁材料中心与国家建筑钢材质量监督检验中心、冶标院等单位紧密合作，开发了系列含钒高强度钢筋产品，制定了热轧带肋钢筋的新标准，显著推动了我国建筑用钢的升级换代。针对我国西气东输、中俄东线等重大管道

工程，能源石化用钢团队先后开发了超高强度管线钢、抗大变形管线钢、厚壁大口径管线钢、低温管线钢等系列品种，提升了我国管线钢的产业化水平。

为打破船用耐蚀钢技术封锁，该中心牵头联合中国船级社、钢铁企业、船舶行业等核心企业，建立了"产、学、研、检、用"一体化协同创新发展模式，先后突破了耐蚀钢腐蚀评价装置、耐蚀机理、应用技术等难题，项目团队建造了我国首个4万吨级的耐蚀钢示范油轮，实现了船用耐蚀钢技术零的突破。

四、国家钢铁材料测试中心

国家钢铁材料测试中心是中国钢研建立最早的一个国家级研发平台，于1984年5月5日被原国家技术科学委员会认定，成为我国金属材料第三方检测服务的权威单位。

该中心基于传统优势领域，在金属材料化学成分分析、力学性能分析、组织结构表征等方面实现了突破，并通过金属材料传统优势项目的成果转化，形成航空材料/海洋船舶/轨道交通等特色服务示范窗口，开拓了非金属材料领域，提供新材料检测、表征和评价以及产品认证检验服务，有力地推动了我国金属新材料、新产品、新工艺的研发和应用，对技术进步，提升质量、产业升级起到了重要的支撑和促进作用。

以C919大型客机为例，2005年，该中心取得了金属材料第三方检测Nadcap证书（国际宇航认证），并于2008年开始与中国商飞合作。2009年，该中心开始承接C919大飞机用国产结构钢、国产不锈钢、飞机起落架用钢棒材、系统用金属管材等10余种金属材料的性能测试与评价试验。2012年，该中心率先成为中国商飞C919大飞机用金属材料性能测试与评价的合格检测服务商，并陆续取得了C919大飞机用各类牌号金属材料的适航认证标签。在C919大飞机用发动机CJ-1000A的研究设计中，该中心从2013年开始承接了CJ-1000A用多种锻件、单晶叶片、特殊合金、外部管路材料、钛合金材料等十余种材料的全面力学性能测试，并于2022年3月通过了相关单位的适航认证审查。

除了重大工程外，该中心在提高产品质量，技术开发、改进，产品修复，事故仲裁及失效评估等方面也发挥了重要的作用。例如，完成了北京地铁4号线电梯螺栓断裂、某艇发电系统零件断裂等重大事件的失效分析，支撑保障了社会安全。

该中心拥有专利200余项、软件著作权40余项，制定170余项国家及行业标准，牵头制修订8项国际标准，参与制修订国际标准20余项，其中两项标准填补了国际空白。

五、连铸技术国家工程研究中心

1994年11月，国家计委及冶金部决定，以钢研总院为依托组建"连铸技术国家工程研究中心"。1999 年，钢研总院与首钢总公司在强强联合、优势互补的基础上，以国家连铸中心为主体，组建了中达连铸技术国家工程研究中心有限责任公司，主要从事钢铁冶金、连铸技术、冶金材料领域工艺、技术、设备、自动化控制与相关辅料的研发、设计、验证和系统集成工作。

该中心成立后，在高效连铸技术的成功开发方面做出了重要贡献。自 1997 年以来，该中心将自主研发的各种连铸工艺技术推广至我国 50 余家钢铁企业，完成了 30 余台连铸机的改造，为冶金行业淘汰模铸实现全连铸、发展转炉淘汰平炉、推动连铸连轧技术发挥了引领作用。

研究并引领我国薄板坯连铸技术的发展是国家连铸中心成立之初的首要任务。1995 年和 1996 年，该中心完成的"中宽度薄板坯连铸技术"科技成果先后获得冶金部科技进步奖一等奖和国家科技进步奖二等奖。2002 年，中国工程院产业工程科技委员会发起成立了"薄板坯连铸连轧技术交流与开发协会"，作为协会依托单位之一，国家连铸中心成为薄板坯连铸关键技术创新和装备国产化领域的生力军，牵头组织了大规模的薄板坯连铸连轧技术交流会，自主研发的薄板坯生产关键工艺与装备技术。2002 年以来，国家连铸中心通过与冶金装备制造单位合作，设计研制出国内第一套拥有自主知识产权的薄板坯连铸结晶器，并在广州珠江钢厂引进的第一条 CSP 生产线中获得成功应用，铸坯和热轧板卷质量均满足生产要求。

2008 年以来，该中心与首钢京唐等企业合作，开发出高精度的漏钢预报和铸坯在线调宽系统技术，替代了进口，使高效连铸技术进入全新的发展阶段。在微合金化钢板坯角部缺陷控制领域，国家连铸中心突破了倒角坯角部纵裂及漏钢控制国际难题，并在国内 30 余家钢铁企业得到推广，相关科研成果获得 2014 年中国金属学会冶金科技进步奖一等奖和 2015 年国家科技进步奖二等奖。

该中心长期承担着国家及企业委托的科研攻关工作，在高效连铸及薄板坯连铸连轧领域取得了显著成果，历年来获得国家级奖励 7 项、省部级奖励 16 项、国家专利 49 项、开发软件 14 项，专利产品在国内大型钢铁企业得到推广应用，为推动连铸高效生产、提升铸坯质量做出了贡献。

六、中国产业基础能力发展战略研究院

在中国工程院、国务院国资委的指导和推动下，2021 年 7 月，中国工程院党组会审议通过了《中国产业基础能力发展战略研究院组建方案》。随后中国工程院与中国钢研签署了《共建中国产业基础能力发展战略研究院合作协议》。中国工程院和中国钢研按照"强强联合、开放共享、科学前瞻、创新发展"的原则，共建中国产业基础能力发展战略研究院，旨在以科学咨询支撑科学决策，以科学决策引领创新驱动发展，旨

在促进工程科技服务于产业基础能力提升和中央企业高质量发展。

中国产业基础能力发展战略研究院是非营利性战略研究咨询机构，是工程院高端智库的重要组成部分和战略研究联盟的成员单位，是我国产业基础能力发展战略决策的重要依托力量。战略院在战略指导委员会、学术委员会、院务委员会的组织框架下开展工作，组织各方优势力量参与战略研究。战略院充分发挥战略科学家、院士及相关领域骨干专家的核心作用，形成"强核心、大协作、平台化、网络化"的咨询服务团队，保障战略咨询研究高起点推进、高质量开展。

战略院结合科技型央企优势组织开展战略研究和咨询，以"服务决策、适度超前"为原则，以服务党和国家科学决策为宗旨，以战略研究为核心，就推动我国产业基础能力发展的重大战略、重大工程科技问题、重大产业政策等开展战略性咨询研究，主要工作包括：提供战略决策支持；开展重大技术及前沿技术探索研究；推进先进适用技术转化与应用示范；打造高水平交流与合作平台；促进高层次人才培养与队伍建设等。

第三节　产业联盟

按照国家关于推动产业技术创新战略联盟构建的相关指导意见，推进不同领域产业技术创新联盟建设，中国钢研及所属单位作为牵头单位，先后组建成立了8家产业技术创新联盟，分别是钢铁可循环流程技术创新战略联盟、粉末冶金产业技术创新战略联盟、非晶节能材料产业技术创新战略联盟、海洋工程用钢产业技术创新战略联盟、中关村材料试验技术联盟（CSTM）、中国高品质工模具材料产业技术创新战略联盟、中国能力验证联盟（CUPT）、中国高温合金产业技术创新战略联盟，凝聚了内外部科技创新力量，促进了产学研紧密衔接，强化了创新成果转化应用，推动了产业结构优化升级，为国家相关领域核心竞争力的提升做出重要贡献。

本节选取粉末冶金产业技术创新战略联盟（CPMA）、中关村材料试验技术联盟（CSTM）展开介绍。

一、粉末冶金产业技术创新战略联盟

2010年8月，由中国钢研、鞍钢、武钢、莱钢、北京有色金属研究总院、广州有色金属研究总院等33家单位发起，组建了"粉末冶金产业技术创新战略联盟"（CPMA）。

2016年5月，该联盟在北京市民政局成功注册为社团法人，作为"北京粉末冶金产业技术创新战略联盟"开始独立运作。该联盟联合了国内粉末冶金新材料、机械及汽车等上下游应用领域的主要高校、科研机构、骨干企业和用户企业，形成了比较完整的产业技术创新链，拥有雄厚的技术开发与成果转化能力。目前，联盟成员单位已发展到 108 家，涵盖了制粉骨干企业、零部件骨干企业、装备制造骨干企业、主流终端用户企业、高校及科研院所和信息情报及投融资机构等。联盟专家囊括中国工程院院士以及"百千万人才工程"国家级人选等专家。

该联盟自成立以来，多次获得北京市科委专项补贴支持和中关村社会组织专项发展支持资金，在科技部开展的联盟活跃度评价中连续 4 次获得满分，2 次被评为国家 A 级活跃度产业技术创新战略联盟。该联盟被《科技日报》社评为"2018 年度创新服务平台"，2020 年当选为中关村产业技术联盟联合会新材料工作专委会主席单位，同年被北京市民政局评为 4A 级社会组织，2022 年，联盟作为经典案例入选科技部《产业技术创新战略联盟典型案例选编（2021）》。

该联盟主办了一系列科技交流活动，例如全国粉末冶金产业发展论坛、学术会议暨海峡两岸粉末冶金技术研讨会、专业技术及新产品开发研讨会等。该联盟作为中国粉末冶金行业的唯一代表，正式加入了亚洲粉末冶金协会（APMA），并成功举办了2013 年第二届亚洲粉末冶金大会以及 2018 年世界粉末冶金大会。

该联盟参与了《中关村新材料产业发展报告》等研究报告的编写工作，每年组织编写发布《中国粉末冶金产业发展白皮书》，先后编写了《中国粉末冶金行业技术路线图》《粉末冶金产业技术中长期发展规划》《中国粉末冶金行业市场和应用调研报告》《粉末冶金领域团体标准企业需求调研报告》等对国内粉末冶金行业的健康发展具有现实指导意义的报告。

根据粉末冶金上下游行业发展情况，该联盟积极推进跨行业协作创新，与汽车轻量化联盟、汽车工程学会共同开展国家重点课题的组织与申报。在氢能领域与中国氢能源及燃料电池产业创新战略联盟等进行了跨领域合作交流。在大数据方面与存储产业联盟开展了跨领域协同合作，就《粉末冶金产业大数据资源共享平台》项目达成了合作意向，通过深度跨界合作推动资源共享、优势互补，促进粉末冶金产业技术升级。

二、中关村材料试验技术联盟

基于中国工程院战略咨询研究的成果，王海舟等 21 名院士提出《关于尽快建设"中国材料试验标准体系"的建议》，在中国工程院、工业和信息化部、国家标准化管理委员会和中关村管委会的指导下，中国钢研联合中国建筑材料科学研究总院、中国计量科学研究院、北京科技大学和中国铝业公司共同发起，2016 年 12 月 22 日，中关村材料试验技术联盟（CSTM）在北京市民政局注册成立。CSTM 作为国标委团体标准试点单位，入选国标委"团体标准培优计划"和"团体标准试点单位典型案例集"。

CSTM 设立了 54 位院士组成的专家委员会，由徐匡迪院士担任名誉主席、干勇院士担任主席，为 CSTM 标准化平台提供了战略引领。王海舟院士担任 CSTM 标准委员会主任委员，来自各领域的 80 多位专家组成的标准委员会，为 CSTM 团体标准提供了技术保障。4000 多名专家委员保障了标准化的需求落地。CSTM 已经形成了"标准+质量评价"一体两翼的体系架构。

CSTM 融合了材料与试验全产业链的上下游，包括标准的管理单位和制修订单位、材料研究机构、高等院校、科研院所、材料生产单位、材料使用单位等，共同建设团体标准体系和专业质量评价体系，为材料产业高质量发展提供标准化服务。截至 2022 年底，CSTM 已经成立了覆盖钢铁、建材、化工、复合材料、含能材料、航空材料等 26 个标准化领域委员会，56 个标准化技术委员会。以材料属性、材料应用和通用技术三个维度设立领域委员会，基本形成了"材料属性–材料应用–通用技术"的矩阵式结构体系，形成了服务于"一材多用一用多选""一技多用一用多技"的标准技术体系。

CSTM 以中国工程院标准化发展战略研究的所形成的标准化熵减理论、矩阵式结构理论、多维交织链网构型理论等三大理论为基础，开展了一系列科学实验标准化示范。

2019 年以国家科学研究重点项目材料基因工程相关研究为依托，成立了全球首个材料基因工程标准化委员会——CSTM FC97 材料基因工程标准化委员会，开启了材料科学研究新范式的标准化研究，立项形成了一批国际领先，对材料基因工程创新研究范式具有引导和支撑作用的高通量试验、试验源数据采集/传递/衍生/图像机器学习/统计映射等标准。

2021 年 CSTM 推动成立了 CSTM/FC98 科学试验领域标准化委员会，围绕着支撑科学实验过程的科学、严谨、可追溯，科研试验结果与数据的真实、可复现，以及科学实验结果（数据质量）的可靠性的科学实验标准体系建设，开展了系列科学实验标准的研究。

CSTM 遵循"质量评价为导引，标准为基础，全域数据为依托"的标准化模型，推动 NQI 一体化建设。CSTM 探索建立了覆盖材料"全产业链、全生命周期、全流程、全域数据"的闭环可追溯的质量创新标准化评价制度。从材料研究设计科学合理性、产品指标符合性、生产工艺稳定性、服役性能适用性和试验技术能力有效性开展专业标准化评价，以全域的数据为依托，实现"全产业链共同参与、动态迭代事实标准体系建立、适用有效的实验方法和试验能力确认、创新技术的应用"。CSTM 联通产业链上下游，打破行业界限，标准和评价体系建设已经初具规模，发布了近 500 项标准，开展了 20 多项质量评价示范项目。CSTM 标准和评价助力了新材料产业发展的效果开始逐步显现。

附表

中国钢研国家级研发平台

序号	机构名称	批建/认定（验收）年度	批建/认定（验收）部门
1	国家钢铁材料分析测试中心	1984	原国家科学技术委员会
2	国家冶金工业钢材无损检测中心	1988	原冶金部
3	国家钢铁产品质量检验监测中心	1992	原国家技术监督局
4	国家冶金精细品种工业性试验基地	1992	原国家计委
5	国家冶金自动化工程技术研究中心	1995	原国家科学技术委员会
6	国家非晶微晶合金工程技术研究中心	1996	原国家科学技术委员会
7	连铸技术国家工程研究中心	2001	原国家计委
8	中瑞（典）新材料合作交流中心	2002	国家科技部
9	安泰科技股份有限公司技术中心（国家级企业技术中心）	2006	国家发改委等5部委
10	中国钢研科技集团有限公司国际科技合作基地	2007	国家科技部
11	国家技术转移中心	2009	国家科技部
12	国家海外高层次人才创新创业基地	2009	中组部
13	先进钢铁流程及材料国家重点实验室	2010	国家科技部
14	先进钢铁材料技术国家工程研究中心	2010	国家发改委
15	混合流程工业自动化系统及装备技术国家重点实验室	2012	国家科技部
16	先进金属材料涂镀国家工程实验室	2012	国家发改委
17	钢铁制造流程优化国家工程实验室	2013	国家发改委
18	先进金属磁性材料及制备技术国家地方联合工程实验室	2015	国家发改委
19	金属新材料检测与表征装备国家地方联合工程实验室	2015	国家发改委
20	先进金属材料国际科技合作基地	2016	国家科技部
21	钢研大慧双创示范基地	2017	国家发改委
22	国家新材料测试评价平台钢铁行业中心	2021	工信部
23	中国产业基础能力发展战略研究院	2021	中国工程院-国资委
24	智能制造行业标准试验验证公共服务平台	2021	工信部
25	国家先进钢铁材料产业计量测试中心	2021	国家市场监管总局

中国钢研地方级科研及服务平台

序号	机构名称	批建/认定（验收）年度	批建/认定（验收）部门
1	北京市企业技术中心	2006	北京市工业促进局
2	河冶科技河北省企业技术中心	2009	河北省发展和改革委员会等5家单位
3	镀膜靶材北京市重点实验室	2010	北京市科委
4	北京市难熔金属材料工程技术研究中心	2010	北京市科委
5	天津市焊接新材料技术工程中心	2010	天津市科委
6	河北省高速工具钢工程技术研究中心	2010	河北省科学技术厅等3家单位
7	特种陶瓷与耐火材料北京市重点实验室	2010	北京市科学技术委员会
8	先进金属磁性材料及制备技术北京市工程实验室	2011	北京市发改委
9	精密合金技术北京市重点实验室	2011	北京市科委
10	安泰超硬北京市企业技术中心	2011	北京市经信委
11	纳米能源材料北京市重点实验室	2011	北京市科委
12	北京市特种粉末冶金材料工程技术研究中心	2011	北京市科委
13	河北省热等静压工程技术研究中心	2011	河北省科学技术厅等3家单位
14	北京市口腔材料工程技术研究中心	2012	北京市科委
15	北京市超硬材料制品工程技术研究中心	2012	北京市科委
16	北京市企业技术中心	2012	北京市经信委
17	金属新材料检测与表征装备北京市工程实验室	2012	北京市发改委
18	高温合金新材料北京市重点实验室	2012	北京市科学技术委员会
19	金属材料表征北京市重点实验室	2013	北京市科委
20	先进金属磁性材料及制备技术国家地方联合工程实验室	2014	北京市发改委
21	山东省企业技术中心	2015	山东省经济和信息化委员会
22	天津市焊接钢管企业重点实验室	2015	天津市科委
23	安泰天龙钨钼天津市企业技术中心	2018	天津市工业和信息化委等
24	安泰环境北京市企业技术中心	2021	北京市科委

中国钢研牵头组织的产业创新联盟

序号	联盟名称	成立时间	认定部门	牵头单位
1	钢铁可循环流程技术创新战略联盟	2007	国家科技部	钢研总院
2	粉末冶金产业技术创新战略联盟	2010	国家科技部	中国钢研
3	非晶节能材料产业技术创新战略联盟	2012	国家科技部	安泰科技
4	海洋工程用钢产业技术创新战略联盟	2014	国家发改委、科技部、工信部、国资委，中国钢铁工业协会、中国船级社、中国船舶工业行业协会	钢研总院
5	中关村材料试验技术联盟（CSTM）	2016	—	中国钢研
6	中国高品质工模具材料产业技术创新战略联盟	2017	中国钢铁工业协会	钢研总院
7	中国能力验证联盟（CUPT）	2018	—	中实国金
8	中国高温合金产业技术创新战略联盟	2018	—	中国钢研

第七章 产业转化 跨越发展

作为中国钢研依托 70 年积累形成的 5000 余项科研成果，探索出了一条自主科技成果产业化转化的发展道路。中国钢研逐步在金属新材料、冶金工程技术、自动控制、检测分析等领域建立了相应的产业体系，形成了以安泰科技股份有限公司和钢研高纳科技股份有限公司为主的重点材料及制品板块，以钢研总院、冶金自动化设计研究院、北京金自天正智能控制股份有限公司、钢研纳克检测技术股份有限公司和钢研昊普科技有限公司为主的科技服务板块，以钢研投资有限公司为主的投资赋能和"双创"平台。中国钢研产业化成果不断加强，科技投入不断增加，形成科技反哺，良性循环。

第一节 产业发展历程

一、企业化改制

20 世纪 80 年代，国家开始推动科技体制改革，鼓励研究院所科技人员"下楼出院"，促进科技成果转变成为现实生产力。在这样的改革背景下，钢研总院鼓励各级单位通过多种形式进行科技合作和成果转化。各级单位先后对外合作组建了近百家公司。

1998 年，按照国家科技体制改革的统一部署，中央直属行业类的各级研究院所进行企业化改制，冶金部所属的钢研总院、冶金自动化设计研究院开始走向企业发展之路和科技成果转化的产业发展之路。

1998 年 12 月，钢研总院联合清华紫光等 6 家股东单位，发起设立了安泰科技股份有限公司（以下简称"安泰科技"）。钢研总院将具备产业基础和前景的所属单位整建制重组进入安泰科技，推动现代企业制度的建立。

2000 年 3 月，钢研总院在国家工商总局完成企业注册，实现从事业单位向企业的转变。

2000 年 5 月，安泰科技成功在深圳证券交易所挂牌上市，通过 IPO 融资 8.8 亿元人民币，开启了中国钢研高新技术产业发展的序幕。

二、产业发展成绩斐然

多年来，中国钢研科技成果产业化能力不断加强，科技投入持续增加，形成了科技和产业双轮驱动、齐头并进的发展局面。

自安泰科技上市之后，北京金自天正智能控制股份有限公司（以下简称"金自天正"）、钢研高纳科技股份有限公司（以下简称"钢研高纳"）、钢研纳克检测技术股份有限公司（以下简称"钢研纳克"）相继成功实现 IPO 上市，至此，中国钢研旗下已拥有 4 家上市公司。截至 2021 年，中国钢研共有全级次全资及控股企业 70 多家，其中，国家级高新技术企业 40 家，实现了科技和金融资本的有效融合，促进了中国钢研高技术产业的发展，充分反映了中国钢研改制以来在公司治理、产业发展所取得的成就。

中国钢研已经在金属新材料、冶金工程技术、检测分析等领域建立了相应的产业体系，产业发展定位"专精特新"，培育细分领域的"单项冠军"。在高温合金、难熔合金、稀土永磁、非晶纳米晶等领域先后有 10 余项产业项目列入国家高新技术产业示范工程，引领了国内相关细分产业的发展，打破了国外技术封锁及产业垄断，推动了上下游产业的发展。

中国钢研以京津冀为依托逐步向全国进行产业的区域布局，先后在北京、天津、河北、山东、深圳、江苏等地建设了一批产业基地和高新技术项目，拥有土地资源4600 多亩（1 亩 = 666.67m²），项目总建筑面积超过 160 万平方米。中国钢研立足国内、面向全球，积极响应"一带一路"倡议，在泰国建设了安泰超硬金刚石工具产业基地，在德国设立了纳克（德国）公司。

中国钢研产业发展始终坚持技术创新与产业发展双轮驱动，充分发挥历史形成的技术领先优势，在细分领域产业链中保持了很高的影响力。在中国钢研先后牵头组建的 8 个全国性的产业技术联盟中，"粉末冶金产业技术创新战略联盟""中国高温合金产业技术创新战略联盟""非晶节能材料产业技术创新战略联盟"在行业内具有很强的影响力。

中国钢研走出了一条以自主知识产权为基础的独具特色的高技术产业发展之路。高技术产业从无到有、从小到大、从大到强，技术能力不断提升，产业发展和产业影响力持续壮大。

第二节　产业先锋，上市公司巡礼

在中国钢研的产业发展历程中，4 家上市公司是产业单元的典型代表，他们分别代表了中国钢研在重点材料及制品、冶金工程技术和分析测试领域的产业能力和产业地位。4家上市公司的总资产、业务规模占中国钢研总规模的80%以上。

一、安泰科技

1998年，面对国家改革大潮，钢研总院做出重要决策，"落实国家科技体制改革，组织一支生力军，杀出一条血路⋯⋯"12月28日，安泰科技应时而生。

2000年5月29日，股票代码000969的6000万安泰科技A股股票在深圳证券交易所成功上市交易，募集资金8.988亿元，创下了当年沪深股市多项第一。通过募集资金项目建设和一系列成功的收购兼并，安泰科技逐步形成了国内具有优势地位的金属新材料产业集群。

安泰科技秉承"创新推动科技进步，材料改善人类生活"的使命，为长征系列火箭、神舟飞船、嫦娥、天宫、第三代核电、EAST工程等国家重大工程提供高科技材料，始终保持我国新材料领域排头兵位置，入选"双百企业"和"科改示范企业"。

科技创新是安泰科技的核心竞争力。目前，安泰科技拥有27个科技平台，其中国家级5个，被授予国家级企业技术中心、企业博士后科研工作站。截至2021年底，安泰科技已获得国家发明奖、国家科技进步奖及省部级以上奖励106项，授权专利621项。经过多年发展，安泰科技已成为国内领先、国际一流的钨钼难熔金属精深加工制品制造商、高端稀土永磁产品的重要供应商、全球领先的金刚石工具制造商、国内领先的工业过滤材料供应商，并且作为国内高速工具钢的行业领导者、水气雾化制粉的国内首创者和国内非晶/纳米晶材料的先行者，在行业内发挥着重要作用。安泰科技积极布局储氢、3D打印等新兴材料研发，始终走在新材料行业前沿。

安泰科技产业基地分布在北京、天津、河北、上海、山东、广东、陕西、江苏、内蒙古等地和泰国，总面积近2000亩。2001年，永丰新材料产业基地奠基。2003年，安泰科技收购河冶科技进入特殊钢领域、收购海美格磁石布局珠三角。2006年和2009年安泰科技定向增发、发行可转债，募集资金聚焦于万吨级非晶带材、新能源汽车用稀土永磁材料等重点项目扩产。2014年，首个海外投资建设项目安泰超硬泰国基地实现当年建设、当年投产。2015年，安泰科技发行股份配套融资，斥资10.34亿元并购北京天龙钨钼科技股份有限公司100%股权，同年全资收购宁波市化工研究设计院，整合组建安泰环境。2019年，安泰科技以1.79亿元通过受让股权及增资方式，取得爱科50.26%股权，稀土永磁产能达到5500t/a。2021年，安泰科技与北方稀土联合成立安泰北方，新增5000t产能，使得高端稀土永磁制品产能迈入万吨级产业规模。

二、金自天正

1999 年 12 月 28 日，金自天正正式成立。"天正"取得天之正之意，而"金自"就是指冶金自动化，"金自天正"诠释了公司致力于成为冶金自动化领域开拓者的发展愿景。

2002 年 9 月 19 日，金自天正在上海证券交易所成功上市，并募集资金 2.7 亿元，投资建设了电子电力及电气传动装置产业化基地，为公司发展积蓄了力量。

借助资本之力，金自天正迅速发展壮大，2003 年 3 月成立上海金自天正子公司；2004 年 9 月成立成都金自天正子公司；2005 年 8 月成立北京金自能源子公司；2016 年 4 月成立北京阿瑞新通子公司；2008 年建立涿州基地，2012 年建立天津基地。截至目前，金自天正拥有 4 家控股子公司、3 家分公司、10 所办事处，服务网络遍布全国；拥有河北涿州和天津武清两大产业基地；拥有北京、上海和成都三大研发和办公基地。2019 年，中国钢研工程事业部正式成立，金自天正成为旗下企业，开启发展新篇章。

金自天正始终以创新为本，用先进的设备以及技术服务回报社会，开创了冶金自动化行业的许多"第一"。例如，金自天正承担了国内第一条自主研发的磁浮试验线大功率变频系统"上海磁浮大功率变频系统研发"、中国冶金行业第一套自主研发的模拟型交交变频系统"包钢轨梁厂 850mm 型钢生产线"、中国冶金行业第一套自主研发的数字化交交变频系统"天钢中板厂"、中国第一套自主研发的基于人工神经元网络的智能精炼控制系统"沙钢 LF 炉控制系统"、中国第一条三电自主研发集成的宽板热轧项目"攀钢 1450mm 热轧生产线"、中国第一条三电自主研发集成的高速线材项目"唐钢高速线材生产线"等，为现代冶金技术的发展作出了重要贡献。2020 年，金自天正入围工信部绿色制造钢铁节能供应商。截至目前，金自天正有效授权专利共 121 项，其中发明 71 项，软件著作权登记达 209 项。金自天正积极响应"一带一路"倡议。2021 年，金自天正乌兹别克斯坦海外项目组 9 人冒着巨大的疫情风险，毅然相继前往现场调试，用担当、智慧与汗水保证了项目顺利完成，用实际行动彰显了钢研人的战斗力和奉献精神。

三、钢研高纳

基于中国钢研高温合金产业 30 多年的发展积淀，2002 年 11 月 8 日，钢研高纳注册成立。钢研高纳主要从事高温合金、金属间化合物、铝镁钛等材料及制品的研发、生产和销售，掌握了高温合金、钛铝合金、轻质合金等材料的熔炼、铸造、粉末、变形、3D 打印等核心技术。作为我国高温合金及轻质合金领域技术水平最为先进、生产种类最为齐全的企业之一，钢研高纳是国内航空、航天、兵器、舰船和核电等行业关键高温合金材料的研发生产基地。最新出版《中国高温合金手册》收录的 201 个牌号中，钢研高纳牵头研发 114 种，占总牌号数量的 56%。中国钢研是"中国高温合金产业技术创新战略联盟"理事长单位，钢研高纳任秘书长单位。

2003 年，钢研高纳在永丰基地购置了生产用地，建成了 1 万平方米的 1 号生产厂，建立了规模化的铸造生产线，小型厂、双桥厂合并，实现了铸造领域第一次整合。2007 年，钢研高纳建成了 5000m² 的永丰基地 2 号厂房 1 期，建立了 ODS 合金制品、司太立合金制品、纳米材料制品 3 条生产线。

2009 年 12 月 25 日钢研高纳在创业板成功上市，把高温合金产业化推向了快速发展的新阶段。随着在创业板成功上市，钢研高纳产业化的步伐与进程大大加快，2010 年，钢研高纳开拓铝合金铸造新领域，在涿州创办了工艺完整的小型生产线。2012 年起，钢研高纳在永丰基地、涿州基地、天津武清基地新建了 8 座厂房，合计 8 万平方米，到 2014 年底基本全部竣工投产，拥有了 13 条生产线，包括永丰基地高温合金铸造、变形涡轮盘锻件、Ti2AlNb 合金熔炼、ODS 合金制品、司太立合金制品等生产线，涿州基地粉末盘、轻质合金铸造、真空水平连铸、纳米材料等生产线，天津武清基地熔炼生产线、海德特种合金生产线。钢研高纳于 2012 年组建了天津钢研广亨特种装备股份有限公司，于 2014 年组建了河北钢研德凯科技有限公司、天津钢研海德科技有限公司，于 2018 年完成了对青岛新力通工业有限责任公司 65% 股权的收购。

2020 年，钢研高纳在青岛南村基地开工建设 2 座共计 5.7 万平方米厂房，新增年产 6 万件精铸件生产线、3500t 产能母合金熔炼生产线；新力通新建 4.5 万平方米厂房，新增炉管产能 1 万吨以上。2021 年，钢研高纳将铸造事业部并入德凯公司，实现了铸造领域第 2 次整合，组建了常州极光 3D 打印公司、辽宁机加工分公司，筹建了西安精密铸造分公司、德阳锻造项目与环轧项目。

经过 30 多年的努力，钢研高纳逐步由"科研人员搞创收"转化为"专业化、规模化生产经营"，销售收入从最初的几万元、几十万元，达到 2021 年的 20 亿元。

四、钢研纳克

基于中国钢研在分析检测领域的深厚积淀，2001 年 3 月，北京纳克分析仪器有限公司正式成立，充分发挥规模效应以及协同效应，走上了集检验检测、分析仪器、标准物质/标准样品、评价认证、能力验证等产业链一体化的道路。

钢研纳克拥有青岛纳克、中实国金、钢研认证、德国纳克、成都纳克、江苏纳克等 6 家子公司，以北京总部为原点，辐射华北、西南、华东区域。检测业务、分析仪器、计量校准、标准物质、无损检测、能力验证、海洋腐蚀、检验认证等业务不断整合发展,形成业务多元联动,带动主业服务有序升级,实现从为客户提供专项服务到提供一体化解决方案的跨越。业务范围也从北京扩展到上海、江苏、四川、山东乃至欧洲,国内国际产业布局逐渐形成。

为了能够充分把握市场机遇,加快公司发展,2017年12月,钢研纳克召开了股份公司创立大会暨第一次股东大会,决议进行股份制改造,迈出走向资本市场的第一步。随后,钢研纳克建立健全管理制度,优化组织架构,完善公司治理机制,经过不懈努力,于2019年11月1日,在深交所正式挂牌上市,迎来新的发展阶段。

如今,钢研纳克已成为国内钢铁行业的权威检测机构,也是国内金属材料检测领域业务门类最齐全、综合实力最强的测试技术研究机构之一。钢研纳克拥有"国家钢铁材料测试中心""国家钢铁产品质量监督检验中心""国家冶金工业钢材无损检测中心"3个国家级检测中心和"国家新材料测试评价平台——钢铁行业中心""金属新材料检测与表征装备国家地方联合工程实验室""工业(特殊钢)产品质量控制和技术评价实验室"3个国家级科技创新平台。钢研纳克拥有NADCAP、中国商用飞机有限责任公司、Rolls-Royce、Honeywell、Ford等众多资质认证,同时还是中国应急分析测试平台金属子平台的牵头单位、首都科技条件平台新材料领域平台成员单位、北京市生产安全事故调查技术支撑单位、中关村开放实验室核心成员等。2021年,钢研纳克获批筹建"国家先进钢铁材料产业计量测试中心",在高速铁路、商用飞机、航空航天工程、核电工业等国家重大工程、重点项目中承担了材料检测等攻坚任务,积累了丰富经验,做出了重要贡献。

第三节　产业发展布局

一、业务与市场布局

中国钢研结合内外部环境变化,按照聚焦主责主业,发挥优势、强化协同,不断优化产业方向和产业发展区域布局,重点布局两大业务板块,服务于十大重点领域。

两大业务板块包括:

重点材料及制品。服务于国民经济重点领域和国防军工建设,致力于多品种、小批量关键材料的制造和供应,培育重点材料细分领域的单项冠军,提高关键材料的保障能力。材料及制品板块以安泰科技和钢研高纳两家上市公司作为业务主体,重点发展具有竞争优势的高温合金、难熔合金、稀土永磁、特种合金、超硬工具、粉末冶金材料及制品等。

科技服务。科技服务板块包括钢研总院、工程事业部、金自天正、钢研纳克、钢研昊普、数字化中心、绿色化智能化中心、战略研究院等单位。中国钢研积极承担科技公益类央企的责任，为行业发展提供战略研究、政策咨询、人才培养、关键共性前沿技术的研发和供给；为行业企业和用户企业提供材料研发、生产工艺优化与提升、材料检测与评价、选材用材指导等一站式服务；提供行业全流程的工程技术服务，重点发展行业绿色化、智能化及环保工程业务，并向氢冶金、固废资源化等新领域进行拓展。不断强化板块内以及板块间的协同协作，为客户提供系统解决方案。

十大重点领域包括：

中国钢研以市场需求为导向，以客户为中心，创新服务模式，为客户提供一体化的服务。

航空航天：重点客户包括中国航发、航天科技、航天科工、中航工业等。主要提供高温合金、特殊钢、功能材料、难熔合金、检测评价等产品和服务。重点研制和保障高比强超高强度钢、重型运载火箭用高强不锈钢、发动机热端部件用高温合金、航空航天模锻件模具等材料，提供全服役寿命中的应用性能测试表征、安全性分析、风险评估和失效评价等业务。

钢铁冶金：重点客户包括鞍钢、中国宝武、河北钢铁、沙钢、中信泰富特钢集团等钢铁行业企业。主要提供冶金工艺、冶金装备、技术服务、检测评价等技术和服务。

船舶海工：重点客户包括中国船舶、中交集团、中集集团等。主要提供特殊钢、工程用钢、功能材料、检测评价等产品和服务。

电力能源：重点客户包括中核工业、中广核、华能、大唐、华电、国家能源集团、国家电投等。主要提供耐热钢、难熔合金、高温合金、功能材料、检测评价等产品和服务。

石油化工：重点客户包括中石油、中石化、中海油、国家管网等。主要提供特种钢、工程用钢、过滤材料、大数据服务、检测评价等产品和服务。

交通运输：重点客户包括中国中车、中国一汽、中国铁建等。主要提供交通运输桥梁及装备用钢铁材料、功能材料、检测评价等产品和服务。

节能环保：重点客户包括宝武集团、鞍钢、河北钢铁等行业内钢铁生产企业。主要提供冶金行业节能环保工艺技术、固废处理技术、土壤修复服务。具体包括节能减排及防漏技术、中低温余热利用技术、烟气除尘和余热回收一体化技术、物质流和能量流协同优化技术及能源流网络集成技术、城市中水和钢厂废水联合再生回用集成技术、烧结烟气污染物协同控制技术、含铁、锌尘集中处理高效利用技术、焦炉烟道气脱硫脱硝技术、高炉渣和转炉渣余热高效回收和资源化利用技术等。

国防军工：重点客户包括十大军工集团、总装备部等。主要提供材料研制保障及检测评价服务，重点包括超常服役环境、高强度、轻量化、耐高温、隐形等金属和复合材料的研制和生产，以及服役性能评价、极限条件检测等。

电子信息：重点客户包括中国电科、华为、苹果等。主要提供高纯靶材、功能材料等产品。

生命健康：重点客户包括东软医疗、上海联影等国内客户，也包括美国 Varian、英国 Elekta 等国外客户。主要提供难熔合金、稀土功能材料等产品，包括 CT、PET-CT、MRI 等高端数字诊疗设备用难熔合金、骨科修复与植入材料、生物相容性和抗菌性可调控不锈钢、稀土功能材料等关键材料。

二、产业区域建设

中国钢研产业发展以京津冀为核心，不断优化产业面布局：优先向靠近目标市场和客户的区域布局；向靠近经济发展活跃、产业链聚集、上下游集中的区域布局；向人才资源丰富、综合成本低的区域布局；向政策资源优惠、产业购建成本低、长期运行成本低的区域布局。加强集团内部的区域布局协同，发挥材料研究、材料制造、科技服务的综合优势。中国钢研主要产业集中在京津冀、黄河经济带和长三角，先后在北京、天津、河北、山东、深圳、江苏等地建设了一批产业基地和高新技术项目，拥有土地资源 4600 多亩，项目总建筑面积超过 160 万平方米。在这些基地中，大多数是各所属企业的产业专项落地的基地，综合性产业基地主要有河北涿州产业基地和北京中关村永丰新材料产业基地。

涿州产业基地：1992 年 3 月，经原国家计委批准，冶金工业部主建、钢研总院承建的冶金精细品种试验基地（涿州基地）开工建设，国家划拨土地 252 亩，主要用于建设粉末涡轮盘项目。该基地成为中国钢研建设运营的第 1 个基地，粉末高温合金是该基地建设的第 1 个项目。随着中国钢研产业的快速发展，中国钢研先后于 2005 年、2007 年、2009 年分 3 次购置土地扩展基地，土地面积达到 1053 亩，成为中国钢研目前规模最大的产业基地。

安泰科技、钢研高纳、金自天正、新冶集团、钢研总院等均有项目入驻该基地。建设的产业项目包括安泰科技千吨级非晶项目、万吨级非晶项目、安泰科技药芯焊丝项目、钢研高纳粉末涡轮盘项目、钢研德凯铝镁钛轻质合金项目、钢研总院装甲板项目等。

永丰新材料产业基地：永丰新材料产业基地是中关村"一区十园"中在北部建设的以新材料为发展重点的产业园。2001 年，安泰科技在该园区购置土地 200 亩，2002 年 3 月，钢研总院在该园区购置土地 80 亩。

永丰产业基地是中国钢研目前在北京最大的产业基地，先后入驻的企业有安泰科技、钢研高纳、钢研纳克、新冶电气等，建设的项目包括安泰科技的钨钼难熔合金项目、纳米晶项目、粉末注射成型项目、水雾化气雾化制粉项目、金属粉末过滤材料及器件项目以及安泰科技技术研发中心，钢研高纳的铸造高温合金材料项目、司太立合金项目、金属间化合物项目、变形高温合金项目以及 ODS 合金项目，钢研纳克的分析检测仪器制造项目等。

　　永丰基地的发展伴随了中国钢研改制和产业发展的变迁过程，展现了中国钢研产业发展取得的成果。

第八章　以人为本　科技精英

人才是中国钢研发展的基石。70 年砥砺前行，中国钢研始终坚持以人为本，培养造就了一大批科技精英，为中国钢研科技创新发展提供了人才保证。

第一节　人才培养

中国钢研始终坚持党管人才原则，研究推出了一系列优化人才发展体制机制和发展环境的切实举措，建立起完整的科技创新和人才培养体系，形成了"用好现有人才、引进急需人才、稳定关键人才、培养未来人才"的引才聚才、育才用才的良性循环，引进、培养和造就了一批战略科学家、科技领军人才、青年科技英才，以及一线专业技能能手。从 1952 年钢铁工业试验所成立之初仅有职工 132 人，到如今，中国钢研职工近万人。目前中国钢研职工总数为 9590 人。其中，管理人员占比约 10%，专业技术人员占比约 40%，技能人员占比约 50%；具有高级职称 900 人，具有研究生学历 1448人，具有博士学位 363 人。

在新中国成立初期，国家曾有计划地选派一批政治思想好、学业成绩优、工作能力强的同志前往苏联和东欧各国留学，这其中先后有 59 人在国外毕业后回国进入钢铁研究院参加工作，充实了科研队伍，加强了科研力量。从 1979 年到 1985 年底，钢研总院陆续选派了 72 名科技人员到日、美、英、法等国进修。加上从全国各大相关院校毕业的学生、从各冶金企业和院所引进的专业人才，共同组成了一支具有雄厚实力的骨干队伍，为中国钢研科技创新和各项事业的发展奠定了坚实的基础。

中国钢研坚持以国家、行业重大科技项目为载体，依托国家级研发平台、重大科研项目、重大工程项目等，充分发挥海外高层次人才创新创业基地和中央企业国际合作引智创新基地的渠道作用，充分利用拥有的国家工程中心、国家实验室等国家级创新平台对高层次人才的集聚作用，结合人才专项计划，加快培养材料技术专家、工艺工程专家、成果孵化专家、数字化智能化技术专家等科技领军人才。

中国钢研共产生了中国工程院、中国科学院院士 12 人，国家科技奖一等奖前二、二等奖第一完成人 45 人，何梁何利基金科学与技术创新奖 2 人，中国工程院光华工程科技奖 7 人，现有国家高层次人才特殊支持计划领军人才 5 人，新世纪"百千万人才工程"国家级人选 14 人，中国青年科技奖 5 人，国家级有突出贡献中青年专家 34 人，享受国务院政府特殊津贴专家 375 人，全国劳动模范 5 人，全国优秀共产党员 1 人，全国"三八"红旗手 3 人，全国技术能手 3 人。

中国钢研积极打造的科技创新团队主要包括：超高强及高强不锈钢团队、不锈耐热钢团队、合金结构钢团队、轴承齿轮钢团队、舰船结构钢团队、高温合金团队、难熔合金团队、稀土功能材料团队、粉末冶金团队、冶金工艺技术团队、材料表征评价技术团队、冶金自动化团队、数字化研发团队、基础研究团队等。这些团队是跨领域、专业互补、老中青结合、层次结构合理的研制队伍，以项目负责制管理，为新产品和新技术项目攻关、技术难题探讨、咨询辅导、人才培养和技术交流孵化等创新活动提供有力支撑。

中国钢研通过实施优秀青年科技人才培养计划，设立科技基金和青年创新基金，选派青年干部挂职锻炼，组织申报行业青年人才托举计划、青年拔尖人才支持计划等一系列措施，加强青年科技人才培养。尤其是以重大科技和工程项目为牵引，在承担国家、行业等不同层面的科研项目中，将青年推向急难险重的任务和重点岗位上，在实践中培育培养。目前，科技人才本科及以上学历占比达 82%，35 岁以下青年科技人才占比 42%。

中国钢研研究生教育始于 20 世纪 60 年代，是国家首批招收研究生和有权授予博士和硕士学位的科研院所之一，是国家首批建立博士后流动站的单位之一，招收了我国第一位材料科学与工程的博士后。

研究生培养

目前，中国钢研所属钢研总院拥有 2 个博士后科研流动站、2 个一级学科博士学位授权点、3 个一级学科硕士学位授权点；中国钢研所属自动化院拥有 2 个一级学科硕士学位授权点。截至 2021 年 12 月，中国钢研共有博士生导师 110 人（见表 8-1）、硕士生导师 116 人，累计招收硕士生 1316 名、博士生 970 名；博士后工作站 4 个，进站博士后 189 名。

中国钢研研究生院培养的众多毕业生，已经成为冶金行业和集团公司各单位的骨干人才。干勇、王国栋、刘正东当选为中国工程院院士，段文晖当选为中国科学院院士等。

表 8-1　现任博士生导师一览表（以姓氏笔画为序）

干勇	于月光	马党参	王毛球	王立军	王成胜
王春旭	王铁军	王海舟	仇圣桃	方以坤	冯光宏
吕旭东	曲敬龙	朱明刚	刘一波	刘正东	刘和平
刘清友	齐渊洪	江社明	孙彦广	孙新军	杜金辉
苏航	李卫	李波	李小佳	李向阳	李俊涛
杨钢	杨才福	吴伟	吴巍	何峻	况春江
沈学静	宋志刚	张继	张慧	张义文	张云贵
张少明	张启富	赵琳	赵栋梁	贾云海	顾宝珊
高怡斐	郭培民	曹文全	韩伟	韩光炜	彭云
葛启录	董生智	潘川			

第二节　群英荟萃

中国钢研的科技先锋，是我国钢铁行业发展的见证者、参与者和推动者，是行业领域的专家，是学术领域的带头人，是科研项目的"领头羊"。

一、科研前辈

在《中国科学技术专家传略》（工程技术编 冶金卷）和《20 世纪中国知名科学家学术成就概览》和《钢铁研究总院院志》中，记录了中国钢研老一辈科研工作者的突出成就。

李公达，冶金学家、炼铁专家，是我国钢铁脱硫研究的先驱，对推动我国炼铁技术水平的不断提高，做出了重要贡献。

戴礼智，磁学家、冶金学家，首次发现含铋、铜的汞合金具有顺磁性，研制开发的钨钢永磁材料填补了中国空白。

丘玉池，冶金学家、特殊钢专家，我国特殊钢事业的开拓者之一，倡导建立符合我国资源条件的特殊钢系统，取得显著成效。

孙珍宝，物理冶金学家、合金钢专家，为创建中国合金钢系统，促进冶金科技发展做出重要贡献。

陆达，冶金工程技术专家，中国冶金科技领域的带头人之一，将钢铁研究院建成冶金新型材料研究和开发的重要基地，研制出为国防尖端技术和国民经济急需的重要金属材料，为提高钢铁品种和质量作出了重要贡献。

柯成，精密合金材料专家，我国精密合金学科带头人之一，领导与组建了我国第一个精密合金研究室，带动与指导了我国主要精密合金科研与生产基地的创建和发展。

刘嘉禾，合金钢专家、冶金学家，我国低合金钢与合金钢学术领域的带头人之一，为我国低合金钢和合金钢的发展做出重要贡献。

陈篪，金属物理和断裂力学专家，是我国最早开拓断裂力学理论和测试技术研究的学者之一，虽身患重病，仍继续进行科研工作，被誉为"科技战线上的铁人"。

蔡博，炼铁技术专家，使高炉炼铁的各项技术经济指标达到了当时世界先进水平。

陈正球，粉末冶金专家，我国钨钼粉末冶金领域的带头人，为我国固体火箭发展做出了重要贡献。

王世章，合金钢专家，我国高速工具钢科学研究与生产领域的带头人之一，是我国节约镍铬的含硼合金结构钢、超高强度钢和半奥氏体沉淀硬化不锈钢的开拓者之一。

陆世英，不锈钢技术专家，我国不锈钢和高镍耐蚀合金领域主要的开拓者和先行者之一，解决了我国国民经济和核工业发展中多项工程用不锈钢和高镍耐蚀合金材料问题。

吴玖，不锈钢材料专家，长期致力于双相不锈钢的研究，是我国双相不锈钢材料研究的开拓者。

高良，冶金学家、高温合金专家，军工材料科技管理专家，是我国高温合金研制与发展的主要参与者和开拓者之一，对我国高温合金的创建和发展做出了重要贡献。

吴宝榕，无镍稀土装甲钢新钢种研制负责人之一。

李献璐，粉末材料专家，粉末材料领域带头人之一，为我国建设超音速飞机和火箭研制了新型高温合金材料。

杜挺，炼钢技术专家，研究成果对在钢铁、镍某高温合金冶炼中应用稀土有较重要的价值。

张树堂，轧钢技术专家，长期致力于轧钢新理论、新技术、新工艺、新装备研究，取得了重要成就。

仲增墉，高温合金专家，研制成功一系列难变形高温合金关键新材料，对我国高温合金的发展做出了重要贡献。

李崇坚，自动化领域专家，我国大型电机变频控制技术研究与工程应用的推动者。

这些科研前辈，拥有深厚的学术造诣和丰富的工作经验，在材料和工艺开发方面，做出了很多具有开拓性的工作，对行业技术进步和转型升级起到积极推动作用。

二、重要奖励和荣誉的获奖者

70 年历程中，中国钢研取得了许多重要科技成果，以下列举了部分曾经获得重要奖励和荣誉的获奖者名单（以姓氏笔画为序）。

1. 国家科技奖（一等奖第一和第二完成人和二等奖第一完成人）

国家技术发明奖：

一等奖：王恩珂、葛昌纯；

二等奖：王海舟、王燚、吕忠、刘伯云、刘荣藻、陈正球、范钜琛、周凤池、孟繁茂、董瀚。

国家自然科学奖：

二等奖：徐庭栋。

国家科技进步奖：

一等奖：朱尔瑾、刘正东、李荣、肖文涛、吴玖、陆世英、徐英忱、翁宇庆；

二等奖：于月光、干勇、王海舟、庄景云、刘正东、杜梅英、李卫、李荣、李俊义、李崇坚、张少明、张传历、张慧、陈铿如、罔毅民、周少雄、赵炳坤、荣凡、姚泽雄、徐凤琴、殷瑞钰、傅宏镇、燕平、薛兴昌。

2. 何梁何利基金科学与技术创新奖

刘正东、殷瑞钰。

3. 光华工程科技奖

刘正东、李卫、李崇坚、张少明、邵象华、周少雄、殷瑞钰。

4. 国家高层次人才特殊支持计划领军人才

厉勇、冯海波、张少明、陈吉文、郭朝晖。

5. 百千万人才工程国家级人选

于月光、田志凌、刘正东、刘清友、孙彦广、苏杰、李波、李德仁、杨忠民、张少明、陈吉文、郭朝晖、董瀚、喻晓军。

6. 中国青年科技奖

包汉生、刘清友、李卫、李德仁、陈吉文。

7. 有突出贡献的中青年专家

丁立平、干勇、王焱、王新林、冯涤、朱静、刘正东、孙家华、苏杰、李卫、李正邦、李崇坚、李德仁、杨才福、杨忠民、肖文涛、张永权、张传历、张树堂、陆世英、陈吉文、陈利民、范钜琛、周少雄、周凤池、祝景汉、胥继华、徐志雄、翁宇庆、郭朝晖、康喜范、董瀚、褚翰林、蔡其巩。

8. 全国劳动模范

才让、孙涤华、纪经本、李卫、董瀚。

9. 全国优秀共产党员

赵光普。

10. 全国"三八"红旗手

朱静、吴玖、韩伟。

11. 全国技术能手

王立平、卓明、赵勇。

第三节　院士风采

中国钢研在发展历程中，共产生了 12 位院士，技术研究领域分布在钢铁冶金、金属物理与断裂力学、计算材料物理、材料科学、冶金分析表征、磁学与磁性材料等。以院士为代表的战略科学家组成的高端智库，组织精兵强将，寻求前瞻性基础研究，引领原创技术的重大突破，在关键共性技术、前沿引领技术、现代工程技术、颠覆性技术方面不断创新。

表 8-2　中国钢研院士一览表

姓名	类别	当选年份	主要研究领域
李文采	中国科学院院士	1955	钢铁冶金
邵象华	中国科学院院士 中国工程院院士	1955 1995	钢铁冶金
蔡其巩	中国科学院院士	1980	金属物理与断裂力学

姓名	类别	当选年份	主要研究领域
王崇愚	中国科学院院士	1993	计算材料物理
殷瑞钰	中国工程院院士	1994	钢铁冶金
朱 静	中国科学院院士	1995	材料科学
李正邦	中国工程院院士	1999	钢铁冶金
干 勇	中国工程院院士	2001	冶金材料
翁宇庆	中国工程院院士	2009	金属材料
王海舟	中国工程院院士	2011	冶金分析表征
李 卫	中国工程院院士	2015	磁学与磁性材料
刘正东	中国工程院院士	2019	冶金材料

一、李文采（中国科学院院士）

李文采　中国科学院院士

　　李文采（1906—2000），钢铁冶金学家。1931年毕业于上海交通大学。1949年后，参加上海的重工业企业的接管工作，整顿上海各钢铁厂，组成了上海国营钢铁公司，并规划了沪、杭、宁的电力网工程。1954—1958年期间，配合各大钢铁联合企业的矿石、煤焦、耐火材料检验等方面的基本建设工程的需要，组织领导了试验研究工作。首次在我国半吨转炉试验了纯氧顶吹，炼成合格钢水 100 余炉。进行了真空下铸钢和连续铸锭试验。完成了型焦的实验室试验工作，参加了太原钢铁厂和福州型焦半工业性试验。在首钢、包钢、淄博硫酸厂、湛江钢厂进行了熔融铁矿用碳还原制取铁水的试验。在综合利用我国矿产资源和钢铁工业技术改造方面，向有关部门提出重要建议。1955 年选聘为中国科学院院士（学部委员）。1952 年，西南工业部撤销。李文采到轻工业部重庆工业试验所工作。1954 年，钢铁工业管理局委派李文采任钢铁工业试验所所长。1958 年，成立冶金部钢铁研究院，李文采担任副院长，主要负责学术活动，及时掌握冶金技术发展的动向和信息，设计冶金新工艺，开展专题研究，并先后培养指导了 4 名博士生和 3 名硕士生。

毕生求索冶金新工艺

李文采在长期的科研生涯中，主抓了钢铁冶金新工艺流程的研制。1955 年，李文采在研究所建成了一座半吨顶吹氧气转炉。1956 年，在他的主持下，进行了我国首次半吨级氧气顶吹转炉的炼钢试验。同时，他与鞍钢合作，开始平炉氧气炼钢的研究，推动了我国氧气炼钢的发展，为各钢厂的氧气顶吹转炉炼钢提供了技术参数和操作经验。李文采在多年科学实践的基础上，构筑了一个冶金新工艺流程模式，可以缩短高炉内铁水熔融时间，使高炉的产量大幅度增加，并大大降低焦炭的耗费。

1956 年，李文采领导和组织了利用弱黏结性气煤制造热压焦的试验，继而在太原、福州钢厂做了工业性试验。20 世纪 70 年代，他到全国各地宣传用煤粉和热风熔矿还原冶炼铁水的新经验。

1957 年，李文采组织建成了我国最早的连续铸钢和钢包真空处理实验装置。李文采领导这一开拓性课题的研究，培养和造就了一批科研骨干和学术带头人。

1979 年后，李文采对薄板坯连铸技术进行了大量试验，着重解决薄板带连铸中带材表面的质量问题，取得了阶段性成果。

数十年来，李文采始终追求真理，热爱科学，钻研技术，致力于推进新技术的研究与发展。

二、邵象华（中国科学院院士、中国工程院院士）

邵象华（1913—2012），钢铁冶金学家、钢铁工程技术专家。1932 年毕业于浙江大学。1937 年获英国伦敦大学冶金硕士学位。1955 年选聘为中国科学院院士（学部委员）。1995 年当选为中国工程院院士。

邵象华在抗日战争期间就主持国内第一代平炉炼钢厂的设计、施工和生产。1948

邵象华　中国科学院院士、中国工程院院士

年起在鞍钢参与恢复生产、建立我国第一代大型钢厂的生产技术和研究开发体系，参与主持大型钢铁联合企业技术管理的奠基工作。1959 年起主持并参与了国内冶金反应、冶金新工艺、真空熔炼及铁矿资源综合利用等方面的一系列科研项目，在生产中得到应用。1998 年获第二届中国光华工程科技奖。

千锤百炼　钢铁人生

1947 年，邵象华在鞍山参加原日本侵华时期建设的"昭和制钢"（鞍钢前身）的修复工作。1948 年，邵象华参加接管鞍钢的工作，担任炼钢部总工程师，推动鞍钢第一座平炉恢复投产。

1949 年 7 月 9 日，鞍钢全面开工，邵象华为鞍钢数年后发展成国内唯一大型钢铁联合企业做出了贡献。

1950 年，鞍钢开始建立企业各项组织管理制度。邵象华负责制订公司各个基本生产工序的技术操作规程、产品检验标准、技术措施等。经过 700 多个日日夜夜，邵象华负责制订的各项技术指标均远远超过之前水平，成为我国大型钢铁联合企业技术管理的重要奠基人之一。

1957 年，邵象华率先在鞍钢 180t 大平炉炉顶采用镁铝砖耐材，其寿命超过了当时国际上铬镁砖炉顶耐材的寿命，这项技术迅速在全国推广。

邵象华始终保持着无私奉献的高尚情操和锐意进取、勇于创新、精益求精的科学精神，注重理论联系实际，坚信应用基础和开发类研究的根本在于工程化和工业化。他严格要求和提携年轻一代，为钢铁领域培养了大量人才。

105

三、蔡其巩（中国科学院院士）

蔡其巩　中国科学院院士

蔡其巩（1932—），金属物理与断裂力学专家，主要从事金属结构和力学性能关系研究。1932年8月生于印尼泗水。1956年毕业于哈尔滨工业大学。长期从事金属材料、金属物理应用基础理论研究和实践，在引进断裂力学及理论研究上有突出贡献，提出纯幂硬化材料高应变区中裂纹的J积分公式，并证明了当时被认为理论上无法证明Wells-Burelekin经验公式；在国际上首先用J积分证明了应变疲劳寿命的Manson-Coffin关系，多次获得部级科技进步奖一等奖。他是首批国家有突出贡献的中青年科技专家、清华大学兼职教授、博士生导师、中国金属学会理事、名誉理事。1980年当选为中国科学院院士（学部委员）。

怀揣报国情　攻坚破难题

1952年，蔡其巩怀揣一腔报国之情，回到祖国，随即参加全国高考，被哈尔滨工业大学机械系录取。

1956年，蔡其巩毕业后即被留校，担任助理教授。后调入国家钢铁研究院，先后担任工程师、高级工程师、教授，从事金属结构和力学性能关系的研究，持续攻克技术难题。

20世纪60年代末，蔡其巩首先在国内引进了线弹性断裂力学，促进了壳体用超高强度马氏体时效钢试制成功。70年代初，从事弹塑性断裂力学理论和工程应用研究，首次证明了应变疲劳寿命的曼森-科菲关系。1978年他在国际焊接年会上发布《高应变区裂纹张开位移分析》论文，首次提出了区分韧带屈服和总体屈服的理论思想和公式，澄清了当时国际上在宽板断裂试验和高应变区裂纹容限分析的混乱。

在弹塑性断裂力学的研究领域，蔡其巩提出的公式，被国外同行称为"蔡氏公式"，纠正了国际上应变裂纹容限分析中的错误观点。

四、王崇愚（中国科学院院士）

王崇愚　中国科学院院士

王崇愚（1932—），计算材料物理与缺陷电子结构专家。1950年进入北洋大学，1952年院系调整到清华大学，1954年从北京钢铁学院金属学专业毕业。长期从事材料结构缺陷——掺杂复合体第一原理电子结构、声子激发计算、分子动力学结构缺陷演化模拟与分析、量子力学基础的多尺度建模与算法研究。他提出处理固态问题的多尺度物理参量解析传递序列算法、超导体中结构缺陷与电子缺陷相关理念，建立了第一原理原子间相互作用势解析表述方法，独立提出多尺度能量密度协同算法。他发表专业论文250余篇，合作出版关于密度泛函理论计算、位错理论及材料设计等三本学术专著。1991年起王崇愚享受国务院颁发的政府特殊津贴，1993年当选为中国科学院学部委员，1995—2002年当选为全国政协第八届、第九届委员。

矢志探索　勇攀高峰

1954年王崇愚进入钢铁工业试验所，在金属物理研究室工作，1958年转到第二研究室，1999年进入清华大学物理系。

王崇愚在钢研总院期间，根据国家任务和发展需要，主要从事军工材料研制，完成了多项武器系统关键部件研究任务。

20 世纪 60 年代初，他通过广泛的成分试验及分析，发现了磁性材料微量气体的掺杂效应，实现了成功控制合金中氧含量的工艺。同时开展了探索几类材料中微量氧作用机制及合金制备和应用的研究。相关研究论文发表于 IEEE（1979）。他提出微量氧-层错复合体模型，1990 年代表性论文发表于《物理评论》。

20 世纪 70 年代，王崇愚承担国家海洋材料任务，成功应用于潜艇关键部件。20 世纪 80 年代后期，王崇愚将研究工作重心置于探索和揭示电子结构与物性多尺度相关机制方面研究。

2011 年王崇愚参加国内材料基因组计划调研，与 70 余位教授（20 位院士）提出材料基因组研究建议，中科院将报告呈送国务院并获得采纳。其后在专项工作中发展了多元复杂材料多学科集成设计和分析方法，为实现"按需设计材料"提出新理念。

王崇愚的几个开创性和创新性研究包括：

固态问题的多尺度物理参量解析传递序列算法、多尺度能量密度协同算法、超导体结构缺陷与电子缺陷相关理念及计算、金属缺陷复合体电子结构能量学研究与合金设计、第一原理原子相互作用势解析表述方法等。

五、殷瑞钰（中国工程院院士）

殷瑞钰　中国工程院院士

殷瑞钰（1935—）冶金学家、钢铁冶金专家、工程哲学开拓者。1957 年毕业于北京钢铁工业学院（现北京科技大学）冶金系。历任唐山钢铁公司总工程师、副经理，河北省冶金厅厅长，冶金工业部总工程师、副部长，钢研总院院长等职。1994 年当选中国工程院院士，曾任中国工程院化工、冶金与材料工程学部主任，工程管理学部主任。1988 年以来历任中国金属学会副理事长、名誉理事长，中国自然辩证法研究会副理事长兼工程哲学专业委员会理事长等职。2002 年当选日本钢铁学会名誉会员。

殷瑞钰长期从事并主持冶金科技和发展战略研究工作，对 20 世纪 90 年代中国钢铁工业技术进步的战略研究、选择、有序推动和实施，做了大量工程技术和理论研究工作，推动了连续铸钢在中国的技术突破和全连铸钢厂的全国性推广，带动了冶金行业一批关键共性技术的研发和应用。

他在理论上指出冶金制造流程中存在基础科学、技术科学和工程科学三个层次的科学问题，并开拓了冶金流程工程学理论，研究了钢铁制造流程动态运行的物理本质、本构特征和钢铁制造流程宏观运行动力学等理论问题；提出了新一代钢铁制造流程的概念和理论框架，指出钢厂应具有钢铁产品制造功能、能源转换和及时回收利用功能、社会大宗废弃物处理-消纳和再资源化功能三大功能。他的代表性著作有《冶金流程工程学》《冶金流程集成理论与方法》等。

2000 年以来，殷瑞钰致力于工程哲学的开拓性研究，组建了中国自然辩证法研究会工程哲学专业委员会，进行了工程哲学理论的系统研究，著有《工程哲学》《工程演化论》《工程方法论》《工程知识论》等。

秋夜谈话 促成工程理论

1994 年秋，在中国工程院化工、冶金与材料工程学部会议后的一个晚上，中国科学院院士、中国工程院院士、著名材料科学家师昌绪先生找到殷瑞钰，两人交流了一些钢铁冶金科技工作方面的想法之后，师先生对殷瑞钰说道："看过你的文章了，你能看到关键共性技术集成到一起就能形成一个集成性的工程系统，这非常好。这是你多年工作从实践上升到理论层面的总结，应该进一步从理论上写出来。"师先生提到的是殷瑞钰 1993 年发表在《金属学报》上的《冶金工序功能的演进和钢厂结构的优化》。

师先生说："一个新的理论、新的提法，起先可能有些不同声音，但现在大家感到是管用的。你应该在生产上继续把以连铸为中心的技术路线和在全国建立全连铸钢厂的模式推行下去。同时还要从理论上进行总结，把理论写出来。"

殷瑞钰坦诚地回答道："谢谢师先生的支持、教诲和提示。说到理论，如果要写篇论文，我可以经过努力在一个月内写出来，如果说要写一本专著，我现在写不出来。"

师先生说："单篇论文要写，学术专著也要写，一年写不出来两年，两年写不完三年，反正应该下功夫写！"师先生的叮嘱语重心长，"一定要写一部冶金流程工程方面的学术专著，进一步在理论上、学术上把冶金生产过程中经历的诸多形式的技术进步系统地阐述清楚，加以推广。冶金系统需要这样的从实践上升到理论的专著，中国更需要这样的专著来引领中国的钢铁事业。"

殷瑞钰深深感觉到，师先生的话是鼓励，更是鞭策，他开始阅读文献、收集资料，

走访钢厂，深入思考冶金学科拓展的命题。十年磨一剑，终于在 2004 年独立完成了近
40 万字的理论著作，这就是《冶金流程工程学》。书稿完成之后，殷瑞钰将书稿送给
师昌绪先生审阅，师昌绪先生十分高兴，欣然提出为该书作序。

六、朱静（中国科学院院士）

朱静　中国科学院院士

朱静（1938—），材料科学家，我国材料电子显微学领域的学术带头人。1962 年毕
业于上海复旦大学物理系，1995 年当选中国科学院院士。2007 年当选第三世界科学院
院士。

朱静长期从事材料科学微观结构研究，在材料研制、材料科学基础与应用基础研
究中做出重要贡献。主编了《高空间分辨分析电子显微学》和《纳米材料和器件》。
在国际上首次用相干电子源微衍射实验及原理发现和确定了有序结构单个畴界的性质，
该工作已成为该领域开拓性原始文献。在我国首先开展了材料亚埃尺度表征和原子尺
度序参量的协同测量和关联研究。曾承担用于气体扩散法浓缩铀 235 的一种复合分离
膜研制过程中的全部高分辨反射电子衍射检测，并在国家急需的超高强度钢的研制中
做出重要贡献。配合研制单位，长期进行了航空发动机的叶片和涡轮盘材料的成分、
结构和性能关系的基础研究。组织高校和科研院所的人员参与了车轴厂高铁车轴国产
化研制，负责撰写了高铁轮轴国产化的战略研究报告。她被授予"全国先进工作者"
"国家有突出贡献中青年专家""全国三八红旗手"等称号。1962—1996 年在钢研总院

工作。1980—1982 年被国家派往美国深造，曾任清华大学材料科学与工程研究院院长。

矢志不渝　治学严谨

1962 年朱静从复旦大学毕业，进入钢铁研究院工作，在金属物理和电子显微学的基础知识及实验技术能力得到了全面提升。1980 年，她被国家派往美国著名的衍射物理基地进修，到美一个月后，就被美方正式招聘为 faculty。1984 年，她又应教授邀请去美国一大学任访问副教授。前后两次出国，她都按出国前的规定，按时回国。1995 年在钢研总院全体员工参与选举的"十大爱院模范"中，她被列为榜首。朱静院士一直认为，这是她一生中获得的最珍贵的荣誉。

1996 年朱静受邀至清华大学工作，1997—2006 年间任材料科学与工程研究院院长，负责规划和执行材料学科群的"985"和"211"计划。2006 年"世界科研机构学科竞争力排行榜"中，清华材料学科成为中国高校所有学科唯一的一个排名进入前5%的学科。1996—2008 年朱静在清华建立了北京电子显微镜中心。朱静重视教书育人、言传身教，她是教育部"清华-钢研联合培养研究生计划"导师。

七、李正邦（中国工程院院士）

李正邦　中国工程院院士

李正邦（1933—2017），钢铁冶金专家。1958 年毕业于哈尔滨工业大学。长期从事电渣冶金方面的研究与开发，设计出国内第一代工业电渣炉，用于生产无发纹钢、高温合金等特殊产品，并在液渣启动、液位控制、连续抽锭和二次冷却上有创新。率先开发了电渣熔铸技术，成功研制出曲轴、飞机发动机涡轮盘等产品。开发了以白云石为基的无氟渣，电渣重熔效率提高 1 倍，电耗降低 48%，炉前大气含氟、含尘达标。

揭示了电渣重熔提纯净化发生在电极端头的机理，受到国际公认与引用。在氮合金化及直接还原生产合金钢等方向有新突破。多次获得国家及部级奖励，其中"电渣冶炼合金钢"获 1965 年国家发明奖。共发表科技论文 205 篇，出版专著 5 部。1999 年当选为中国工程院院士。

潜心钻研　电渣冶金立功勋

1958 年 12 月 9 日，在首钢下厂工作期间，李正邦利用高炉风管改装成结晶器，将电渣焊机改装成电渣炉，冶炼出质量优良的高速钢，成果发表于《焊接》杂志国庆 10 周年特刊，从此步入电渣冶金领域。30 年后，这一天被中国金属学会定为中国电渣冶金诞生日。

1959 年，李正邦将电渣重熔技术用于生产航空用轴承钢，并以此为契机将电渣重熔技术引入特钢行业，此后他承担了重庆特钢、大冶钢厂建立电渣车间任务。

1960 年，李正邦负责设计国内第一代工业电渣炉，当时由他绘制总图及剖件图。

1965 年，李正邦关于电渣重熔去除钢中夹杂物主要发生在电极端的论文发表在《钢铁》杂志后引起国际同行争论。李正邦采用高灵敏度同位素（ZR95O2）作为示踪剂的方法，证实钢中夹杂物主要发生在自耗电极端头熔化段。1988 年在第九届国际真空冶金会议上，他系统报告了这一现象和演变机理。

1966 年，李正邦在大冶钢厂设计了专用电渣熔铸炉，开发了工艺软件，研发成果于 1978 年获"全国科技大会奖"两项奖。

1972 年，李正邦承担了大型喷气式飞机发动机涡轮盘的研制任务，这是当时的世界性难题。

1980 年，李正邦开发了以天然白云石为基的无氟渣，该炉渣具有较高的比电阻，使电渣重熔生产率提高 1 倍，电耗降低一半，炉前大气含氟达标。该技术很快在全国推广，并于 1990 年获国家发明奖。

1982 年，李正邦承担国家攻关任务研制大尺寸优质高速钢（≥100mm），使电渣高速钢质量达到国际品牌 ISODICS 水平，扭转了我国大尺寸高速钢长期依赖进口的局面。该技术 1986 年获冶金科技进步奖一等奖。

1996 年，李正邦采用超低氧、夹杂物变性技术，将铁路专用弹簧钢中脆性夹杂物变为塑性夹杂物，所制成弹簧的疲劳寿命大于 100 万次。

1999 年，李正邦团队采用直接还原工艺生产的高速钢，钢的洁净度、致密性、碳化物颗粒度与均匀性等指标全面超过国标。该技术促进了国内高速钢产业发展，并提升了中国稀有金属钨铁矿的附加值。

2003 年，李正邦团队承担了"973"课题"零夹杂钢研究"，采用真空感应炉-真空电弧重熔双联工艺，炼成超洁净 42CRMO 钢。

八、干勇（中国工程院院士）

干勇　中国工程院院士

干勇（1947—），冶金材料专家，我国材料冶金、现代钢铁流程的学术带头人之一。1981 年于上海工业大学（现上海大学）获硕士学位，1987 年获钢研总院工学博士。2001 年当选中国工程院院士。曾任钢研总院院长、中国钢研董事长、中国工程院副院长、中国科学技术协会常委、中国稀土协会会长、中国稀土学会理事长、中国金属学会理事长等职。2002 年当选中国共产党十六大代表、主席团成员，2007 年当选中国共产党十七大代表，十二届全国政协委员及人口、资源与环境委员会副主任，现任中国金属学会名誉理事长、国家新材料产业发展专家咨询委员会主任、中国科协先进材料学会联合体主席等。

深耕冶金技术　致力材料强国

1988 年，博士毕业后的干勇选择了留院工作，吸引他的是薄板坯连铸技术工业化开发的机遇：一是 1983 年导师李文采先生在全世界率先提出薄板坯连铸方向并作为干勇博士论文课题；二是在原冶金部科技司的主持下，原国家计划委员会已经将薄板坯连铸技术列入国家"八五"攻关计划，组织钢研总院、自动化院、兰州钢厂等单位对该项技术进行攻关研究。

干勇一直从事冶金、新材料及现代钢铁流程技术研究，研制成功国内首台半工业化和工业试验薄板坯连铸机组，主持了高效连铸关键装备及系统技术的开发，对我国钢铁工业连铸技术发展及应用推广做出了创新性贡献。1996 年和 1999 年，干勇先后两次获得国家科技进步奖二等奖。多年来，干勇主持电磁冶金、熔融还原和可循环钢铁流程等国家重大项目，同时在现代冶金流程的数字化、智能化和绿色化领域做了大量卓有成效的工作，先后获得省部级科技进步奖一等奖 5 项，获准专利 24 项，其中发明专利 15 项，发表论文 200 余篇，出版著作 18 部。荣获国家级有突出贡献中青年专家、国家"八五"科技攻关计划"全国先进工作者"和国家"九五"科技攻关计划"全国突出贡献者"等称号。

2017 年 2 月 28 日，国家新材料产业发展专家咨询委员会成立，聘任干勇为专家咨询委员会主任，几年来，他召集国内各个领域的材料专家，制定各个领域的材料发展方案，开展新材料战略研究。他每年会做上百场的新材料发展主旨报告，一年中三分之一的时间都在全国各地。他领衔开展国家科技创新 2030 重大项目"重点新材料研发及应用"编制工作，顶层谋划设计材料国家实验室建设方案，指导全国各地布局建设了一系列重大项目及创新平台。此外，作为国家科技创新体系顶层设计的智囊团成员，主持了中国工程院等国家部门科技创新体系、现代产业体系、矿产资源等领域众多重大咨询项目，向国家及地方提出了大量富有成效的建议，多项建议被党和国家领导人批示采纳。

九、翁宇庆（中国工程院院士）

翁宇庆　中国工程院院士

翁宇庆（1940—），金属材料学专家，长期从事钢铁材料的研究开发以及中国冶金工业科学研究的领导与管理工作。1994 年当选为俄罗斯工程院院士，2009 年当选为中国工程院院士。曾任第十届全国政协委员，中国科协全委会委员、中国金属学会名誉理事长、钢研总院名誉院长、国家气候变化专家委员会委员和国防科工局技术委员会委员。翁宇庆院士担任过 15 项国家和中央部级科研项目负责人，获得了 3 项国家级奖励和 10 项省部级奖励。在主持"973"项目期间形成了"形变和相变耦合"的超细晶形成理论及控制技术，使中国成为世界上首先将上述成果用于工业生产的国家，为中国冶金工业的发展做出了重要贡献。

求实鼎新　开发新一代钢铁材料

翁宇庆治学严谨，具有极强的学术能力和组织能力，能将科研、生产、应用等结合起来。1998 年 9 月—2003 年 9 月，担任第一批国家重点基础研究发展计划（"973"计划）项目"新一代钢铁材料的重大基础研究"首席科学家。在主持项目期间，带领项目团队勇于创新，在世界各国研发超级钢的热潮中提出并成功实现了少用资源和能源、成本基本不增加，在保证材料强韧性和应用性能良好配合下，采用超细晶、高洁净、高均质为特征的技术路线，完成了从基础理论到关键技术再到工艺流程的系统研发。形成了"形变和相变耦合"的超细晶形成理论及控制技术，开发出高强碳素结构钢（强度由 200MPa 级提高到 400MPa 级）、高强微合金钢（强度由 400MPa 级提高到 800MPa 级）、高强合金结构钢（强度由 800MPa 级提高到 1500MPa 级）三类新的钢铁材料，使钢铁结构材料强度提高 1 倍，部分钢铁材料所制造的装备使用寿命也提高 1 倍。该成果具有国际领先水平，使中国成为世界上首先将上述成果用于工业生产的国家。据不完全统计，总产量已超过 2 亿吨，现已应用于西直门交通枢纽、北京中央商务区、国家体育馆（鸟巢）等建筑。

通过形变诱导析出和中温相变控制等技术创新，生产出高强微合金钢板，在鞍钢、武钢、济钢投产，已超过 30 万吨，用于大型桥梁、汽车起重机的挂臂、采矿液压支架等处，销售收入已超过 30 亿元。他领导的团队还研发出了强度级别达到 14.9 级的耐延迟断裂紧固件用合金钢，是目前国际上强度级别最高的耐延迟断裂紧固件用合金钢，在汽车上使用，并成为香港 9 号码头大螺栓用材。

基于对新一代钢铁材料的研究工作，翁宇庆获得国家科技进步奖一等奖、全国冶金科技进步奖特等奖以及教育部科技进步奖一等奖、辽宁省科技进步奖一等奖、安徽省科技进步奖一等奖、中国材料研究学会科学技术奖二等奖、香港生产力促进局的"紫荆杯生产力奖"等多项奖励。

鉴于对我国钢铁材料重大技术基础研究项目做出的重大贡献，翁宇庆获得香港求是科技基金会 2008 年度求是杰出科学家奖，被评为科学中国人 2008 年度人物。2009年，在德国柏林召开的国际先进材料制造大会上，翁宇庆获杰出贡献奖。作为首席科学家，翁宇庆至今还在率领团队深入开展提高钢铁质量和使用寿命的冶金学基础研究工作。

十、王海舟（中国工程院院士）

王海舟　中国工程院院士

王海舟（1940—），冶金材料分析表征专家，我国钢铁冶金分析领域的学科带头人。1963 年毕业于北京大学化学系，同年进入钢铁研究院，2011 年当选中国工程院院士。系国际钢铁工业分析委员会终身荣誉主席，中国材料与试验团体标准委员会主任委员。

王海舟院士投身于分析表征领域近 60 年，长期从事分析表征评价技术研究，并致力于材料与试验领域质量支撑体系研究。取得一系列重要成果，曾获 2002 年国家科学技术进步奖二等奖、2008 年国家技术发明二等奖、2013 年全国创新方法成就奖等奖项。

高屋建瓴　逐本求末

1999 年，王海舟面向 21 世纪冶金分析表征的问题，提出原位状态统计分布分析、复杂体系痕量元素分析、现场临线快速响应分析等三个研究发展方向，取得了一批开创性的研究成果，对全国冶金材料分析表征技术的发展具有导向作用。其标志性成果为：一是原位统计分布分析理论与技术。1996 年，在国际上首次提出原位统计分布分析技术的新概念，解决了材料大尺寸范围内成分及状态分布定量表征的难题。建立了较系统的理论、仪器技术、表征模型与相关标准，成为与现有宏观表征、微观表征相补充的第三种（统计）表征方法，解决了材料较大面积范围内组成及状态（从微观到宏观）跨尺度综合统计定量分布表征的难题，广泛应用于冶金工艺及材料性能的质量控制与解析表征。二是高通量统计映射表征与逆向设计理论及技术。2012年，参与推动我国材料基因工程研究的发展战略，提出了基于材料非均匀性的材料大尺寸范围各原始位置组成-结构-性能原始信息点阵分布的高通量统计映射表征理论，组织开展了一系列高通量表征技术研究，聚焦材料跨尺度海量数据的统计映射构效相关性研究。创建了材料改性、工艺优化以及新材料研究的材料基因工程高通量统计映射逆向设计的新路线，已成为一些国家重大工程、新材料研究以及企业创新工艺研究的重要组成部分。

王海舟长期致力于材料与试验领域质量支撑体系研究，先后提出并推进了分析测试体系、专业技术人员能力培训体系、应急分析测试体系等国家基础条件平台研究与建设；推进了科学实验结果有效性研究、实验室能力验证研究与实践；在一系列战略研究基础上，提出了建设材料与试验标准体系、试验表征体系以及评价体系等三大体系（平台）支撑材料与试验高质量发展的重要建议。其标志性成果为：牵头组建了中国材料与试验标准化与评价体系（CSTM）。构建了面向国际，具有系统性、先进性、适用性、时效性、多元性、包容性和动态性等特点，具有矩阵式结构的材料与试验标准化创新体系，形成涵盖全产业链、全流程、全生命周期、全域等系统全覆盖的标准体系；遵循研究设计科学合理性、产品指标符合性、生产工艺稳定性和服役性能适用性等标准化技术路径；实施以产业专业标准化评价为导引，以系列的事实标准为基础，以全域标准化可靠数据为依托的系统标准化专业评价。创新标准评价体系受到业界广泛关注，在我国高铁列车车轮国产化及超超临界耐热钢管等产业评价示范表明：CSTM以一体两翼（标准与评价）的产业全链条标准化创新评价，推进科技创新成果的全面转化、系列事实标准的迭代更新、全域数据链的有效保障和产业质量的全面提升。

"高屋建瓴，逐本求末"是王海舟秉持的行为准则，做任何事情始终立于全方位大格局的视角，既要抓住事物的根本，又要追求完美的细节。

十一、李卫（中国工程院院士）

李卫（1957—），磁学与磁性材料专家，中国钢研副总工程师，2015年当选中国工程院院士。"十四五"国家重点研发计划"稀土新材料"重点专项专家组组长。兼任IEEE及国际稀土永磁及应用委员会委员，亚洲磁学联盟委员会委员，中国稀土学会常

李卫　中国工程院院士

务理事，中国稀土学会永磁专业委员会主任，全国磁性材料与器件行业协会副理事长。第十届及第十二届全国政协委员，第十三届全国政协常委，第十一届全国人大代表。

　　李卫长期从事高性能稀土永磁新材料、产业化关键技术研发和创新工作，获得了低温度系数、高磁能积钕铁硼永磁材料，特殊取向稀土永磁环和新型钸永磁体等多项核心技术创新成果，率领团队为我国稀土永磁产业发展壮大做出了重要贡献，相关成果获国家科技进步奖一等奖 1 项、国家科技进步奖二等奖 3 项、国家发明三等奖 1 项、中国工程院光华工程科技奖。1992 年李卫获国务院政府津贴，1995 年成为国家人事部"重点资助优秀留学回国人员"，1996 年获国家"中青年有突出贡献专家"，2000 年获"全国劳动模范"称号，2013 年获探月工程三期关键技术攻关和方案研制优秀个人称号，2019 年获得"十三五"钢铁工业科技成就奖。2021 年"李卫工作室"获得"各民主党派、工商联、无党派人士为全面建成小康社会作贡献先进集体"。

"磁无止境"　让磁科技服务社会

　　"中东有石油，中国有稀土"，这句话充分体现了稀土对于我国乃至世界的重要性。当前，我国稀土永磁材料产量占世界产量的 87% 以上，产品研发水平和产品质量位居世界前列，已成为世界稀土永磁领域的制造中心、研发中心。

稀土永磁材料被广泛运用在航天、通信、机电、仪器仪表、冶金、化工等诸多领域，是现代社会中必不可少的新材料。为此，能否获得高性能磁体已成为衡量一个国家技术水平高低的重要标志之一。

近40年来，李卫和他的团队始终被"磁"紧紧吸引，一直坚守在稀土永磁新材料应用基础研究、工程化关键技术、新产品研发创新等领域，经历了几代稀土永磁材料从实验室研究到产业化大生产的发展历程。他和团队完成了多项稀土永磁项目，针对国民经济，以及航空航天等重点领域对稀土永磁材料的特殊要求，研制出多个系列、近百规格的新产品，许多都是我国独有的、无法被取代的产品，保证了国家一些重点型号、重大工程如"神舟系列飞船""探月工程""天宫空间实验室"等对永磁材料的需求。

"磁无止境"。近年来，李卫和他的团队把研究重点又聚焦到解决高丰度稀土大量积压的问题上。他们首创了双主相法制备稀土永磁材料的新工艺，并由此开发出具有高性价比的新型铈磁体，未来有望解决稀土资源不平衡利用这一难题。

多年来，李卫在科研一线发挥着自身专业优势，取得了一系列成果。他以"科技报国、服务社会"作为自身使命，让磁性材料顺利运用到新一代信息技术、智能装备、节能环保等领域。

十二、刘正东（中国工程院院士）

刘正东　中国工程院院士

刘正东（1966— ），钢铁冶金和材料专家。1990年毕业于清华大学金属压力加工专业，获学士学位。2001年毕业于不列颠哥伦比亚大学钢铁冶金专业，获博士学位。2019年当选中国工程院院士。现任中国钢研副总工程师。长期在第一线从事电站动力工程用钢冶金技术及其工程应用研究，主持创建了我国超超临界燃煤电站耐热无缝管冶金技术、构建了先进压水堆核电站核岛高质量大锻件冶金技术、研发了我国潜艇核动力系统关键钢材成套制造技术。

择一领域　共其成长

"行胜于言"是刘正东一直深信的道理。在他看来，个人成长应融入国家社会的发展，而他对待科研的认真与执着，影响着同事、学生和身边的人。

"你如果想进入科学殿堂，一定要先选择一个即将迅速成长的领域，然后用你的一生与它一起成长。"在加拿大不列颠哥伦比亚大学读博士时，导师的一句告诫和刘正东的想法不谋而合，也成为他求学、结缘钢铁研究30余年的写照。

2001年在加拿大取得冶金工程博士学位后，刘正东回到钢研总院。刚回来时，我国超超临界火电和百万千瓦核电工程还未启动，研究组以给中小企业做临时性技术服务为主。他感到中国经济发展需要能源工业支撑，超超临界火电和百万千瓦核电是先进的能源工程技术，而发展这些技术的"卡脖子"问题主要是关键原材料，即高压锅炉管和核用大锻件等。

抱着"回来就是要做点事情"的想法，刘正东迅速作出判断，开始收集文献，并于2001年底着手了解相关产业情况。2003年，刘正东拿到第一个锅炉管研究的国家科研任务，2005年拿到第一个核工程大锻件材料研究的国家科研任务。

600℃超超临界是迄今世界最先进的商业燃煤发电技术。2003年我国开始发展600℃超超临界机组，但关键锅炉管全靠进口，国外技术垄断使其价格畸高，有时拿钱也买不到货，已威胁到我国能源安全。锅炉管须在高温高压多种腐蚀环境中长期稳定服役，研发难度大、周期长。在此情况下，科技部2003—2010年间两次设立重点项目，钢研总院牵头围绕600℃超超临界锅炉管技术联合攻关，历经10余年，实现了我国超超临界关键锅炉管从无到有、从有到全、从全到先进的跨越，使我国锅炉管技术跃居国际先进水平。之后，他主持创建了我国超超临界燃煤电站耐热无缝管冶金技术，构建了先进压水堆核岛高质量大锻件全流程冶金技术，研发了我国潜艇核动力用关键钢材成套制造技术。

但提到成就，他更愿意将其归功于团队。刘正东说："团队、技术成熟度、国家发展的阶段和政策等，都是影响工程成败的重要因素。一个工程的成功也绝不是一代人的事情，前面有好多代人的积累。时间的长河里，个人可能起到了推动作用，但总的来说，团队是最重要的。"

第九章　钢研精神　央企担当

科技战线的铁人——陈篪

第一节　精神传承

"为了祖国的钢铁求真务实勇于攀登，为了钢铁的祖国沥尽心血奉献毕生。为了祖国的强盛引领潮流创新不停，为了强盛的祖国放眼明天一路前行。"《钢研之歌》唱出了钢研人的精神传承。一代代钢研人继承和发扬优良传统，铸就了奉献担当、科技报国、精益求精、团结协作、开放共享的钢研精神。

一、奉献担当

钢研人的奉献担当精神，是把国家的利益看得高于一切，牢记"国之大者"，为祖国的科研事业无私奉献的精神；是急国家之所急，为国民经济建设、国防军工发展和钢铁工业的强盛努力拼搏的精神；是面对困难毫不畏惧，迎难而上、勇于探索、敢于攀登，为实现目标拼尽全力、勇往直前的精神。

回顾过往，在那个经济建设面临重重困难的年代，钢研人的奉献担当精神显得尤为可贵。

1960 年，苏联突然毁约停援，造成我国经济建设，特别是国防建设非常困难。冶金工业部要求钢铁研究院的科研工作方向以军工材料为主，以高、精、尖、新为重点，在冶金系统形成攻尖端的"拳头"。面对严峻的形势，钢研人发奋图强、勇于探索、敢于攀登、艰苦创业，到 1966 年，先后研制出一批制造原子弹、导弹、飞机、舰艇、兵器等急需的冶金新材料，满足了国防建设的需要，其中多项成果获国家工业新产品奖和国家发明奖，为开发和研制冶金新材料奠定了基础，并建成了重要的研究试验基地。

"418 攻关精神"就是这一时期的代表。一项关系重大的国防尖端技术急需的原子能关键材料——同位素分离膜的研制任务下达到了上海、北京等地的有关单位。上海一单位承担研制"甲种分离膜"任务，钢铁研究院则负责研制"乙种分离膜"。分离膜是一项为核大国所垄断的技术难度很高的粉末冶金特殊性能材料，用来制造原子弹、氢弹、核反应堆，或浓缩到一定浓度用于核电站。这些都需要数以万计的分离膜元件组合来实现。

党中央和冶金部领导都非常关心和支持这项研究工作。1960 年 4 月 18 日接受该项任务后，钢铁研究院全力以赴，集中研制"乙种分离膜"。1964 年底，完成了实验室研究和小批量试制任务，闯出了一条我国自主制造这种核心元件的工艺道路。在这期间，涌现了包括"4 名同志不顾剧毒危险用身体堵住泄露管道，防止了大爆炸"的动人事迹。而后于 1965 年立即进行了装机使用试验，性能指标全部满足要求，综合性能超过苏联同类产品水平。此后，研发团队先后研制成功了 4 个品种，使我国"分离膜"材料性能达到了世界先进水平。这项技术被授予 1978 年全国科学大会奖，在 1979 年一、二机部联合召开的技术鉴定会上，获得一等奖，并多次受到国防科委、核工业部、冶金部的联合表彰和奖励。1984、1985 年，乙、丁种分离膜分别获国家发明奖一、二等奖。

钢研人奉献担当的故事还有很多。比如关于"三大件"的故事。20 世纪 60 年代初，正当我国开始试制歼 5、歼 6、歼 7 三个机种时，苏联突然断绝供应高温合金材料，特别是涡轮发动机导向叶片和涡轮叶片、涡轮盘、燃烧室和加力筒体 3 个关键部件的材料（统称"三大件"），致使航空制造厂濒临停产的困境。1962 年，钢研总院参加的联合攻关组，先后拿下了 3 个机种的"三大件"，为国防军工事业做出了重要贡献。

再比如关于紧急修复"球罐"的故事。从 1980 年起，全国石油化工厂为了安全生产，急待修复一大批球罐。钢研总院派出一支技术服务队，运用断裂力学原理，对裂纹进行周密计算，结合材质分析，采取相应的焊接技术，先后修复了 40 多个球罐，解决了国家对短线产品的急需。

二、科技报国

钢研人的科技报国精神，是老一辈科研工作者经历满目疮痍的旧社会，自年少起就立志要报效祖国的精神；是老一辈科研工作者，放弃了国外优厚的待遇和先进的科研条件，毅然学成回国，刻苦钻研、至死不渝，为新中国的钢铁事业奋斗终生的精神；是老一辈科研工作者，胸怀振兴中华大志，不为名利、兢兢业业、脚踏实地、努力攀登的精神。正如《钢研之歌》中唱的那样："新中国的每一寸钢铁都融进我们的光荣。"

"陈篪精神"是钢研人科技报国精神的典型代表。陈篪是我国断裂力学的开拓者。他在从事科研工作的 29 年里，为发展我国冶金科技事业付出了全部的心血和智慧。他在身患癌症 3 年间，以顽强的毅力坚持科研工作，有 3 个月连续每天工作超过 10 小时。他"生命不息，战斗不止"的工作精神得到了中央领导同志的高度赞扬，被誉为"科技战线上的铁人"。

1960 年，苏联政府撤走专家，这对陈篪触动很大。他在笔记本上写道："过去先烈为革命抛头颅，洒热血，付出巨大牺牲，现在干革命也要付出牺牲……我要立雄心壮志，永不满足，任何时候从零开始，我要甘当无名英雄，甘当无名垦荒人，探宝人。"当他得知自己患癌的病情，就给党支部写信说："人有病是个客观事实，总得有个正确对待。一种是消极思想占上风，这样，个人思想越来越颓废，对病也不利。应该打退一切消极的东西，做到生命不息，战斗不止。"去探望他的同志们看到的不是卧床的陈篪，而是聚精会神工作的陈篪。在患病接受 3 次手术后的一年中，他共完成了 9 项研究工作，无论是工作量还是所取得的研究成果，都比上一年还要多。

为了准备参加国际断裂会议的学术论文，为祖国增光，陈篪以钢铁般的意志，忍着疾病的巨大痛苦，每天工作 10 多个小时。当时研究组只有一台计算机，白天组内同志使用，他便在每天凌晨和晚上使用。有时，他算着算着就趴在桌子上睡着了。这样连续干了 3 个月，终于和同事们在裂纹扩展判断问题上取得了重大的进展，并执笔撰写了两篇学术论文，交给我国出席国际断裂会议的同志带到了会上进行交流。

陈篪真正做到了"生命不息、战斗不止"。在他双手颤抖拿笔都很困难的情况下，他还在病房中整理出版了《金属断裂研究文集》。在临终前半个月，他还拖着虚弱的身体回到研究室成立了新材料研究课题组，用嘶哑的嗓子，吃力地讲了 3 个小时话，鼓励组员们赶超世界先进水平，并撰写了近、远期的研究规划。在临终前的最后 1 个工作日，他还找小组的同志谈工作，为祖国的科学事业奉献了最后的精力。

为了纪念他，1987 年，"陈篪大理石塑像"在钢研总院建成，方毅副总经理题写了"陈篪精神永存"。

钢研人科技报国的故事数不胜数。中国钢研拥有很多在冶金行业享有盛名的老专家，他们身上所展现出的科技报国精神，值得我们永远铭记、代代传承。

戴礼智自青少年时就下决心学习理工学科，为祖国服务。在读大学期间，他的老师倪尚达教授经常对他说："没有磁钢，我国的电器与电机制造业就无法发展。"这是戴礼智日后从事磁性材料研究的直接原因。1949年他怀着报效祖国的赤诚回国。当时，美国麻省理工学院汇来旅费，邀他到该校磁学实验室工作。他谢绝了邀请，接受了上海华东工业部矿冶局的聘请。1953年，他受邀出任重工业部钢铁工业试验研究所副所长。在随后的30多年中，他为精密合金研究室的筹建和发展，以及金属磁性材料技术人才的培养，做出了突出贡献。

丘玉池在英读书期间，深感我国与工业发达国家存在着很大差距，结束在英国、德国的学习研究后，谢绝了国外大学和钢厂的邀请，怀着工业兴国的愿望，于1939年回国。曾经有一位外籍工程师讥讽道："中国没有建成钢厂的一天，更何谈生产特殊钢。"丘玉池听后非常气愤，更加坚定了他为祖国建立特殊钢厂的决心。在1958—1960年的3年期间，丘玉池作为带头人，竭尽全力投入工作，为建立起符合我国资源特点的特殊钢系统做出了突出贡献。

在中国钢研还流传着"五朵金花"的故事。其中，李力是我国无产阶级革命家李立三的女儿，是我国粉末高温合金领域的开创者。当年，李力怀着报国之志赴莫斯科钢铁学院学习，1956年归国后到钢铁研究院工作。1960—1967年，她带领团队自力更生、奋发图强，经过数年的艰苦钻研，成功研制出GH4049合金，获冶金部科技进步奖和国家发明奖。她与兄弟单位合作主编的《高温合金金相图谱》一书，成为高温合金研究者的宝典。她带领联合课题组，经过4年刻苦钻研和试验研究，研制成功了FGH4095合金，为我国粉末高温合金的研究和粉末盘的研制奠定了基础，为此后钢研总院建设我国第一条粉末高温合金生产线做出了重要贡献。

三、精益求精

钢研人的精益求精精神，是对待科研工作"安心、专注、痴迷"的"安专迷"精神，是对待专业学术不断探索、刻苦勤勉、努力攀登的钻研精神，是对待人才培养严谨精进、严格要求的治学精神。

钢研人对待学术的精益求精精神，从孙珍宝当年主编大型工具书《合金钢手册》的故事中便可略见一二。从1959年起，应国家要求和行业需要，由钢铁研究院和机械科学研究院负责，编写我国第一部介绍合金钢系统及应用的工具书——《合金钢手册》。这是一部总结新中国成立以来我国合金钢和优质碳素钢在生产、科研和选材应用方面科技成果的大型著作。1962年，由孙珍宝担任手册的总校阅。由于手册的上册原稿散失，孙珍宝主动组织编写组，重新开始编写。已过花甲之年的他，亲自背起大捆的复印手稿，下厂征求意见。他严格要求质量，带领编写组到出版社现场工作，及时解决问题。1971—1974 年，全书共出版了 3 个分册，圆满完成了全部的编著和出版任务，于 1978 年获全国科学大会科技成果奖，为贯彻推广冶金部十大钢类的部颁技术标准起到了重要作用。

钢研人对待科研工作的"安专迷"精神，在赵光普进行高温合金研制的过程中得到充分诠释。从 1982 年入行以来至今，赵光普研制高温合金已有 40 个年头。在面对某型号合金持久性能不足的问题时，他经常几个月不间断做实验，终于通过添加微量元素和工艺改进改善了持久性能，成功应用于我国某型号歼击机。在面对某型号合金成品率仅有 10% 的问题时，他沉下心来，系统研究了合金的成分、组织、性能之间的关系，摸清了合金存在问题的关键所在。在合金研制过程中，他都是从头跟到尾，包括冶炼参数的设定、热变形的温度和压力，甚至机加工的下刀角度和速度，他都一一把关。终于，经过从实验室到工厂 10 余次的试验，成品率提高到了 70% 以上，研究成果成功应用于"长征四号"火箭的核心部件。

四、团结协作

钢研人的团结协作精神，是科学研究与工业转化内在协同的"小核心、大协作"精神，是科研人员全过程负责，全流程协同，全面攻克技术难关，有效打通研制和生产各环节的"一竿子插到底"精神。具体表现为，一个大项目，由几十家科研和生产单位协同配合，项目科研人员参加方案制定、实验室研究、工业试制、产品制造、产品鉴定、使用推广的全过程，为客户提供材料全生命周期的解决方案。

"无镍装甲钢"的研发过程，就体现了团结协作精神。20 世纪 60 年代初，按照苏联的设计要求，我国生产的中型坦克，其装甲板及主要结构件均采用镍铬钢，因此每辆坦克需要大量的镍。而在当时，我国的镍资源尚未开发，再加上苏联中断供应，工业发达国家又对我国实行禁运，使我国的坦克和舰艇制造陷入了困境。

1960 年，中央下达了"希望鞍钢、钢铁研究院、617 厂大力协同尽快将无镍装甲钢研制出来"的指示。这类钢在国外大都采用电炉冶炼，而我国要用鞍钢的倾动式大平炉，其难度可想而知。刘嘉禾发挥了自己熟悉平炉炼钢的特长，发动炼钢工人，群策群力，克服了一系列技术难关，至 1961 年 4 月，终于试制出第一批无镍装甲钢板。有了钢板，还要经过打靶试验，刘嘉禾就带领试制小组成员多次奔赴包头、白城子等靶场，实地观测钢板的抗弹性能。正是因为团队协作精神，无镍稀土装甲钢从试验到转产定型的全过程，仅用了 3 年时间。

这样的例子不胜枚举。例如，在 20 世纪 90 年代，特种船体钢团队为了突破一系列关键技术，实现高强韧、易焊接、低成本特种船体用钢一体化制备，团队曾多次前往试制现场跟踪每一个环节，详细记录，不断总结经验，为材料研制"挠过头、熬过夜、吃过苦、尝过甜"。最终，上级主管部门采纳了团队关于易焊接钢的发展思路，明确了将易焊接船体结构钢作为我国未来大型装备核心关键材料。在某型重点装备首次国产化时，急需一种船用防挠材，当时我国技术和生产装备均为空白。为此，特种船体钢团队坚守生产第一线，克服了重重困难，边研制材料、改进设备、边考核工程，虽然先后失败了 10 多次，但是团队没有放弃，连续坚守 300 多天，积累了大量宝贵数据，最终突破了专用防挠型材的核心关键技术，实现了材料装机考核应用。

五、开放共享

钢研人的开放共享精神，是在新时代聚尖端之力，创多维平台的精神；是在新时代加快结构调整和全国布局，围绕"一个钢研、一个目标"，构建"透明钢研、智慧钢研"的精神。在新时代，中国钢研组建了工程事业部，成立了钢研昊普、数字化研发中心、钢铁绿色化智能化技术中心、陈篪特种钢创新中心、中国产业基础能力发展战略研究院等，集中体现了中国钢研开放共享的思路和格局。

2019 年 3 月，为了发挥在冶金工艺、自动化领域的优势和地位，进一步整合冶金工艺工程、绿色制造智能制造技术领域资源，加快推动工程一体化体系建设，做优做强中国钢研工程产业，中国钢研组建工程事业部。工程事业部整合内外部资源，形成材料、测试与工程互为补充、协同共进的创新模式，走好"规模化、集团化"的工程发展之路。中国钢研工程业务板块逐步发展成为国内一流的、以先进冶金工艺技术及绿色制造和智能制造集成为特色、为客户提供综合解决方案的工程服务提供商。

2019 年 11 月，中国钢研成立了全资子公司"钢研昊普"。传承中国钢研 60 余年的技术积累，钢研昊普拥有中国最大、最先进的热等静压技术中心和 NADCAP 认证的热等静压工程技术研究中心，利用中国钢研的平台和资源，面向全球，致力于为高端客户提供专业的热等静压技术、服务和解决方案。钢研昊普的成立，进一步推动了热等静压技术整合，持续助力热等静压技术发展，促进中国热等静压技术与应用快速进入全球市场。借助中国钢研的平台和影响力，钢研昊普全面服务高端产品制造，提高先进材料质量，提升国际竞争能力，持续为国民经济和国家发展贡献力量。

2019 年 12 月，中国钢研成立了"数字化研发中心"和"钢铁绿色化智能化技术中心"。"两个中心"的成立既是新时代科技研发模式变革的要求，也是中国钢研创新体系重构的需要，标志着中国钢研创新体系改革正式拉开帷幕。"数字化研发中心"由计算平台、集成管理平台和高通量制备技术与平台构成；"钢铁绿色化智能化技术中心"以"钢研智云"为核心，开展基于工业互联网的协同研发，探索"研发+服务+生态+宣传"的创新应用模式，建设精益管控实验室、数字工艺实验室、数字孪生实验室等8个线下实验室，形成了钢铁绿色化智能化技术研发基地。

第二节 党的领导

中国钢研党委自成立以来，始终坚持党的全面领导，为集团公司的改革发展提供了根本保证。党的十八大以来，特别是全国国有企业党的建设工作会议召开以来，党中央高度重视国有企业党建工作。中国钢研党委切实发挥领导作用，把方向、管大局、保落实，坚持加强党的领导与完善公司治理相统一，坚持党建工作与深化改革相融合，持续推进高质量党建引领保障集团公司高质量发展。

一、"三个成为"

党的十八大以来，中国钢研党委以习近平新时代中国特色社会主义思想为指导，增强"四个意识"、坚定"四个自信"、做到"两个维护"，牢记"国之大者"，党委班子努力做到"三个成为"，即党委要成为企业坚强的领导核心，企业要成为行业科技创新的排头兵，党委班子成员要成为干事创业、清正廉洁的典范。

新时期，党委班子成为了企业坚强的领导核心。中国钢研党委坚定维护党中央权威和集中统一领导。紧紧围绕国家重大科技需求、关键核心技术攻关、前瞻技术研发布局等重点任务，扎实推进科技创新各项工作，针对重点领域和关键技术"卡脖子"问题，梳理形成攻关任务清单，一批攻关成果取得突破性进展。中国钢研党委坚决贯彻落实"第一议题"制度，将习近平总书记对本行业本领域的指示批示精神转化为集团改革发展的具体举措。落实党建入章要求，集团公司和各二、三级企业完成了党建要求进公司章程。严格执行"双向进入、交叉任职"和"一肩挑"。严明政治纪律和政治规矩，严格执行新形势下党内政治生活若干准则，贯彻落实民主集中制和集体决策制度。出台《进一步加强集团党委领导班子建设的若干规定》，以上率下层层带动，各级领导班子精神面貌焕然一新。

中国钢研健全完善权责法定、权责透明、协调运转、有效制衡的公司治理机制。出台党委会、董事会、总经理办公会3项议事规则，从制度流程上明确把党委研究讨论作为董事会、经理层决策重大问题的前置程序。坚持党委"把方向、管大局、保落实"与董事会"战略管理、科学决策、防控风险"有机统一，党委有效发挥领导作用，其他治理主体自觉维护党委的领导和权威，确保了党委意图在企业重大决策中得到充分体现；党委充分尊重其他治理主体，提高了重大事项的集体决策效率，公司治理水平得到大幅提升。

中国钢研党委扎实开展主题教育。集中开展了党的群众路线教育实践活动、"三严三实""两学一做""不忘初心、牢记使命"、党史学习教育等主题教育，做到规定动作不走样，自选动作有特色，在集中学习中统一思想、凝聚共识，在专题研讨中明确战略定位、破解改革难题，班子凝聚力战斗力显著提升，"不忘初心、牢记使命"主题教育测评满意度 100%，党史学习教育总体评价"好"评为 100%。

新时期，企业成为了行业科技创新的排头兵。中国钢研承担了钢铁行业重大关键与共性技术、国防军工冶金新材料的研制开发任务，在重大共性关键技术和思想、重大先进基础新材料技术、关键战略新材料技术、材料分析评价表征技术、冶金自动化智能化技术等方面做出了突出贡献。中国钢研一大批高端钢铁产品的研发生产，保障了国民经济主要用钢行业的升级发展。很多钢种填补了我国的技术空白，终结了依靠进口的历史，无愧于国民经济重要行业和关键领域所需金属新材料保障基地的称号。

中国钢研一方面不断进行测试领域的资源优化和结构调整，不断推动我国材料标准、试验标准和性能标准等三大标准体系建设，建成了层次分明、结构合理、专业配套的标准体系，涵盖了钢铁制造及相关配套的各专业领域，对于推动行业技术进步、引领产业发展发挥着重要作用；另一方面搭建了一体化、综合性云服务平台，提供第三方检测服务、认证评价服务、实验室能力验证服务、腐蚀防护服务、检测仪器制造营销及技术服务。

新时期，党委班子成员成为干事创业、清正廉洁的典范。2020 年，在国资委党委大力支持下，中国钢研第二次党代会顺利召开，选举产生了新一届党委、纪委班子，形成了"凝心聚力、改革创新"的工作主基调，确立了"建设一流科技集团"的战略目标，开启了集团公司高质量发展的新篇章。

中国钢研党委完善议事机制，研究制定了《中国钢研党委常委会纪律》，党委班子成员率先垂范，以实际行动践行"一个钢研、一个目标"。集团党委坚持从严治党从严治企，党委班子成员严格履行"一岗双责"，以上率下作典范，形成风清气正的政治生态。集团公司党委要求，各级领导班子要正确处理和把握好"四个关系"，即正确处理和把握加强党的领导与公司治理的关系，正确处理和把握上级党组织与基层党组织的关系，正确处理和把握全面从严治党与全面从严治企的关系，正确处理和把握管理与监督"两手抓、两手硬"的关系。明确提出党员领导干部要牢记"五个切忌"，坚持做到"五个必须"，即"切忌急功近利，必须保持定力；切忌投机取巧，必须艰苦奋斗；切忌乐而不忧，必须居安思危；切忌视而不见，必须追求卓越；切忌务而不实，必须脚踏实地"，坚持不懈把全面从严治党从严治企引向深入。

二、党建铸魂

中国钢研党组织的建设伴随着行政机构的变迁而变化，基层党组织和党员队伍在集团公司的逐步发展中不断发展壮大。70年来，特别是党的十八大以来，中国钢研党的建设迈上了新台阶，积累了新经验，取得了新成效。

进入新时代，中国钢研党委及时研究改革发展新形势下加强党建工作的新情况，提出针对性措施。中国钢研党委贯彻落实"四同步、四对接"要求，针对企业改革发展过程中出现的新问题，开展专题研究、充分发挥基层智慧，不断探索出适合本企业的有效措施，推动党建工作与时俱进。加强党建部署要求全覆盖，以专项工作为抓手，加强党建工作的穿透性；以巡视巡察为契机，加强对基层党建工作的监督检查；以集团战略制定宣贯为有效途径，加强党建规划的上下衔接。

"三基建设"取得新成效。在基本组织建设方面，基层战斗堡垒持续建强。结合改革调整加强基本组织建设，中国钢研党委落实"应建必建""应换必换"要求，实现党组织全覆盖。以党建入章为抓手，确立混合所有制企业中党组织的作用和职责，确保党对混合所有制企业的领导。结合国际形势，加强境外党建工作。树立基层示范党支部典范，评选出10个基层示范党支部和4个基层示范党支部创建优秀单位。在基本队伍建设方面，党员先锋模范作用充分发挥。结合干部培养加强"三支队伍"建设，中国钢研党委坚持"三懂三会三过硬"标准，党务干部年轻化比例逐步提升。落实"两个1%"要求，集团全系统专职党务人员超过在岗职工总数的1%，党组织工作经费按照企业上年度职工工资总额1%的比例安排。落实"双培养一输入"，注重从生产经营一线和青年职工中发展党员，着重培养科研骨干，持续提升党员队伍质量。在基本制度建设方面，党建工作制度化规范化水平持续提升。加强基层党建制度体系建设，以建立集团制度体系框架和规章制度三年制修订规划为抓手，制修订党建制度50余项，并将制度执行情况作为巡视和党建责任制考核的重要内容。健全党建工作责任配套制度，细化各级党组织和领导班子成员责任清单。

党风廉政建设取得显著成绩。党的十八大以来，中国钢研党委高度重视党风廉政建设，强化责任担当，中国钢研纪委把政治监督摆在首位，全面从严治党与全面从严治企持续融合推进，企业政治生态积极向好。坚守严的工作主基调，坚持把纪律和规矩挺在前面。贯通运用监督执纪"四种形态"，使纪律真正立起来、严起来、执行到位。坚持"三个区分开来"原则，始终坚持把对干部的严管和厚爱统一起来，激发广大党员干部干事创业的热情。正风肃纪高压态势持续保持增强，广大干部职工主动接受监督的氛围正在形成。巡视巡察工作持续完善提高，政治监督利剑作用更加彰显。探索巡视审计协调联动机制，共享监督成果，监督机制取得新突破。纪检监察体制改革持续拓展深化，党委统一领导、全面覆盖、权威高效的自我监督体系不断完善，建立起具有中国钢研特点、运行高效的纪检体制机制。纪检队伍履职能力显著提升。积极适应新形势新任务，通过干部培训、轮岗交流、实践锻炼等多种方式，提高专业素养和履职能力，切实当好企业政治生态"护林员"。

持续推进党建与业务深度融合。中国钢研党委坚决把集团公司改革发展作为践行"两个维护"最现实、最直接的检验。特别是在疫情防控、复工复产、稳增长、防风险的过程中，集团公司各级党组织充分发挥作用，党旗在基层一线高高飘扬。例如，钢研总院党委多措并举，确保科研任务有序实施，轮流值岗保证科研实验设备正常运转，高强度钢板及制品、金属功能材料创新能力平台建设等重点项目顺利进行；工程事业部党委组建"抗疫情、保生产、稳运行"工作组及突击队，全体员工以实际行动攻坚克难、争做先锋；安泰科技党委出台《封闭生产管理的工作预案》，党员干部"扎硬营、打死仗"，身先士卒、深入一线，充分发挥表率作用；钢研高纳坚决守住安全底线、紧盯年度任务指标，快速建立起24支抗疫保供党员和青年骨干突击队，全力以赴保证生产经营稳定运行；钢研纳克各生产小组始终坚守在生产一线，技术人员轮流站岗、全程跟踪，抢时间、抓进度，集中资源、调动力量，确保工作顺利进行。

三、统战聚力

中国钢研党委高度重视发挥党外知识分子和党外代表人士的积极作用，构建了大统战格局，将党外干部纳入干部和人才培养计划，外派多名党外干部到地方挂职锻炼，不断提升实践能力。集团公司充分发挥党外知识分子在重大科研项目、工程项目、产业项目中的重要作用。特别是一大批留学人员，从早期的留苏和东欧回国人员，到改革开放的欧美留学生，带回了国外先进的科研技术和管理理念，在建设和发展过程中发挥了重要作用。经中央人才工作协调小组批准，中国钢研成为了海外高层次人才创新创业基地。中国钢研党委积极培养和推荐了李卫、程留恩、孙彦广等一大批党外代表人士。

2015年6月，在中央统战部、国资委统战部和中国钢研党委的领导下，"李卫工作室"在中国钢研挂牌成立，成为全国首家统战人士建言献策工作室试点，在中央企业和统战工作系统都引起了广泛关注。国资委将"李卫工作室"作为中央企业党外知识分子工作的重大创新成果，组织召开央企党外代表人士建言献策工作室现场推进会，大力推广"李卫工作室"经验。

"李卫工作室"在促进科技创新政策、行业发展政策的出台等方面发挥了积极作用。在推动政策出台方面，"李卫工作室"从成立至今，团结凝聚了一批集团内的党外专家、知识分子。"李卫工作室"围绕科技创新政策、科技体制改革、冶金行业和金属材料的发展趋势、国企深化改革、科技型企业发展等一系列问题，开展重点研究，共完成了70余项建言献策课题，提出了高质量的意见和建议，17项建议作为全国"两会"提案递交。"李卫工作室"提出的"提升我国自主创新能力的几点建议""去产能后钢铁行业可持续发展的几点建议""关于促进国有科技型企业成果转化的提案"，受到有关部委和领导的指示批示，对于我国科技创新和行业科技进步起到了很好的推动作用。

2021年，"李卫工作室"受到中央统战部表彰，荣获"各民主党派、工商联、无党派人士为全面建成小康社会作贡献"先进集体称号。中央统战部领导先后到中国钢研调研"李卫工作室"工作开展情况，并对工作室的工作给予充分肯定。

四、党建典型

70年来，中国钢研涌现出许多优秀的基层党组织和共产党员，他们是坚强的战斗堡垒和先锋模范，为中国钢研的发展贡献了重要力量。党的十八大以来，中国钢研基层党组织荣获了多项表彰，其中，钢研总院功能所党支部、安泰功能第一党支部分别获评第一批和第二批"中央企业示范党支部"，工程事业部伺服所党支部获评"中央企业先进基层党组织"，钢研总院中心实验室获评"全国巾帼文明岗"。

钢研总院功能所党支部以支部建设推动科研经营工作稳步提升，在功能材料领域不断出成果、出人才、出效益。功能所党支部较早开展党员量化考核工作，探索在党建工作中融入实实在在的硬指标，将定性和定量相结合，用具体数据和有效指标作为党员考核的基础依据。功能所党支部还开展了一系列党建品牌活动，例如设立"党员标识牌"，强化党员意识，使党员带头遵规守纪、模范履行义务，树立新时期的党员形象；开展"让党性在岗位上闪光"活动，对业务岗位上的优秀党员进行宣传；建立"党员责任区"，明确党员职责作用，为科研、经营和安全生产承担责任、分担任务，努力做到党员身边无违章、无违纪、无事故。

安泰功能第一党支部在"三基建设"上成效显著，持续推动建设"组织健全、制度完善、运行规范、活动创新、档案齐全、作用突出"的规范化党支部。注重党员队伍建设，每年培养2~4名优秀骨干员工成为党员，经理班子、基层干部中的党员比例均提升到了80%以上，在技术、采购、品管、运管、生产等各重要业务工程师队伍中的党员占比均超过半数，技术团队被评为集团公司党员先锋岗。建立"党员工作室"，设置微型党员图书馆，探索利用"互联网+党建"新模式，开展"学习激励"计划活动，拍摄党建教育短视频，丰富党员教育的方式和内容。分层分类开展技能提升活动，建立了针对高层人才、中层工程师、基层工人队伍的分层分类职业技能提升活动体系，形成了专家讲堂、工程师论坛、青工技能竞赛和青年论坛等3个层级的教育体系，设立职工创新工作室，持续开展技术创新、五小活动、QC 活动、合理化建议活动，成为技能培养和创新创造的重要平台。

工程事业部自动化院伺服所党支部把党建工作优势转化为市场竞争优势，深入推进党建与业务相融合相促进。注重在科研、生产及管理的各个环节充分发挥党建工作优势，创新党建工作方式，将党员突击队建在一线科研团队上，发动党员带头提出合理化建议。结合伺服所产品在军工装备上的重要作用，开展爱国主义教育，与军工企业用户相关党支部开展支部共建活动，增强党支部的凝聚力和战斗力，提升全体党员及员工的责任心和使命感，使党建工作与经营工作有效联动、同向发力。伺服所党支部在科技创新和新产品研发工作上，取得了丰硕的成果，为我国武器装备的现代化做出了重要贡献。面对突如其来的新冠肺炎疫情，党支部成立了以支部委员为主体的"党员突击队"，积极组织抗击新冠疫情，安排复工复产工作有序进行，取得显著疫情防控成果的同时，经营业绩不降反升，充分发挥了基层党组织的战斗堡垒作用和党员的先锋模范作用。

钢研总院中心实验室，是中国钢研的科研基础实验平台，承担着科研分析检测任务。中心实验室女职工占职工总数 62%，作为主力军，一人多岗，一专多能，坚持从日常细节做起，加强设备维护和自主维修能力，设备完好率每年在 95% 以上，创造了国内同类设备运行时间之最。加强对新学生、新员工的实验指导培训，编写了 160 多页的《实验指导手册》，确保了每年 150 多名研究生的实验安全。"十三五"期间，中心实验室协助完成了 300 多项国家重点科研攻关任务，为钢铁材料研发提供了有力的实验保障。作为中国金属学会首批三家科普教育基地，中心实验室连续 5 年举办"钢研杯"微观图像行业竞赛。积极开展标准制修订及宣贯、能力验证等活动，完成制修订国家标准 5 项、国际标准 2 项。中心实验室取得的成绩，充分展示了钢研女职工立足岗位、争创一流，勇于担当、无私奉献的精神。

第三节 社会责任

中国钢研深入贯彻落实新发展理念，积极履行社会责任，持续推动诚信经营、创新驱动、绿色发展、关爱员工、回馈社会、生态圈共建等工作，实现企业与社会、环境的全面协调可持续发展。

一、服务战略

中国钢研牢记"国之大者"，作为我国金属新材料的研发创新基地，针对"卡脖子"问题，承担突破了一批关键核心技术，在海工船舶、能源石化、交通建筑、航空航天、核技术等国民经济支柱领域及重点装备型号用关键材料及其制品等方面做出了突出贡献。

作为冶金行业重大关键与共性技术的创新基地，中国钢研为中国钢铁工业体系的建立，以及绿色化、智能化提供了重要支撑。中国钢研为新中国钢铁工业研究开发了硅钢、碳素结构钢、低合金钢、合金结构钢、超高强度钢、不锈耐蚀钢、耐热钢、工模具钢、轴承钢等高端新产品，很多钢种填补了我国技术空白。中国钢研所承担的"863""973"重大研发项目，实现了钢材强度翻番、寿命翻番和服役性能翻番。围绕钢铁行业循环经济，中国钢研创新提出"新一代可循环钢铁流程工艺技术"，指导了世界首个具备"产品制造、能量转换和消纳城市废弃物"3个功能的千万吨级大型钢厂建设。

作为冶金自动化研究设计的国家队，中国钢研在引进消化吸收再创新智能制造研究设计中取得重大成就，为推进我国冶金自动化建设做出突出贡献。在冶金新工艺开发、节能环保、智能制造、物联网技术领域居于国内先进水平，承接重大冶金工程90余项。

作为金属材料检测技术的国家级平台和仲裁单位，中国钢研在金属材料检测、分析仪器、标准物质、能力验证、海洋腐蚀与防护等领域处于行业领先地位，为推进我国冶金分析测试标准化、产业化和国际化做出突出贡献。中国钢研的分析数据与30多个国家有效互认，研制生产的仪器设备广泛应用于国内外冶金企业。钢研纳克全国布局初具规模，国家新材料测试评价平台钢铁行业中心平台建设稳步推进，在金属材料检测表征评价等多个领域保持着技术引领者的行业地位，多款仪器产品填补国内外空白，金属原位分析仪等为国内首创，火花直读光谱仪正在形成进口替代能力。

二、绿色发展

中国钢研面向市场需求，围绕制造业转型升级的契机，促进关键领域绿色技术的研发、转化与推广。

中国钢研组建氢冶金技术中心，以研发纯氢冶金绿色洁净生产工艺、纯氢竖炉还原关键技术及装备为重点，并通过集成示范形成纯氢冶金整体工程技术，为我国"碳达峰、碳中和"提供解决方案。中国钢研与京华日钢控股集团签订了年产50万吨氢冶金及高端钢材制造项目合作协议，围绕氢冶金全新工艺、装备、品种、用户应用，进行系统性、全链条的创新开发，开展具有我国自主知识产权的首台/套年产50万吨氢冶金及高端钢材制造项目，推动行业共性技术与应用场景有效集成，树立新时代现代化工冶金联产循环经济新典范，加速钢铁行业科技革新和绿色化转型升级。

中国钢研大型转炉洁净钢高效绿色冶炼关键技术取得突破性进展，从实质上解决了多项世界难题，建立了大型高炉洁净钢高效、绿色、低成本、稳定生产的多目标高効协同体系，相关成果已在宝武、鞍钢、马钢等特大型钢企应用，对我国钢铁行业绿色化、智能化发展以及转炉炼钢技术的拓展有很好的示范效应。

中国钢研在冶金流程工程学的理论指导下，通过理论、概念、技术、方法的创新，率先提出钢铁制造流程"界面"技术的概念，自主开发了若干"界面"技术，如炼铁-炼钢界面的"一罐到底"、炼钢-连铸界面的钢包高效周转和连铸-轧钢界面的热送热装、长型材直接轧制等技术，并已在沙钢、首钢京唐、重钢、马钢等钢铁企业得到成功应用，典型生产线可实现铁水罐个数减少 1~2 个，铁水温降减少 30~45℃，在线钢包运行个数减少 2~3 个，出钢温度平均降低 10℃ 以上，铸轧区段能耗降低 30kgce/t 以上，进而带来显著的经济效益和社会效益，具有广阔的应用前景。

中国钢研持续开展能源中心核心技术攻关，能量流网络仿真、多介质预测及优化、大数据能源精细化管理等技术达到国际领先水平，被中国钢协评为能源管控优秀解决方案，相关成果在沙钢、首钢、河钢、涟源公司等 30 多家企业应用，并扩展到化工、有色等行业，节能减排效果显著，推动了我国钢铁行业系统节能技术的发展。

中国钢研将绿色发展融入企业经营全过程。大力发展循环绿色经济，着力深化企业绿色低碳改革，指导所属企业升级设备设施，淘汰落后设备，降低高风险、高排放设备使用率。推进子企业实施生产工艺和装备升级改造，有效降低和控制各项能源消耗和浪费；加强环保数据监测，优化改进"三废"排放监测和污染物处置方法，做到达标排放。组织编制氢能规划，积极开展钢铁流程绿色化、智能化等关键共性技术研发，引领行业技术进步，集团公司所属 5 家企业入选"绿色工厂"名单。

三、定点帮扶

中国钢研坚决贯彻落实党中央脱贫攻坚决策部署，从 2002 年开始，定点帮扶陕西省商洛市山阳县，到 2021 年，共选派挂职副县长 3 人、驻村第一书记 4 人，先后直接投入资金 1200 多万元，认购"中央企业产业扶贫基金" 800 万元，销售和帮助销售农产品 1000 多万元，修建钢研小学 12 所、通组公路 4 条、引水工程 3 处、便民桥 1 座、烈士陵园 1 处，超额完成扶贫任务目标，山阳县在 2020 年整县高质量脱贫摘帽。

中国钢研开展产业帮扶，让脱贫基础打得更牢。中国钢研积极拓宽产业发展思路，寻找产业振兴突破点，自 2019 年起累计投资 190 万元，在旅游资源丰富的定点帮扶村——三槐村建设了 5 套民宿项目。为解决天竺山镇土蜂蜜滞销问题，中国钢研注册了"三棵老槐"商标，通过驻村第一书记直播带货、品牌推广论坛、展销会等进行推销，帮助三槐村真正实现了从"输血"到"造血"的巨大转变。同时，中国钢研还通过新修产业路、扩大生态养殖规模等方式，全面助力山阳县实现乡村振兴。

中国钢研开展电商助农，让"云端"经济迈得更准。为落实习近平总书记关于

"利用互联网拓宽销售渠道，多渠道解决农产品卖难问题"重要指示精神，中国钢研创新"网红+电商"模式，积极开展消费扶贫和帮扶工作，挂职副县长通过京东、淘宝、快手、抖音等直播平台开展数百场直播，线上带货 1500 万元。积极挖掘本土"网红"，开展短视频制作、直播技巧等电商相关知识培训，拉动"云端"经济如火如荼开展。目前，山阳县已形成了一套健全的电商体系，撬动了当地经济发展，从生产、管理到物流、售后等，搭建起了高效的一体化模式，让"云端"经济迈得更准。

中国钢研开展科技帮扶，让新路径走得更稳。中国钢研"李卫工作室"成员、冶金材料专家等多次赴山阳县进行科技帮扶，开展现场调研、与当地企业对接研讨，依托钢研技术优势延长产业链条，协助做大做强氮化钒、钒电池等下游产品；发挥人才和技术优势，共商共建博士后工作站事宜。

中国钢研开展教育帮扶，让"扶智"施策更广。中国钢研多年来坚持将教育帮扶作为重点，从援建 12 所钢研小学到捐赠各种教学设施、图书、校服等，始终践行着扶"智"的责任与担当。中国钢研多次组织技术专家、博士支教团前往山阳县开展教育帮扶活动，激发了学生的学习热情和兴趣爱好，受到了一致好评。

四、公益行动

中国钢研积极打造钢研特色公益品牌，助力社会和谐。中国钢研将每年 3 月的最后 1 个周末定为"学雷锋日"，职工志愿者组成便民服务队，深入社区开展便民服务，以实际行动为构建和谐钢研做出贡献。该志愿服务活动坚持了 50 多年，成为了钢研特色的公益品牌。中国钢研还成立了"志愿者协会"，设立"爱心服务站"，为社区居民提供长期稳定的志愿服务。2018 年 5 月，中国钢研"爱心服务站"被命名为"首都学雷锋志愿服务站"，成为 16 家获此命名的委管企业志愿服务站之一。2019 年，"当代雷锋"郭明义同志为中国钢研志愿者协会暨中国钢研郭明义爱心团队授旗。在疫情常态化下，学雷锋日的活动更加灵活、多样，旨在传递正能量，提升员工社会责任感。

中国钢研积极参与国际赛事相关保障工作。在 1990 年北京亚运会召开之际，中国钢研连续奋战三昼夜，迅速研制成功高质量的主火炬喷口，为亚运会做了贡献。在 2008 年北京夏季奥运会筹备期间，中国钢研共完成了 3 个项目的检测工作，保障了奥运期间比赛和训练的安全。同时，中国钢研高质量完成了奥林匹克公园薄膜太阳能电池并网发电系统项目，在北京奥运会、残奥会期间稳定运行。此外，中国钢研还派出了志愿者队伍，获评了"北京奥运会残奥会服务保障先进单位"。在 2022 年北京冬奥会筹备期间，中国钢研实施"氢能出行关键技术研发和应用示范"项目，项目组规划和建设的加氢站，圆满完成了 70MPa 氢燃料电池客车连续加注能力测试，为服务保障冬奥会贡献了钢研智慧。

第十章　战略引领　未来可期

　　站在新的历史起点上，中国钢研牢记"国之大者"，立足新发展阶段，全面贯彻新发展理念，把握时代赋予的使命和机遇，以战略为引领，聚焦科技创新，注重机制创新、模式创新，追求为国家、行业、企业带来真正的价值创造，通过协同创新为客户提供材料全生命周期解决方案，全面提升中国钢研核心竞争力，加快创建具有全球竞争力的世界一流企业。

第一节　谱写建设一流科技集团新篇章

　　中国钢研把握新一轮科技革命和产业变革带来的机遇，谋划未来发展蓝图。围绕关键材料创新、材料产业高质量发展，努力营造共建、开放、合作、共享的良好生态，努力将中国钢研建设成为引领材料技术发展的一流科技集团，为我国材料科技自立自强、材料工业高质量发展做出应有的贡献，支撑和保障制造强国战略、国防科技工业自主创新。

一、中长期发展战略和"十四五"规划目标

　　中国钢研的发展愿景是：成为引领材料技术发展的一流科技集团。使命是：为客户提供材料全生命周期的解决方案。未来十年，中国钢研的战略目标定位是：引领材料智造和应用技术，通过为客户提供材料全生命周期一体化解决方案，成为客户信赖的合作伙伴。未来十年，中国钢研聚焦以下五大核心业务：一是共性关键技术及前瞻性技术研发与核心技术攻关；二是高端关键材料及零部件产业；三是绿色化智能化冶金工艺工程；四是为材料生产和使用者提供系统解决方案的科技服务；五是资本赋能与投资运营。未来十年，中国钢研的发展原则是：以数字化创新能力建设和专业化、精细化管理为基础，构建内外部关联的共建、开放、共享生态，巩固体系化的综合优势，输出一站式定制化解决方案，强化资本赋能，实现面向生态的价值创造、价值捕获和价值传递。围绕"一个钢研、一个目标"，构建"透明钢研、智慧钢研"。

　　"十四五"是实现中国钢研中长期战略目标的关键时期。要补短板、强弱项，夯实集团公司实现战略目标的发展基础；要抓住机遇、乘势而上，在若干重点战略领域实

现突破;要勇怀争第一的勇气,要不就在已有领域成为第一,要不就开创一个新的领域,成为新的第一。

根据中国钢研"十四五"规划,到"十四五"末,集团公司建设一流科技集团的目标将取得重要进展。标志性目标包括:

科技创新方面。完成集团公司的创新体系重构;实现材料领域共性关键技术国内领先,支撑、引领材料行业的技术进步;形成一批重大技术及产品的标志性成果,数字化研发和钢铁绿色化、智能化水平达到国内前列;取得一批国家级科技成果和国内、国际发明专利及标准,组建和完善一批国家级研发平台,建设国家级高端智库。

产业发展方面。形成一批细分领域"专精特新"的单项冠军;在为关键客户提供全生命周期一体化解决方案方面取得实质突破。

管理体系和数字化转型方面。信息化与数字化能力显著提升,企业内部数据实现互联互通,业务与信息化融合进一步加强;管理制度和管理流程更加完善,管理方法和管理手段更加有效,形成系统完备、科学规范、运行高效的现代企业管理体系。

国际化经营方面。落实"走出去"战略取得新突破。融入国际创新链,新增一批国际科技合作项目,提高研发的国际化程度和水平;融入国际产业链,培育一批具备国际竞争力的业务;建设一支具有国际化经营能力的人才队伍。

干部队伍和人才建设方面。建成高素质的干部职工队伍和领军人才队伍;建成多元化职业发展通道,员工专业化、职业化能力得到显著提高。岗职级体系、考核与薪酬体系改革进一步深化完善;员工收入稳步提升,达到央企平均收入的80%分位值。完善多种形式的中长期激励约束机制,使干部职工干事、创业的动力活力进一步提高。

党的领导和企业文化方面。党的领导开创新局面,党建工作跃上新台阶,从严治党取得新成效;践行企业核心价值观,构建以诚实守信为核心的企业文化。

经营效益方面。实现营业收入160亿元、力争实现200亿元,净利润每年增长10%以上。

二、创建一流科技集团的战略布局

"十四五"时期,中国钢研将牢牢把握高质量发展的根本要求,全面贯彻新发展理念,构建新发展格局,坚持"战略引领、夯实基础、重点突破"的工作指导思想,落实"五个全面加强"工作要求,协调推进各方面工作,确保集团公司"十四五"战略规划目标实现。

全面加强党的领导党的建设。牢牢把握新时代党的建设总要求,加强政治建设,发挥党委把方向、管大局、保落实的领导作用,践行"两个维护",党委和各级领导班子要坚持用新发展理念,统筹发展大局。以战略为引领,凝聚共识,团结协作,勇于担当，使党委成为改革发展的坚强领导核心。巩固深化"三基建设"，深入推进企业党建工作与科研生产经营深度融合，把党建工作成效转化为企业发展活力和竞争实力，以高质量党建引领高质量发展。

全面加强改革工作。紧紧抓住战略机遇期，全面深化改革，转变发展方式。完善企业治理与管控架构。深化"两个一以贯之"，建立与战略匹配的组织架构和管控模式，建设中国特色的现代企业。坚定不移推动战略落地，加快推进从传统的研发向数字化研发转型，从产品战略向平台战略、生态战略转型。建立以关键客户管理为先导、以信息化/数字化生态为抓手、以专业化管理为保障的协同商业模式，形成带动外部资源广泛协作的开放共享生态。发挥科研、产业与资本之间的协同，建立协同融合的运营机制，实施分类管理。建立基于技术成熟度的新材料创新基金和围绕产业链的并购基金，推进技融、产融的深度融合。优化资本布局和业务结构。坚持以市场为导向，围绕核心业务，强化要素配置，坚持效益优先，提升资本整体功能和配置效率。深入推进内部业务重组，以培养细分领域单项冠军为目标，通过技术、资本赋能与管理提升，构建可持续发展的优势，实现从"多小散弱"向"多小聚强"的转变。

全面加强科技创新。坚持创新在中国钢研发展全局中的核心地位，依据市场需求和科技发展方向，重构具有前沿性、共性关键和应用导向的科技研发体系，不断提升集团创新能力和核心竞争力。集中优势资源，服务国家发展战略，在航空航天、能源、深海深空、交通、军工、生命健康、环境保护、信息产业等领域，突破一批共性关键技术和前瞻性技术，巩固中国钢研在国民经济、国防军工创新体系中的核心地位。加快技术成果转化，为集团公司高质量发展提供新的动能。

全面加强干部人才队伍建设。树立人才是第一资源的理念，加强顶层设计，突出价值导向，加快机制创新。进一步深化岗职级体系改革，构建岗位与能力相匹配、岗位与业务流程相适配的岗职级体系。制定人才需求规划，健全完善人才成长通道，持续优化组织环境和人才资源配置。进一步深化考核及薪酬体系改革，完善所属单位经营业绩考核制度和薪酬体系，推行协同业务的"双积分制"。构建以员工能力发展路径和职业规划为主的"学习地图"，加快人才的培养。加强绩效沟通，完善考核的有效性，提升干部人才的素质和能力。以人才优势构建竞争优势，保障集团公司战略目标的实现。

全面加强基础管理。深化"对标世界一流管理提升行动"，全面加强管理体系和管理能力建设，夯实集团公司发展基础，提升综合实力。加强战略管理，建设科学的战略组织架构，建立标准化的战略管理流程，提升战略引领能力。加强规章制度体系建设，确保系统完备、流程规范、角色清晰、责任明确、运行高效，实现流程、表单、角色、责任闭环管理。加强数字化能力建设，实现制度流程化、流程表单化、表单信息化。建设一体化的云平台，完善分级管控与服务信息化平台。加强运营管理，将精益管理理念运用到研发设计、生产制造、供应链管理、营销服务等全流程、全链条，提升精益运营能力。

第二节 大力培育"专精特新"单项冠军

中国钢研专注材料、冶金领域，坚持科技创新引领，以科技成果转化为主要方式形成了一批高科技实体产业，服务高端客户进入高端产业链。在新的发展时期，中国钢研从提升重要产业链供应链自主可控能力的角度，瞄准制造业高质量发展和提升全球竞争力的目标，大力培育一批专注细分领域的"专精特新"单项冠军企业，做强优势产业，提升综合实力和核心竞争力。

一、瞄定制高点建设"三位一体"的单项冠军企业

各主要产业战略单元瞄准细分领域制高点定位，专注特定细分市场，全面提升核心竞争力，追求产品、生产技术或工艺国际领先，单项产品市场占有率位居前列。综合而言，将构建相关产业单元"三位一体"的单项冠军格局。

以"只做第一"的标准追寻单项冠军。聚焦"行业第一"领域，只发展"唯一、第一"的业务和产品。针对不同业务的竞争态势，进行分类管理，形成强有力的业务组合，提升利润率。根据市场需要，通过外延并购，整合下游业务，不断拓展产品线，提供一站式服务，扩大优势"业务池"。围绕长期收益目标，强化核心业务，剥离非核心业务，优化业务组合，结合市场变化和行业发展，及时调整产业方向、战略重点及组织架构。

以"精益生产"行动构建单项冠军。高质量的产品和服务是冠军企业的生命和鲜明特征。围绕生产技术创新，通过流程优化、工艺优化、设备提升，建造物联网系统，提高生产技术水平。围绕现场改进、增加安全控制系统、减少在制品等一系列措施，提升生产效率和效益。

以"持续创新"的韧性壮大单项冠军。创新是冠军企业处于领先地位的支柱之一，建立研发和市场板块互相配合、分工明确的研发体系。研发板块，以战略为引领，负责研发的整体规划、项目筛选、流程与考核管理，实现持续的产品迭代和创新。业务板块，围绕市场需求，对现有产品进行改进和提升，对少量新产品开展研发设计等工作。

二、对标一流谋划单项冠军建设路径

优化产业分类管理，培育竞争突围能力。对标世界一流，瞄准单项冠军，推进产

业高级化，做强核心业务、做优巩固业务、扶持培育业务，布局战略性新兴产业，资本赋能产业转型升级，提高产业经营质量效益和核心竞争力。优化资源配置，加强问题资产处置，推进产业链整合，厚植产业发展韧性和活力。

以精益管理为抓手，夯实产业发展能力。产业单元要持续提升精益管理理念，把精益管理运用到研发设计、生产制造、供应链管理、营销服务等全流程链条，实现生产作业现场 6S 管理全覆盖，以精益化管理为抓手，持续提升运营效率，夯实产业发展基础。

创新产业协同发展，形成迭代升级能力。要构建统一、分层、协同的创新体系，形成科研为产业提供技术支撑和解决方案；产业为科研捕捉研发方向，利益反哺，构建科研与产业良性互动机制，实现价值创造。产业单元要系统研究，通过自我能力建设、上下游产业资源整合协同，推动产品向价值链高端的转变。围绕客户需求，对现有产业持续加大技术的研发，推动产品升级换代，提高市场竞争力。

资本赋能产业，促进循环发展能力。围绕创新链、产业链、价值链，通过资本赋能产业，提升产业基础能力和竞争力。建立成果转化机制和利益分享机制，打通成果产业化的关键环节，推动成果的产业化。聚焦主责主业，加快资本流动，推动业务调整与整合，实现价值创造。围绕中国钢研的主业发展，通过组建产业基金和并购基金等方式为产业进行投资赋能。

第三节 构建协同创新优良生态

作为科研院所改制科技型中央企业，科技创新始终是中国钢研的核心业务，是 70 年最强的基因传承。新时期赋予了中国钢研新使命，打造原创技术策源地，攻克关键核心技术，支撑国家高水平科技自立自强，成为国家重要的战略科技力量。中国钢研与合作伙伴、战略客户真诚合作，继续发挥在构建关键核心技术攻关新型举国体制中的重要作用，布局谋划材料及应用技术的创新链，传承弘扬"小核心、大协作"科研攻关传统，打造新时代科技创新协同攻关模式升级版，构建开放共享的协同创新优良生态，推动新材料科技迈向更高水平的自立自强。

一、协同创新、数字赋能，畅通创新与产业循环生态

坚持科技创新核心地位，以数字化变革催生新的创新动能，提升中国钢研科技创新能力，支撑重点新材料开发和科技服务业，巩固高端装备制造供应链基础产品领域核心关键地位，进一步强化在国家科技创新体系中"国家队"的作用，打造行业原创技术策源地。

构建一流的科技创新体系。中国钢研科技创新的目标是，实现材料领域共性、关键技术国内领先，支撑、引领材料行业技术进步；承担关键核心技术攻关任务，保障国家重要产业链、供应链安全；形成一批重大技术及产品的标志性成果，实现一批科技成果孵化转化。为实现这样的目标，"十四五"期间，要借鉴世界一流科研体系，重构中国钢研科技创新体系。要新建一批国家级研发平台和高端智库，打通基于需求牵引、技术引领双向畅通的科技创新及成果应用流程，显著增强客户需求定义能力、技术创新协同攻关能力、组织平台保障能力，围绕产业链部署创新链、围绕创新链布局产业链。

搭建"开放共享"的协同创新大平台。以数字化为基础，搭建科技交流合作平台，推动建立开放、协同、共享研发生态，发挥内外部科技资源协同优势。加强与科研院校在基础研究领域合作，增强技术成熟度1~3级技术获取及保障能力；加强与供给端、需求端交流合作，强化集团在以技术为纽带的核心地位，实现价值创造、价值共享。

以数字化转型赋能研发创新和商业模式变革。基于新材料"多、小、散、变"的产品和业务特征，加快形成"为客户提供材料全生命周期的解决方案"的商业模式变革，以"一个钢研"为客户提供更大的战略价值，并提高集团的价值创造能力。建设国内领先的数字化研发软硬件平台，服务行业伙伴研发创新，促进形成数字化研发生态。大力推进产业数字化智能化转型，推进产品创新数字化，生产运营智能化，用户服务敏捷化。积极推进数字产业化发展，推动数据资产运营、共享服务、平台服务等数字业务发展，研发输出数字化转型产品和系统解决方案。

二、实施"四个战略"，构建创新发展新格局

实施数字化战略。建立科研任务、算力、数据、设备统筹的资源服务平台，推动创新体系的数字化变革。推动全员数字化培训及选拔考核，形成支撑管理、科研、生产领域数字化转型的"十、百、千"人才体系。支持建立以无人/少人化、智能化、高效化为特征的"灯塔产线"，推动产业板块数字化改造进程。支持建立以云端服务平台为载体的数据、产品、研发、检测"灯塔业务"，鼓励内生业务外延，打造数字产业化新业态。

实施协同化战略。发挥中国钢研作为需求方、供应方的中间桥梁作用，联通双边市场。以客户需求为主线、关键核心技术为纽带，与生产企业、用户单位紧密捆绑，实现定制化研发和孵化转化，打通成果转化渠道。完善从研发到产品的流程管理体系，促进技术成熟度不断提高，建立科技成果库。依托国家级双创基地设立科技成果运营中心，开展双创及成果孵化转化服务。探索实施有利于自主创新和科技成果转化的激励机制。

实施大客户战略。以创新联合体建设和关键客户管理为抓手，整合中国钢研内部技术与服务能力，输出系统综合解决方案，构建开放共享协同研发生态。大力推进科研板块之间、科研与产业之间、外部之间协同，加强中国钢研内外科技开放、合作、共享，构建内部科技资源融合、外部科技资源融入的研发生态。强化与科研院校在基础研究领域合作，强化与供应端、应用端在产品技术和应用技术领域合作，带动上下游联合攻关。

实施研发体系重塑战略。"十四五"期间，逐步建立面向客户需求的一体化、敏捷化研发组织体系，技术体系与组织体系有效衔接，科技分工更加明确，相互合作更加高效。中国钢研直属研发中心、国家级研究院与平台、子企业技术中心（研究院）功能明确、各有侧重、相互支撑，平台、技术、产品、工程高效协同，为客户提供全生命周期一体化科技服务。针对研发任务来源和特点，形成优势课题技术研发、基础研发、产业应用研发（IPD 整合研发）以及柔性项目组研发四种研发组织模式，优化相关组织流程，推进相关技术开发。

第四节　迈向高质量发展新征程

新材料是新一轮科技革命和产业变革的基石与先导，有望成为未来产业布局的增长极。中国钢研深耕材料、冶金领域 70 年，在科技创新、高科技产业方面取得了辉煌的业绩，形成了以科技创新为核心、核心产业集群为业务主体、具有自身特色的科技集团发展模式，奠定了在国家科技创新、关键战略性产业中的重要地位。

在新的发展时期，中国钢研将以习近平新时代中国特色社会主义思想为指导思想，坚持战略引领、问题导向、夯实基础、重点突破的工作思路，深化改革、创新机制，以中长期发展战略和"十四五"规划为蓝本，以"一张图画到底"的坚持，向建设引领材料技术发展的一流科技集团新目标迈进。

大力推进创新融合。进一步发挥中国钢研在经济建设和国防军工材料、冶金领域科技创新中的排头兵优势，牵头组建一批国家级创新平台，承担国家重大科技项目，在国家科技自立自强中做出突出贡献。加强统筹谋划，形成专业领域相互融合、创新要素资源匹配合理、创新过程环节紧密协同的有效机制，增强科技创新体系化协同作战能力。

大力推进和构建产业要素资源融合。建立中国钢研关键客户服务体系，集团层面设立关键客户业务机构，逐步成为针对关键客户的综合方案类产品交付主体，搭建内外部创新和产业资源共享平台，发挥各产业单元业务协同增值的助推器作用。推进研、产、融统筹谋划、协同运行，科研为产业注入技术成果，产业实现科研价值，形成科技创新及成果应用的商业循环。以关键客户管理为先导，构建面向全球开放共享协同生态；以用户需求为核心，构建内部协同作战体系，形成综合化、定制化、敏捷化和成本优化的一体化解决方案。

大力推进管理融合。以满足客户需求为中心，价值创造为目标，不断推进各项管理融合提升与流程优化；着力提升经营管理信息化、数字化基础和水平，逐步提高集团业财融合、信息共享、数据互通、智慧决策、敏捷运营水平，以"透明钢研、智慧钢研"创造更大价值。

大力推进统筹区域发展融合。服务国家区域协调发展战略，立足京津冀，服务长三角，拓展粤港澳，深耕黄河经济协作区，优化区域布局。结合中国钢研产业及技术发展需求，充分对接国家重点发展区域资源，统筹优势力量区域布局和高质量发展。主动服务国家开放战略，深度融入全球创新链、产业链、价值链。

新机遇赋予新使命，新使命呼唤新作为。中国钢研将勇担国家使命，服务行业需求，谋求自身发展，加速价值创造、价值传递、价值捕获，使中国钢研成为材料技术引领者、细分领域单项冠军、双边市场联通者、一体化服务提供者，为全面建成社会主义现代化强国做出新的更大的贡献！

附录　中国钢研科技集团有限公司 七十年大事记年表

第一部分　钢铁研究总院

（1952—2006 年）

1952 年以前

1931 年　中华民国资源委员会成立矿冶研究所。

1949 年　人民政府接管矿冶研究所。

1951 年　2 月中央人民政府批准，成立中央重工业部综合工业试验所筹备处。

1952 年

11 月 27 日　中央人民政府重工业部下文正式组建钢铁工业试验所。李振南兼任所长，叶淼任党支部书记。

1953 年

4 月 1 日　钢铁工业管理局提出试验所三项任务：第一，要为钢铁基地的建设服务；第二，要为提高工厂的生产水平服务；第三，加强自身的建设。

1954 年

5 月　为加强试验研究工作的领导，钢铁工业管理局委派李文采任所长。

1955 年

1 月　试验所改名为钢铁工业综合研究所（以下简称研究所）。

1956 年

4 月　研究所党员人数增至 121 名，经上级批准党的支部改为总支，成立党总支委员会，刘茜任总支书记。全所设立 8 个支部。

1958 年

1 月　冶金工业部党组决定，在研究所的基础上，成立钢铁研究院。林纳任党委书记，陆达任院长。

新增设精密合金、高温合金、铁合金、粉末冶金、新钢种、热工等 6 个研究室。

1959 年

1 月 15 日　召开钢铁研究院第一次党的代表大会，正式组成第一届党委会。林纳为党委书记。

1961 年

春　冶金部党组决定，钢铁研究院的科研方向应以"军工为主，高、精、尖、新为重点"，转向到主要从事国家下达的重大国防工程所需新型材料和特殊钢的研究。

7 月　中共中央批准试行《关于自然科学研究机构当前工作的十四条意见》（草案），国家科委指定在钢铁研究院试点。

1962 年

8 月　钢铁研究院学术委员会组建成立。委员 53 人。

是年　炼钢室改为物理化学室，热工室改为仪器仪表室。钢铁研究院成立设计室。

1964 年

10 月 6 日　我国成功爆炸了第一颗原子弹，钢铁研究院为发展原子能工业先后共研制和提供了 46 项科研成果。

10 月 24 日　召开钢铁研究院第二次党的代表大会，选出了新的党委委员 11 人，陆达任党委书记。

12 月　经过 4 年奋战，完成"乙种分离膜"国防尖端材料研制和小批量试制任务，钢铁研究院为新生的原子能工业做出了重大贡献。

1965 年

2 月 10 日　制取铀料用高纯度氧化镁质反应容器、精炼铀用高纯度氧化钙坩埚等 5 项科技成果荣获国家发明奖。

1967 年

6 月 17 日　我国第一颗氢弹爆炸成功。钢铁研究院为氢弹试验研制提供了两项重要科研成果。

是年　具有国际先进水平的、首创的"丁种分离膜"国防尖端材料研制成功并投入生产，使我国原子能工业走上独立自主的发展道路。

1968 年

12 月 18 日　成立以王孟达为主任的院"革命委员会"。

1970 年

4 月 24 日　我国成功发射第一颗人造地球卫星。钢铁研究院为保证人造卫星及其运载火箭的成功发射，先后研制和提供了 67 项金属材料。

1973 年

8 月 6 日　召开钢铁研究院第三次党代会，选举出 31 名党委委员。冶金部派江文任第一书记，陆达、王孟达任书记。

10 月　将钢铁研究院仪器仪表研究室与冶金部建筑研究院的有关研究所合并组建冶金部自动化研究所。

1974 年

4 月　中央领导观看了钢铁研究院研制成功的"丁种分离膜"样品，肯定工作成就。

1977 年

5 月　冶金部党组委派唐楠屏任院党委书记兼革委会主任（12 月唐楠屏又调部任职）。

12 月　冶金部党组委派崔庆元来钢研院兼代理第一书记。

1978 年

3 月　冶金部党组委派吴力永任院党委书记，崔庆元回部，李世英为革委会主任。12 月吴力永又调中央党校学习。

9 月 10 日　院副总工程师、金属物理室主任，第五届全国人大代表、科技战线铁人、模范共产党员陈篪因病医治无效，不幸逝世，终年 51 岁。国家领导人参加了追悼大会。

1979 年

1 月 12 日　冶金部党组决定将钢铁研究院更名为钢铁研究总院（以下简称钢研总院）。任命张同舟为党委书记，王瑜为院长。

6 月　将原精密合金研究室改为精密合金研究部。下设 5 个研究室和 1 个小型试验厂，进行钢研总院体制改革的试点。

8 月 16 日　原山东省青岛市海洋用钢腐蚀试验站，划归钢研总院领导管理。

9 月　经冶金部批准开办钢研总院技工学校，共招收 166 名学生，均分配在院工作。

1980 年

1 月、2 月　成立钢管、电子计算机应用、无损探伤 3 个研究室。

2 月 23 日　经冶金部批准，建立成都 521 大气腐蚀试验站。

1981 年

4 月　召开第四次党的代表大会。选出党委委员 23 名，张同舟为党委书记。

11 月 3 日　根据国务院学位委员会规定，批准钢研总院为钢铁冶金、冶金物理化学、金属材料与热处理 3 个专业博士学位授予单位及钢铁冶金、冶金物理化学、金属材料与热处理、压力加工等 4 个专业硕士学位授予单位。

12 月 30 日　国家领导人看了钢研总院试制的特殊钢样品后很高兴，并由秘书转达了他的指示："希望你们钢铁研究总院的同志们，继续努力，更上一层楼，明年以更大的成绩迎接党的十二大。"

1982 年

9 月 27—29 日　在钢研总院新落成的科技馆举行建院 30 周年学术报告会和成果展览。

10 月 7—16 日　我国潜艇在太平洋水下发射运载火箭圆满成功。钢研总院为这次发射试验共研制和提供了 16 项科研成果。

是年　钢研总院成立了研究生部。

1983 年

4 月 22 日　冶金部党组宣布调整钢研总院领导班子。钱致光任党委书记，全钰嘉任院长。

10 月 4 日　经冶金部批准，冶金部金属腐蚀及防护技术开发中心正式成立，中心本部设在钢研总院。

1984 年

6 月初　冶金部党组根据国家科委、国家体改委 262 号文件精神，决定钢研总院从四季度开始，进行科研经费的改革试点工作。

9 月 24—26 日　召开钢研总院第五次党代会。选出新的党委委员 11 名，选出新的纪委委员 9 名。钱致光为党委书记。

1985 年

5 月 20 日　在浙江定海县建立"舟山海洋腐蚀试验站"。

8 月 11 日　钢研总院 24 人参加中央国家机关首批讲师团，在人民大会堂受到中央领导接见。

12 月 26 日　国家科委正式批准钢研总院建立"博士后科研流动站"，专业为金属材料和冶金。

1986 年

2 月 26 日　铁合金研究室成立。

1987 年

5 月 22 日　冶金部领导来院宣布新的院领导班子，张成吉任党委书记，吕其春任代院长。

1988 年

1 月 3—9 日　制定以"三 T"（人员、设备、房屋）公式为基础的改革方案，钢研总院改革工作尝试走向规范化、科学化。

2 月 11 日　经冶金部、国家科委批准，由十室、十一室、十三室、十四室组成钢研总院分析测试技术研究所。

5 月 4 日　冶金部领导来院宣布：任命吕其春为院长。

1989 年

1 月 4 日　非晶态金属合金在线高速自动卷取技术被《科技日报》评为我国 1988 年十大科技成就之一。

3月　钢研总院的钕铁硼永磁材料，其磁能积达 49MGOe，超过美国，名列世界第二。

4月 27—28 日　钢研总院召开第六届党代会，大会选举新的党委委员 11 名，新的纪检委委员 7 名。张成吉为党委书记。

1990 年

4月　钢研总院三项研究成果（回转窑直接还原技术、当代"磁王"的研究和"隐身"材料的研制）入选 1989 年我国冶金科技十大成就。

5月　以钢研总院吕其春院长为代表的 14 位中央直属大院大所的院所长联名向党中央和国务院发出建议信。受到党中央、国务院重视，促成有关部门出台了一系列相关政策。

9月 17 日　研制成功北京亚运会主火炬喷口。

1991 年

3月 2 日　"连铸技术研究中心"成立。

4月 9 日　"非晶和急冷技术研究开发中心"成立。

9月 2 日　国家在人民大会堂举行"七五"科技攻关总结表彰大会，吕其春院长代表钢研总院领奖。

1992 年

6月　第一次提出改革的"341"总体思路，即"以效益为中心、以市场为导向、以科技为基础，实现产业化、一体化、工程化、国际化，攀登世界科技高峰"。

8月 20—22 日　钢研总院第七次党代会召开。大会选出新一届党委委员 13 人，选出新一届纪委委员 9 人。张成吉为党委书记。

8月 21 日　国务院任命翁宇庆为钢研总院院长。

9月 25 日　隆重举行钢研总院建院 40 周年庆祝大会。

12月 30 日　钢研总院成立了三大公司——新材料总公司、产业总公司和冶金新技术开发咨询公司。

是年　钢研总院首次被评为"首都文明单位"和"中央国家机关文明单位"。

1993 年

6月 4 日　冶金部部长刘淇等领导到钢研总院听取翁宇庆院长的全面汇报，并对院重点生产线和实验室进行调研指导。

10月 21 日　钢研总院工程中心成立。

1994 年

1 月 20 日　国务委员兼国家科委主任宋健来院考察,高度评价钢研总院提出的"341"发展方针。

2 月 2—3 日　冶金部部长刘淇等领导和专家组,到钢研总院对"非晶态合金元件中试线的建立及应用研究"一期工程调研指导。

3 月 8 日　冶金部领导来钢研总院宣布:任命慕成雄为党委书记,张成吉任代院长,翁宇庆调冶金部工作。

1995 年

1 月 13 日　设在钢研总院的中国冶金工业质量体系认证中心正式成立。

5 月 4 日　冶金部部长刘淇等领导来院宣布钢研总院新一届领导班子:殷瑞钰兼任院长;干勇任常务副院长,主持日常行政工作。

12 月 27 日　经冶金部批复同意,钢研总院成立"冶金工艺研究所",原炼钢研究室予以撤销。

1996 年

1 月 25 日　国家科委批复:以钢研总院为依托单位组建"国家非晶微晶合金工程技术研究中心"。

8 月 10 日　钢研总院提出"一院两制三体系"的科技体制改革思路。

9 月 10—12 日　钢研总院第八次党代会召开,选举出 13 人组成的党委和 9 人组成的纪委。慕成雄为党委书记。

1997 年

7 月 4 日　召开"分析测试研究所"成立大会。

1998 年

9 月 14 日　结构材料研究所正式成立,标志着合金钢及其相关结构材料领域的研究进入了新的发展阶段。

9 月 28 日　高温材料研究所正式成立。标志着钢研总院既定的以"五所"为基础的科研体系已全部到位。

12 月 28 日　由钢研总院控股、清华紫光等 6 家单位参股组建的"安泰科技股份有限公司"正式成立。

1999 年

3 月 18 日　全国政协副主席、中国工程院院长宋健到钢研总院视察。

5 月　发布《国务院办公厅转发科技部等部门关于国家经贸委管理的 10 个国家局所属科研机构管理体制改革意见的通知》，钢研总院从 1999 年 7 月 1 日起由事业单位的科研机构转制为大型科技企业。

11 月 20 日　"神舟一号"飞船成功发射。钢研总院为试验提供了磁性材料、无钴高强高韧钢、马氏体时效钢等新材料和制品。

2000 年

5 月 29 日　安泰科技在深交所成功上市，公开发行社会公众股 6000 万股，募集资金 8.988 亿元。

7 月 4 日　国务院领导一行莅临钢研总院视察。

7 月 14—15 日　国家党政军领导人参观国防军工协作配套成果展示会，钢研总院代表冶金战线进行了汇报。

2001 年

2 月 19 日　2000 年度国家科学技术奖励大会召开，钢研总院多项科研成果获大奖，其中干勇荣获"九五"国家重点科技攻关计划突出贡献者奖；钢研总院承担的"千吨级非晶带材及制品"荣获"九五"国家重点科技攻关计划重大科技成果奖。

4 月 3 日　中央企业工委领导来院宣布：殷瑞钰不再担任院长职务；任命干勇担任院长。

4 月 27 日　钢研总院召开第九次党代会，会议选出第九届党委会 9 人，第七届纪委会 7 人。干勇为党委书记。

7 月 3 日　国家领导人接见参加"2001 国际纳米材料高层论坛及技术应用研究会"的部分代表并进行了座谈，周少雄代表大会组委会作了汇报；干勇、才让参加了接见与座谈。

2002 年

8 月 16 日　"新冶高科技集团有限公司"实行重组改制。

9 月 6 日　在人民大会堂隆重举行纪念钢研总院建院 50 周年庆祝大会。北京市市长刘淇等到会祝贺，来自中央有关部委、北京市及科技界、企业界等 500 多名嘉宾与 4000 多名职工参加。

9 月 18 日　总装备部部长等领导来钢研总院调研指导。

10 月 29 日　钢研总院组建"北京钢研高纳科技有限公司"。

10 月　钢研总院院长、党委书记干勇当选中共十六大代表。经中央批准，成为中共第十六次代表大会主席团成员。

2003 年

6 月　中共中央政治局委员、北京市委书记刘淇等领导来到钢研总院视察并为生产线投产剪彩。

10 月　中国载人航天工程办公室向钢研总院颁发奖状。钢研总院研制开发的金属软磁磁力矩棒等 4 大类材料共 9 种产品应用于飞船。

12 月 11 日　国资委来钢研总院宣布：任命黄容生担任院党委书记、副院长；干勇不再担任院党委书记。

2004 年

3 月 18 日　国家发改委批复：钢研总院联合上海宝钢集团公司、北京科技大学等多家单位共同组建"先进钢铁材料技术国家工程研究中心"暨中联先进钢铁材料技术有限责任公司。

是年　钢研总院连续十年获得了"中央国家机关文明单位标兵""首都文明单位标兵"。

2005 年

3 月 22 日　科技部批准钢研总院组建先进钢铁流程及材料国家重点实验室。

3 月 28 日　2004 年度国家科学技术奖励大会召开，钢研总院有多项科研成果获大奖，其中钢研总院为主完成的"低碳铁素体/珠光体钢的超细晶强韧化与控制技术"获国家科学技术进步奖一等奖。

5 月 11 日　钢研总院荣获由全国总工会授予的"全国模范职工之家"称号。

9 月 16 日　国务院成立"国家知识产权战略制定工作领导小组"，国资委牵头负责"企业知识产权战略和管理指南研究"专题，钢研总院院长干勇任专题领导小组成员，钢研总院参加该专题研究。

10 月 26 日　钢研总院荣获"全国精神文明建设工作先进单位"称号。

2006 年

4 月 14 日　钢研总院"1116"一期工程全面竣工。

2 月 7 日　国务院学位委员会批准钢研总院"材料科学与工程"一级学科博士和硕士学位授予权。

5 月 12 日　由钢研总院牵头的"新一代可循环钢铁流程工艺与装备"项目通过了科技部组织的专家咨询论证。

7 月 23 日　科技部、国资委和全国总工会联合启动了首批创新型企业试点工作，钢研总院成为首批创新型试点单位。

10 月 24 日　钢研总院获得"国防科技工业协作配套先进单位"荣誉称号。

12 月 20 日　国务院国资委来钢研总院宣布：才让任钢研总院党委书记，免去黄容生党委书记、副院长职务。

12 月 26 日　经国务院批准：钢铁研究总院更名为中国钢研科技集团公司，冶金自动化研究设计院作为全资子企业并入中国钢研科技集团公司。

第二部分　冶金自动化研究设计院
（1973—2006 年）

1973 年

10 月　冶金部批准成立冶金部建筑研究院冶金自动化研究所（以下简称自动化所），刘孟云任临时党委书记，顾炎任所长。

1974 年

7 月　自动化所开始参加武钢一米七工程设备安装调试的准备工作。

1975 年

11 月　冶金部决定，自动化所顾炎任组长、苏和祥任副组长参加武钢一米七轧机工程技术工作组工作。

1976 年

3 月　张振东主持党委工作。

4 月　国家计委正式批准将冶金自动化研究所由冶金部建筑研究院划出，单独建所，定名为"冶金部自动化研究所"（以下仍简称自动化所），归冶金部直接领导。

1979 年

2 月　经批准同意拟给自动化所调入 50 名技术骨干。实际调入 16 名。

4月　冶金部批准自动化所组建计量研究所，定名为"冶金部计量研究所"。

是年　自动化所参加的重大引进项目，武钢一米七工程，包括1700mm热轧带钢轧厂、冷连轧带钢轧厂、硅钢厂及连铸车间全面竣工。

1980 年

4月　中国冶金进出口公司与荷兰飞利浦公司签订协议，决定在自动化所成立飞利浦仪器设备服务中心。

6月　冶金部委托自动化所负责组织编制的《冶金电气设备安装工程施工及验收技术规范》和《轧机机械设备安装验收技术规范》开始试行。

8月　冶金部批准自动化所开办集体所有制的"冶金热工元件厂"。

12月　冶金部决定，计量研究所从自动化所划出，直属冶金部领导。

1981 年

1月　冶金部党组决定，任命顾炎任自动化所所长，张振东任党委书记。

1982 年

自动化所负责的西南铝加工厂四辊可逆冷轧机主传动 SCR 供电系统竣工。

1983 年

2月　冶金部决定，计量研究所成建制并入自动化研究所。

4月　冶金部决定马华任自动化所党委书记，顾炎任所长。

自动化所第一次党员代表大会召开，选举产生第一届党委和纪委。马华任党委书记。

是年　自动化所承担的重大工程项目太钢七轧八辊可逆冷轧机综合自动化系统竣工。

1984 年

1月　国务院学位委员会批准自动化所为工学学科工业自动化硕士学位授予单位。

10月　自动化所和中国计量测试学会、中国计量科学研究院等 7 个单位集资集智组建"中华国际技术开发公司电子称重技术开发中心"。

1985 年

10月　国家科委主任宋健、国家经委主任吕东分别调研指导自动化所与马钢等单位研制的"六五"攻关项目"马钢一号水平连铸机"。

是年　自动化所承担的吉林铁合金厂"16500kV·A铁合金炉电极微机控制及上料控制系统"、成都无缝钢管厂"加热炉燃烧控制系统"项目竣工。

1986 年

4 月　自动化所与美国 PEI 公司签约合作开发交流伺服系统。

6 月　冶金部任命霍银海为自动化所党委书记。

是年　自动化所承担的长城钢厂"825 初轧机主传动 SCR 供电系统"、本钢初轧厂"五号均热炉燃烧控制系统"、马钢"水平连铸三电控制系统"竣工。

1987 年

2 月　自动化所召开第二次党代会，选举产生第二届党委和纪委。霍银海任党委书记。

10 月　冶金部批准自动化所成立"冶金部冶金自动化及电子产品质量监督检测中心"。

12 月　冶金部决定，于常友任自动化所代所长。

1988 年

2 月　撤销冶金仪表厂。

4 月　冶金部批准"冶金部自动化研究所"更名为"冶金部自动化研究院"（以下简称自动化院）。

5 月　冶金部任命于常友任自动化院代院长。

10 月　举行建院 15 周年庆祝活动。

1989 年

5 月　冶金部计量监督检测中心在自动化院成立。

是年　自动化院承担的重钢"5 号高炉三电自动化系统"、唐钢"高速线材轧机自动化系统"、鞍钢"四机架冷轧机主传动 SCR 主柜"等重大工程项目竣工。

1990 年

12 月　自动化院召开第三次党代会，选举产生第三届党委和纪委。霍银海任党委书记。

是年　自动化院总承包的鸡西冶金公司"500 热窄带钢连轧"重大工程项目竣工。

1991 年

自动化院参加的重大工程项目宝钢"2 号高炉三电自动化系统"竣工。

1992 年

3 月　于常友调任冶金部科技司司长兼自动化院院长，蔡希亮任自动化院常务副院长，主持工作。

是年　自动化院承担的兰州石油化工机器厂"贯缝式热处理炉燃烧控制"项目竣工。

1993 年

10 月　自动化院与德国 AEG 股份有限公司合资建立的北京蔼依根电气传动有限公司正式开业。

是年　自动化院参加的国家"八五"重点工程攀钢 1450 热连轧投产。

1994 年

10 月　举行建院 20 周年庆祝活动。

是年　自动化院参加和承担的宝钢"3 号高炉三电自动化系统"、宝钢炼钢厂"300 转炉过程计算机系统改造"、太钢"1549mm 热连轧机三电系统改造"等重大工程项目竣工。

1996 年

3 月　自动化院与日本横河电机株式会社合资组建的北京横河自动化工程有限公司成立。

3 月　自动化院召开"310121"工程实施动员大会。

是年　自动化院承担和参加的国家"八五"重点项目攀钢 1220 冷连轧工程以及重钢五厂"4000kW 交流传动"等重大工程项目竣工。

1997 年

自动化院参加和承担的宝钢"1 号高炉计算机软件"、攀钢"冷连轧过程计算机系统"、凌源钢铁公司"880 中宽带轧机三电技术改造"、武钢"平整机自控系统"等重大工程项目竣工。

1998 年

自动化院参加和承担的宝钢"2 号转炉三电系统改造"、淮南矿务局张集煤矿"同步机提升机"等重大工程项目竣工。

1999 年

5 月　科学技术部同意自动化院成立冶金自动化生产力促进中心。

7 月　自动化院由事业单位转制为中央直属大型科技企业。于 2001 年 7 月经国家工商行政管理局登记注册，并更名为冶金自动化研究设计院（以下仍简称自动化院）。

12 月　经国家经贸委批准，自动化院控股的"北京金自天正智能控制股份有限公司"正式在北京市工商行政管理局登记注册。

2000 年

5 月　自动化院获国家发展计划委员会颁发的"甲级工程咨询资格证书"。

8 月　自动化院获建设部颁发的甲级"智能建筑、系统集成专项工程设计证书"。

2001 年

12 月　国家人事部任命周康任自动化院院长，免去于常友院长职务。

2002 年

3 月　自动化院召开第一次党代会。选举产生第一届党委会和纪委会，孟维宗任党委书记。

9 月　自动化院控股的"北京金自天正智能控制股份有限公司"在上海证券交易所正式挂牌上市。

11 月　自动化院获建设部颁发的甲级"工程设计证书"。

是年　自动化院承担的天津钢管公司"ERP 实施工程"竣工。

2003 年

3 月 28 日　自动化院研发中心成立。

7 月　"高压大功率变流技术的研究"项目，在上海通过了科技部组织的专家验收，表明 5MV·A 变流器国产化关键技术取得重大突破。

10 月 31 日　建院 30 周年庆祝大会召开，1000 余在职职工和离退休老领导、老专家、老职工参会。

12月3日　自动化院与国内单位合作研制的四川内江市川威特殊钢有限公司950mm中宽带热连轧一次试轧成功。

2004 年

4月5—6日　"首钢3500mm中厚板轧机核心轧制技术和关键设备研制"项目通过国家鉴定；自动化院设计所承担了"φ1450mm大型伺服缸及高压力高响应液压系统研制"专题研制任务。

8月31日　自动化院和鞍钢、东北大学合作的重大工程项目——攀钢1450mm热连轧两级自动化技术改造项目成功验收。

10月20日　国资委来自动化院宣布国资委党委决定：周康任冶金自动化研究设计院党委书记。

12月12日　"冶金自动化综合控制系统高技术产业化示范工程"项目通过验收。

2005 年

10月　由自动化院、金自天正公司、上海金自天正公司合资成立北京金自软件有限公司。

2006 年

1月13日　自动化院获得3C认证证书。

11月30日　"北京金自天成液压技术有限责任公司"正式注册成立。

12月26日　钢铁研究总院更名为中国钢研科技集团公司，冶金自动化研究设计院并入中国钢研科技集团公司，成为其全资子公司。

第三部分　中国钢研科技集团有限公司
（2007—2022 年）

2007 年

2月7日　由"北京钢研新锐新技术开发公司"变更而来的新的"钢铁研究总院"（以下仍简称钢研总院）完成工商注册，正式作为中国钢研的二级单位。

3月19日　国资委任命：干勇为中国钢研总经理、党委副书记；才让为中国钢研党委书记、副总经理。

4月4日　北京市政府、科技部、中科院联合召开"中关村科技园区百家创新型企业试点工作大会"。中国钢研作为国家第一批创新型企业试点单位和第一批中关村百家创新型企业试点单位受邀出席会议。

6月10日 中国钢研成立庆典在钓鱼台国宾馆隆重举行。全国政协副主席、中国工程院院长徐匡迪，国家科技部党组书记、副部长李学勇等领导出席，共计300余人参加了庆典。

6月10日 由科技部、国资委牵头，财政部、教育部、中华全国总工会、国家开发银行共同举行的产业技术创新战略联盟签约暨试点工作启动会议在钓鱼台国宾馆举行。

6月10日 中国钢铁工业协会在钓鱼台国宾馆主持召开了"新一代可循环钢铁流程工艺技术"课题启动会。全国政协副主席、中国工程院院长、项目首席专家徐匡迪院士出席会议并讲话。

6月10日 中国钢研与鞍钢集团签署了战略合作框架协议。中国钢研总经理、中国工程院院士干勇，鞍钢集团总经理、中国钢铁工业协会会长张晓刚在协议书上签字。

7月19日 国务院国资委主任、党委书记李荣融等一行十人来到中国钢研，主持召开部分中央企业座谈会。

8月8—10日 由中国特钢企业协会和中国金属学会特殊钢分会主办，中国钢研先进钢铁材料技术国家工程研究中心协办的"2007年中国特殊钢国际学术研讨会"召开。全国政协副主席、中国工程院院长、先进钢铁材料技术国家工程研究中心专家委员会主席徐匡迪院士等领导出席。

8月9—10日 中国钢研召开第一次党代会。选举产生了中国钢研第一届党委会和纪律检查委员会，才让为党委书记。

10月15—21日 中国共产党第十七次全国代表大会在北京胜利召开。中国钢研总经理、党委副书记干勇院士作为中央企业系统（在京）十七大代表参加了会议。

11月2日 国务院国资委在京召开中央企业负责人第一任期经营业绩考核总结表彰大会，中国钢研荣获"科技创新特别奖"。

11月17—18日 "高速磁浮交通技术研究"重大专项验收会召开。中国钢研自动化院研制成功的7.5MV·A水冷型交直交大功率变频器，达到国际先进水平，在国产高速磁浮试验线上牵引列车成功。

11月19日 中国科协名誉主席、"973"计划专家顾问组组长周光召，国家科技部党组书记、副部长李学勇等领导莅临中国钢研调研指导。

12月12日 人事部、国防科工委、国资委、总装备部和中国科学院联合对在我国首次月球探测工程研制、建设、发射、测控和科学应用等各项任务中做出突出贡献的单位和个人进行表彰，中国钢研受到表彰。

12 月 30 日　中国钢研获得国家发改委颁发的甲级工程咨询资格证书。

12 月　科技部授予全国 55 家单位"国际科技合作基地"称号，中国钢研名列其中。

2008 年

3 月 12 日　中国钢研举行与河北省建立政产学研联盟签字仪式。

3 月 6 日　国家钢铁材料测试中心服务北京奥运，为奥运马球场馆雕塑 36 个马腿基座焊缝表面质量、举重用杠铃等进行无损探伤检测，保障了奥运比赛和训练的安全。

4 月 18 日　科技部正式批准中国钢研成立"混合流程工业自动化系统及装备技术国家重点实验室"。

5 月 8 日　安泰科技、住友商事增资河冶科技签约仪式在石家庄举行。

7 月 28 日　科技部、国资委、中华全国总工会召开"创新型企业建设工作会议"，干勇总经理代表中国钢研在会上作典型发言。

9 月 10 日　国家发改委发文，中国钢研申报的"钢铁制造流程优化国家工程实验室"项目和"先进金属材料涂镀国家工程实验室"项目获得批复。

9 月　由安泰科技承担的奥林匹克公园薄膜太阳能电池并网发电系统项目被北京奥组委授予"先进单位"荣誉称号。

11 月 7 日　中共中央、国务院和中央军委在人民大会堂隆重举行庆祝神舟七号载人航天飞行圆满成功大会。中国钢研 4 位同志出席大会。

11 月　航天五院 502 所、北京航天动力研究所、上海航天 813 所等单位向中国钢研赠送了锦旗、感谢信，肯定了对我国航天事业的贡献。

2009 年

1 月 20 日　中国钢研获得中央文明委授予的"全国文明单位"称号。

3 月 20 日　北京市委市政府在京召开了建设中关村国家自主创新示范区动员大会，钢研总院、安泰科技、金自天正荣获"中关村 20 周年突出贡献企业"称号。

5 月 15 日　中共中央政治局委员、北京市委书记刘淇，科技部党组书记、副部长李学勇，北京市和科技部领导视察中国钢研。

6 月 9 日　中国钢研经中央人才工作协调小组批准成为第二批海外高层次人才创新创业基地。

6 月 12 日　国资委和国资委党委对中国钢研第一届董事会成员的任命决定。其中：干勇任董事长，才让被提名为总经理，同时被任命为党委书记。

8 月 13 日 由北京市科委主办的"非晶产业创新示范基地揭牌暨重大科技计划项目启动仪式"在北京隆重举行。

9 月 18 日 由国资委主持召开的董事会试点工作会议在中国钢研举行，中国钢研董事会试点工作正式启动。

9 月 24 日 中国钢研入选国家科技部"国家技术转移示范机构"。

10 月 19 日 科技部主持的"973"计划和重大科学研究计划 2009 年项目实施会在北京举行，中国钢研牵头承担的"高性能钢的组织调控理论与技术基础研究"项目获科技部批准立项。

12 月 25 日 钢研高纳（300034）在深交所创业板发行上市。

2010 年

1 月 11 日 中国钢研"先进金属材料技术创新平台"荣获国家科学技术进步奖二等奖，干勇董事长在人民大会堂领奖并受到党和国家领导人的亲切接见。

2 月 先进金属材料涂镀国家工程实验室自主研发的连续退火、镀锌和合金化模拟机（CGA-2000）完成了安装和调试，填补了我国镀层领域实验设备空白。

4 月 钢研总院被国家教育部批准为"国家首批工程科研院所和高校联合培养博士生试点单位"。

6 月 2 日 中国钢研与天津市政府签署全面合作框架协议。

6 月 11 日 在中国工程院第十次院士大会上，中国钢研董事长干勇院士当选为中国工程院副院长。

6 月 17 日 中国钢研召开了测试领域整合大会。以测试所为载体，国家钢铁产品质量监督检验中心及试样加工部的资产、人员及业务整体进入测试所。

12 月 25 日 由安泰科技承担的支撑计划重点项目"高性能万吨级非晶带材关键技术开发及产业化"通过国家科技部组织的验收，建成了我国首条 4 万吨级非晶带材生产线并投入生产。

2011 年

1 月 14 日 国家科学技术奖励大会召开，自动化院总工程师李崇坚参加大会，受到党和国家领导人的亲切接见并代表中国钢研获得国家科技进步奖二等奖。

3 月 14 日 钢研总院和中国一汽集团公司技术中心举行"先进汽车用钢联合实验室"揭牌仪式。

5 月 16 日 中国钢研与吉林省人民政府签署战略合作框架协议，同时，中国钢研与中国第一汽车集团公司签署全面战略合作协议，与通化钢铁集团股份有限公司签署科技战略合作协议。

5月17日　吉林省冶金设计院有限责任公司股东股权转让与公司重组两份协议正式签订，标志着中国钢研联合通钢集团重组吉林省冶金设计院。

7月5日　河北省政府与中国钢研举行《关于进一步深化加强战略合作的协议》签约仪式。同时，法国Erasteel公司、日本住友商事与中国钢研共同签署了《增资河冶科技协议》。

7月22日　中国钢研与中国船舶工业集团公司签署全面战略合作协议。

8月9日　国资委和国资委党委发布文件：任命才让为中国钢研董事长；聘任屠海令、张海南、樊政炜为中国钢研外部董事；免去干勇的中国钢研董事长、董事、党委副书记职务。

8月18日　中国钢研成功增资控股微山湖稀土矿。

9月27日　中国钢研与云南省人民政府在昆明举行双方战略合作框架协议签约仪式。

2012年

3月22日　国资委任命白忠泉为中国钢研党委副书记、董事，提名为总经理人选；才让不再担任中国钢研总经理。

5月30日　钢研总院（中央研究院）组建成立大会举行。

9月28日　科技部召开"十一五"科技支撑计划重大项目"新一代可循环钢铁流程工艺技术"验收会。

10月18日　中国钢研与中国航天科技集团公司、中国航天科工集团公司等8家中央企业签署战略合作协议。

10月26日　中国钢研举行成立60周年庆典大会。400余人出席了庆典大会。

11月8—14日　中国共产党第十八次全国代表大会在北京召开，中国钢研董事长、党委书记才让作为中央企业系统（在京）十八大代表参加了会议。

2013年

1月30日　中国钢研荣获"2012年度中央企业管理提升活动优秀组织单位"称号。

2月1日　中国钢研炼铁工程业务整合，炼铁室并入新冶集团。

9月9日　由中国钢研、中国金属学会、中冶京诚工程技术有限公司共同发起组建的北京钢研柏苑出版有限公司成立。

2014 年

1 月 28 日　钢研晟华工程技术有限公司成立。

9 月　中国钢研转让吉林公司股权项目顺利完成。

10 月 15 日　中国钢研完成参股富滇银行 1.5 亿股股权投资。

12 月 11 日　中国钢研完成注册资本和营业范围变更，变更后注册资本增至 19 亿元。

2015 年

1 月 9 日　国家科学技术奖励大会召开，中国钢研刘正东牵头负责的 "600℃超超临界火电机组钢管创新研制与应用" 成果，荣获国家科技进步奖一等奖。

3 月 25 日　依托中国钢研，由钢研总院实施建设的 "先进金属磁性材料及制备技术国家地方联合工程实验室" 获得国家发改委的正式批复。

2016 年

7 月 5 日　中国钢研决定，由战略发展部牵头，组织建设并运营 "大慧科技众创空间"。

10 月 8 日　中国钢研与中国船舶工业集团公司签订全面战略合作框架协议。

11 月 4 日　中共中央政治局委员，国务院副总理马凯一行到中国钢研视察，就新材料研发和产业化进行专题调研。

2017 年

1 月 9 日　国家科学技术奖励大会召开，青岛海洋腐蚀研究所作为第一完成单位承担的 "材料海洋环境腐蚀评价与防护技术体系创新及重大工程应用" 项目研究成果获得 2016 年度国家科技进步奖二等奖。

3 月 31 日　鞍钢集团到访中国钢研，并签订了战略合作框架协议。

5 月　国产大飞机 C919 首飞成功，中国钢研提供关键材料支撑，助力 C919 大飞机顺利实现首飞。

6 月 19 日　中国钢研与包钢集团签订战略合作框架协议。

12 月 7 日　国务委员王勇、国资委党委书记郝鹏等一行视察中国钢研，参观了中国钢研展室和主楼实验室，与一线科技工作者亲切交谈。

2018 年

1 月 8 日　全国科学技术奖励大会召开，钢研总院刘正东教授牵头研发的 "压水堆核电站核岛主设备材料技术研究与应用"项目获得国家科技进步奖二等奖。

2月11日　在科技部等单位的指导下，由国家能源投资集团等17家大型企业、大学和研究机构，成立"中国氢能源及燃料电池产业创新战略联盟"。中国钢研当选副理事长单位。

8月31日　国务院国资委党委来中国钢研宣布主要领导调整的决定：张少明同志任中国钢研党委书记、董事长，才让同志不再担任党委书记、党委常委、董事长、董事职务。

9月5日　中央纪委常委、国家监委委员、中央纪委国家监委驻国资委纪检监察组组长、国资委党委委员陈超英等领导一行到中国钢研调研。

9月17—20日　由中国金属学会（CSM）和粉末冶金产业技术创新战略联盟（CPMA）联合主办的2018世界粉末冶金大会（WORLDPM2018）在北京举行，中国钢研作为粉末冶金创新战略联盟的理事长单位主办会议。

9月29日　国资委发文，中国钢研召开董事会，免去白忠泉中国钢研党委副书记、董事、总经理职务。

9月　与吉林吉钢签订合作协议。

10月16日　中国钢研主办国际材料与试验发展高端论坛、第六届中国能力验证论坛、第十九届国际冶金及材料分析测试学术报告会。

10月30日　钢研高纳发行股份及支付现金购买青岛新力通工业有限公司65%股权并募集配套资金事项获得中国证监会核准。

11月7日　在首届中国国际进口博览会央企企业交易团集中采购签约仪式上，中国钢研分别与美国Amptek公司、德国西门子公司签订采购框架协议和合同。

11月30日　由钢研纳克牵头承担的"国家新材料测试评价平台钢铁行业中心"在北京召开启动大会暨第一届理事会会议。

12月　中国钢研全面落实"三供一业"分离工作，完成国资委布置的分离移交任务。

2019年

1月8日　全国科学技术奖励大会召开，由钢研总院作为第一完成单位的"基于M^3组织调控的钢铁材料基础理论研究与高性能钢技术"获国家技术发明奖二等奖。安泰科技与非晶联盟成员单位共同完成"国产非晶带材在电力系统中的应用开发及工程化"获国家科学技术进步奖二等奖。

3月15日　中国钢研召开工程事业部成立大会。工程事业部的成立，旨在整合内外部资源，更好地发挥中国钢研在冶金工艺、自动化领域的优势和地位，形成材料、测试与工程互为补充、协同共进的创新模式。

3 月 21 日　中国钢研与河钢集团签署战略合作框架协议。

3 月 21 日　中国工程院战略咨询中心、河钢集团、中国钢研、东北大学四方联合共建的"氢能技术与产业创新中心"正式在中国钢研揭牌成立。

4 月　钢研高纳与全球工程公司领导者之一的德西尼布公司（Technip）签订"全球框架战略合作"协议。

6 月 24 日　中国钢研董事长、党委书记张少明出席在山东省青岛市举行的中国钢研与青岛市人民政府战略合作协议签约仪式。

7 月　国资委授予中国钢研 2016—2018 年度"科技创新突出贡献企业"。

9 月 4 日　受国务院国资委党委委托，国资委企干二局负责同志宣布决定：李波任中国钢研董事、党委副书记、总经理。

11 月 1 日　钢研纳克（股票代码：300797）成功登陆创业板，在深圳证券交易所上市，成为中国钢研旗下第四家上市公司。

11 月 21 日　中国钢研组建热等静压中心，成立钢研昊普科技有限公司。

12 月 18 日　中国钢研举行"数字化研发中心""钢铁绿色化智能化技术中心"揭牌仪式。

12 月 26 日　中国钢研成立青岛钢研高温材料研究院，举办"青岛·钢研新材料创新发展研讨会"。

12 月 27 日　长征五号遥三运载火箭成功发射升空。中国钢研提供了多种高可靠性功能材料。国家国防科技工业局、国家航天局发来感谢信。

12 月 28 日　中国钢研与江苏省人民政府、中国科学院、中国宝武钢铁集团有限公司共同发起设立的长三角先进材料研究院在苏州市揭牌成立。

2020 年

5 月 8 日　中国钢研与京华日钢控股集团有限公司签订了年产 50 万吨氢冶金及高端钢材制造项目合作协议，加速钢铁行业科技革新和绿色化转型升级。

5 月 28 日　国家重大科技基础设施 EAST 人造太阳核聚变实验装置取得重大突破，中国钢研为核聚变提供钨偏滤器复合部件，在研究和制造方面突破系列关键技术，处于世界领跑地位。

6 月 5 日　"中国钢研-鞍钢材料大数据联合实验室"共建签约和揭牌仪式在中国钢研举行。

6 月　中国钢研作为第一参与单位修订国际标准《钢和铸铁—钒含量的测定—电位滴定法》正式发布。

7月3日　钢研投资有限公司成立大会在中国钢研召开。钢研大慧投资有限公司、北京钢研大慧科技发展有限公司通过法定程序转换为钢研投资的控股和全资子企业。

7月29日　首钢京唐高强度钢热基镀锌生产线热试第一卷成功下线，首钢集团、中国钢研工程事业部及其他合作单位一同参加了下线仪式。

9月3日　由中国钢研作为总负责单位承担的国家重点研发计划"固废资源化""基于氢冶金的固废源头减量钢铁清洁生产新技术"项目启动暨实施方案论证会在中国钢研召开。

9月26日　中国钢研与山东省临沂市政府在临沂市举行共建"临沂市钢铁产业协同创新中心"签约暨揭牌仪式。

9月27日　中国钢研与济南市人民政府在济南签署战略合作协议。

9月　钢研总院与攀钢、承钢、德胜、建龙、川威5家企业共同成立"钒应用技术推广中心"。

10月27—28日　中国钢研第二次党代会召开。选举产生了中国钢研第二届党的委员会和纪律检查委员会。选举张少明同志为党委书记，李波、张剑武同志为党委副书记。

12月17日　探月工程"嫦娥五号"任务取得圆满成功，中国钢研为此次任务配套研制了包括高温合金、高强度不锈钢、功能材料和难熔合金在内的近30种关键材料、数百种关键零部件，有力保障了探月任务的圆满完成。

12月22日　中国钢研与中国西电集团签订战略合作协议。

12月29日　中国钢研组建氢冶金技术中心，为我国"碳达峰、碳中和"提供解决方案。

12月　中国钢研研制的具有自主知识产权的大膨胀量无缝管材，达到国际先进水平。该项技术产品创造了单次膨胀管裸眼封堵最长施工纪录，同时创造了2020年度世界大口径膨胀管裸眼封堵最好成绩。

2021年

4月2日　中国钢研与山东临沂市签署了《1400万吨精品钢基地降碳及碳中和行动计划战略合作协议》，持续发挥在氢冶金技术领域的综合优势，与临沂市政府开展多领域多维度深度合作。

4月7—8日　江西省与中国工程院"全面战略合作"系列活动在南昌举行。张少明董事长为"先进功能材料研究中心"揭牌。

5月27日　中国钢研与中铝集团签署战略合作协议，是深入推进基础材料产业科技进步、上下游产业协同发展的重要举措。

7月5日　中国钢研党委书记、董事长张少明受邀参加河钢集团"氢能重卡投运全国首发式"系列活动，并代表中国氢能及燃料电池产业创新战略联盟致辞。

7月12日　中国工程院党组会审议通过了《中国产业基础能力发展战略研究院组建方案》。随后中国工程院与中国钢研共同签署了《共建中国产业基础能力发展战略研究院合作协议》，同时上报国资委科创局，中国产业基础能力发展战略研究院宣告成立。

10月9日　中国钢研与鞍钢集团签订战略合作框架协议并签署具体项目合作协议。

10月19日　中国钢研青岛一期项目在位于青岛平度市的新材料产业园举行投产仪式。

10月　中国材料与试验团体标准委员会"CSTM"粉末冶金领域委员会暨粉末冶金产业技术创新战略联盟"CPMA"标准委员会成立大会在青岛成功举办。

10月24日　中国钢研与涿州市政府举行中国钢研航空航天产业园项目网上视频签约仪式。

12月9日　工信部党组成员、副部长王江平主持召开新材料产业创新发展座谈会。中国钢研董事长张少明以及中国铝业等7家单位代表作了发言。

12月19日　安泰北方科技有限公司成立揭牌仪式在内蒙古包头举行，中国钢研聚焦核心产业、做优做强做大稀土永磁产业。

12月21日　工程事业部所属金自天正乌兹别克斯坦热轧带钢生产线全线热负荷一次试车成功，为"一带一路"项目助力。

12月23日　国资委主导，新央企中国稀土集团有限公司正式组建成立。该集团由中铝集团、五矿集团、赣州稀土集团为实现稀土资源优势互补、稀土产业发展协同，引入中国钢研、有研科技等两家稀土科技研发型企业，中国钢研出资2.5亿元。

2022 年

2月28日，中国稀土学会与中国钢研共建稀土产业联合创新中心，推动中国稀土永磁产业高质量发展。

3月24日　中国钢研成立特冶数字化中心，将推动我国特种冶炼行业技术进步。

4月2日　国资委以视频形式召开中央企业创新联合体工作会议，国资委党委书记、主任郝鹏出席会议并讲话，中国钢研董事长张少明参加会议并作交流发言。

5月19日　济南、青岛国家级互联网骨干直联点建成开通仪式暨山东省数字经济重大项目集中签约系列活动在山东举行。中国钢研参加集中签约仪式。

6月24日　中国钢研和中国航发第一个资本合作的产业化项目西安钢研高纳航空部件有限公司成立，开辟了航发主机厂与核心供应商深入合作的新模式。

6月29日　中国材料与试验团体标准委员会（CSTM）材料产业区块链领域委员会（CSTM/FC91）成立大会在中国钢研隆重召开。标志着我国区块链技术在材料产业应用、材料数据的共享体系建设相关标准化工作正式起航，中国钢研作为委员会秘书处单位。

7月17日　国务院国资委作出《关于通报表扬2019—2021年任期业绩优秀企业和突出贡献企业的决定》，中国钢研荣获2019—2021年任期"科技创新突出贡献企业"。

7月19日　中国钢研"基于大数据的能源精细化管理与模型优化"创新技术成果，成功入选全国物联网示范项目名单。

7月21日　《科技日报》头版头条刊发"打造原创技术策源地"特别策划——《中国钢研：自主研发"人造太阳"关键核心部件》。

7月　中国钢研联合中国原子能科学研究院、中国铁道科学研究院等单位，首次完成时速350公里复兴号动车组全尺寸国产车轮深部三维应力场无损表征，有效支撑高铁车轮质量可靠性及服役安全性评价。

（因出版原因，截至2022年7月）

后　记

　　2022 年，是党的二十大召开之年，是进入全面建设社会主义现代化国家、向第二个百年奋斗目标进军新征程的重要一年，也是中国钢研成立 70 年。中国钢研作为国家科技体制改革的探索者和实践者，编写出版《中国钢研 70 年》，真实记录中国钢研忠诚担当、开拓创新、攻坚克难的 70 年发展历程，客观总结中国钢研为实现两个一百年的中国梦所做的重要贡献，充分展现中国钢研人不忘初心、砥砺前行的精神传承，奋力绘就中国钢研未来高质量发展的美好蓝图。

　　中国钢研 70 年的发展成就，得益于党中央、国务院的坚强领导，得益于国务院国资委及国家有关部门的悉心指导和大力支持，得益于中国钢研一代代干部职工的奋勇拼搏。本书再现了中国钢研走过的一些重要阶段和工作印迹。值此书出版发行之际，谨向关心支持中国钢研工作的领导和社会各界朋友表示衷心的感谢，向默默耕耘在钢铁强国事业中的同志们致以崇高的敬意！

　　中国钢研党委高度重视本书编写工作，集团领导、各部门、所属企业和有关专家对本书成稿给予了大力支持并提供了丰富的写作资料。许多富有阅历的专家学者、集团退休老专家、企业职工等参与了本书写作，多位院士、科技领军人物接受了编写组的访谈，提供了宝贵的经验和意见。在此，谨向参与和支持本书撰写、修改及出版发行工作的所有单位和同志表示诚挚的感谢！由于中国钢研年代跨度大、领域众多，虽秉笔直书，却难免挂一漏万，不妥之处敬请广大读者提出宝贵意见。